JN038008

菅義偉の正体

森功
Mori Isao

小学館新書

菅義偉の正体　目次

はじめに

平安時代の六歌仙、小野小町を生んだと伝えられる東北の農村は、のちに「あきたこまち」というブランド米を売り出し、米どころとして有名になった。東の奥羽山脈と西の出羽丘陵に囲まれた広い盆地は寒暖差が大きく、それゆえ四季の自然が映える。夏は萌えるような田園の緑が眩しく光り、役内川の清流をヤマメやアユが泳ぐ。子供たちは暗くなるまで川遊びに夢中になり、農作業に疲れた住民が疲れを癒すために湯治場に集《つど》った。

しかし冬になると、白く冷たい静寂が一面の大地を支配し、人々の生活は一変する。家々の屋根は、ずっしりとした雪の重みに必死に耐え、底冷えのする寒さが住む人の心を暗くする。東北屈指の豪雪地帯に除雪のためのディーゼル車が走るようになったのは、高度経済成長期に入ってからのことだ。それまでこのあたりの住人は身動きが取れず、家に閉じこもった。

菅義偉《すがよしひで》が生まれ、少年時代を過ごした秋田県雄勝《おがち》郡秋ノ宮村は、そんな自然の恵みと厳しさを併せ持っている。現在は湯沢市となっているが、新潟県の越後湯沢とよく似ている。菅の生まれ故郷である秋ノ宮やその周辺が米どころと呼ばれるようになったのは比較的新しく、第二次世界大戦前までは農業に適した地域とも言いがたかった。

それゆえ戦中は、大勢の村人が日本政府や関東軍にそそのかされ、新たな開墾地を求めて満州に渡った。全国の農村から渡満して入植したそんな人たちは満蒙開拓団と呼ばれ、秋ノ宮の村人たちもまた地名にちなんだ「雄勝郷開拓団」を結成した。そうして開拓団の人たちは満州で終戦を迎えた。

終戦間もない満州の悲劇はこれまでにもいくつか紹介されているが、秋田の雄勝郷開拓団で起きた筆舌に尽くしがたい惨状はあまり知られていない。『秋田県満州開拓外史』（後藤和雄著・無明舎出版刊）によれば、以下のように記されている。

〈雄勝郷は牡丹江省寧安県にあり、（昭和）十五年六月に入植した。当初は先遣隊十九名であったが、逐次増加し、二十年八月のソ連参戦時において雄勝郷の規模は、戸数七十九、人口三百七十四名、水田四百町歩、畑千町歩を有していた。

関東軍司令官の巡視があり、次のような趣旨の訓示をした（この訓示がいつの時点なのか明記されていない）。

「現地入植開拓団は選ばれて開拓に従事するものであり、各員は一層精励し国策に添うべく一致団結、互いに協力して成果を挙げよ。なお、匪賊の出没頻繁なので、軍の協力を期待することなく自衛に努めよ」

そして軍から小銃四十五丁、弾薬三千発を渡された〉

満州では戦況の悪化に伴い、すでに開拓団の成人男性が根こそぎ関東軍に徴兵され、残った女子供や高齢者は、終戦すら知らないまま、旧ソビエト軍や中国人反乱軍の脅威にさらされた。

そして八月十九日、戦地で戦っている一家の主《あるじ》の足手まといになるまい、と妻たちが話し合い、子供を道連れに、みずからの命を絶った。郷土史家の伊藤正が描きまとめた小冊子「満州開拓団雄勝郷の最後」には、たまたま入植地に居残り、妻たちの自決を知った柴田四郎という団員の手記が掲載されている。

〈もちろん終戦になったことも知りませんでしたし、わが国の敗戦もつゆ知らずに、日本国の発展を祈りつつ、死んで行ったのでありましょう。

三時頃団員と家族を幹部宿舎に集結させ、お互いにわかれの水盃をかわし、私たちもあとからすぐ参ることを誓って、手りゅう弾や日本刀、三八銃で次々と自決し去ったのであります〉

菅の故郷の雄勝郷開拓団の集団自決は、最近になってようやく明らかになった史実といえる。冊子には、その雄勝郷開拓団に逃げ込んで生きながらえた長野県「東海浪《ひがしはいろう》開拓団」の佐藤元夫が書き残した目撃談も掲載されている。

〈(入植地である)哈達《ハダ》湾の戦えない家族達は家の中に円陣に座り、手榴弾でそれぞれ自決されたのでした。

温春のセメント会社の重役さん一家が避難の途中ここ(東海浪開拓団)に合流していましたが、目前に迫る敵を見てもはやこれまでと、主人が二歳から十二歳位の三人の子供と奥さんを座らせて、自らの日本刀で首を打ち落していました。皆既に覚悟を決め、座ったまま合掌していましたが、十二歳位の娘さんの首を切った時、急いだためか打ちそこない、刀が首の骨で止まってしまいました。

「父ちゃん、まだ切れない！」
と叫ぶのを見た時は思わず顔をおおい念仏を唱えました〉
菅の父や母もまた、新天地を求めて満州に渡った口だ。父親は南満州鉄道（満鉄）に職を求め、叔母たちは農民として入植した。雄勝郷開拓団員たちと同じような体験をしている。そうして菅一家はまさに満州の悲劇に居合わせ、運よく命が助かった。

戦後、菅一家はいちご栽培を始め、暮らし向きに困ることはなかった。半面、復興の著しかった都市部に比べ、雪深い生まれ故郷は、さほど豊かにはならなかった。菅が少年時代を送った終戦から高度経済成長の走りまで、多くの家庭では、冬になると一家の主が東京に出稼ぎに行き、妻や子供が留守を預かってきた。中学を卒業した生徒の大半が、集団就職のために夜行列車で上野を目指した。

いちご農家の息子である菅本人は、中学を出ると、地元の秋田県立高校に進んだ。冬は雪で道路が閉ざされ、学校には通えない。そのため、高校の近くに下宿し、高校を卒業後に東京・板橋の段ボール会社に住み込みで働き始めた。

中学や高校の幼馴染たちは、成人してしばらくすると、郷里の秋田に戻ってくるケースが多い。いわゆるUターン組であり、秋田で農業を継いできた。

だが、菅はそこから大学に入り、政界に足を踏み入れた。やがて保守タカ派の政策で安倍晋三と意気投合し、信頼を得る。言うまでもなく安倍は戦中、満州国国務院実業部総務司長として、満鉄をはじめとする満州の産業振興に携わった岸信介の孫であり、祖父を敬愛してやまない。ともに戦争体験はないが、二人は互いに惹かれる何かがあったのかもしれない。

そして菅本人は、第二次安倍晋三内閣における官房長官という政権ナンバーツーの地位にまで昇りつめた。

「いっさい失言をしない切れ者の政府スポークスマン。世に聞こえた過去の名官房長官と比肩しても劣らない」

政治部の記者や評論家の多くは菅をそう評し、その政治手腕を高く買ってきた。国会議員は与野党問わず菅の手腕を認め、霞が関の官僚やマスコミまでもが、菅を持ちあげ、いつしか菅は「政権をコントロールする影の総理」とまで呼ばれるようになった。安倍政権に欠かせない存在だとされ、自民党内では、他の政治家を寄せつけないほどの存在感を見せつけてきたといえる。

政治家としての菅自身は、東北訛りの抜けない朴訥《ぼくとつ》な語り口に似合わない強面《こわもて》のように感じる。政策や政府の方向づけにおいて、発言がぶれないその態度は時として尊大にも映る。半面、自公のなかでも最も腹の据わった国会議員とも評されてきた。

タカ派の首相と歩調を合わせ、韓国や中国に対しても腰が引けない。それでいて、官房長官時代は靖国参拝をはじめとした微妙な外交局面では前首相の安倍を諭《さと》し、思いとどまらせようとしてきたとも伝えられる。一言居士《いちげんこじ》との評価もある。

菅は政策通を自負する。永田町でも、霞が関の官僚をグリップできる数少ない政策通の国会議員だとされてきた。安保や外交政策以外にあまり関心がなく、ときどき頓珍漢な発想をして政策音痴とも酷評される前首相を支えてきた。自著『政治家の覚悟――官僚を動かせ』(文藝春秋刊)には、過去、みずから提案してきた多くの政策が並ぶ。

議員立法で国会に提案した「地方分権改革推進法」や「ふるさと納税制度」の創設、在日朝鮮人団体である「朝鮮総連の固定資産税免除」の見直し、北朝鮮籍船「万景峰号《マンギョンボン》」の入港を禁止した法律」……。

総務大臣を経験したことから、テレビやラジオなどの放送事業にも関心が高い。話題になったＮＨＫ（日本放送協会）の会長人事、さらには放送法の解釈や局の運営方針を巡り、菅の影がちらついた。


菅義偉は、多くの二世政治家や官僚出身の国会議員に見られるような門閥や学閥の背景を持ち合わせていない。秋田県の豪雪地帯から単身で上京し、そこから現在のポストにたどりついた。さまざまな苦難を乗り越えてきたがゆえ、人心掌握術に長《た》けた叩き上げの老練な政治家として成長した。そんなイメージを意図して植えつけてきた。

永田町ではそこに共鳴し、懐《ふところ》の深い苦労人の政治家像を重ねる向きも少なくない。とりわけ新聞やテレビの政治記者が、そうした菅像を描いている傾向が強いように感じる。

しかし実際に取材してみると、その素顔はこれまで伝えられてきた印象とかなり異なっていた。同じ豪雪地帯出身の田中角栄と菅を重ね合わせる向きもあるが、二人にはかなりの開きがあるようにも思えた。

当の本人はどことなくつかみどころがなく、大物評の割に、その実像が明らかになっていない。実は少年時代から青年期、国会議員へと時を経るにつれ、生きる姿勢を変えてきたようにも見える。

取材を始めた二〇一五年、菅義偉はすでに官房長官として安倍晋三内閣に欠かせない存在だった。本人の素顔を知るため、五年前に生まれ故郷の秋田県や選挙地盤の横浜市を歩いたことを思い出す。気の早い地元の湯沢市民たちは、「秋田県初の内閣総理大臣誕生だ」と期待を込めてそう語った。

もっとも母や姉をはじめ、近親者であればあるほど、政権のナンバーツーの地位に昇りつめた実感すらない。まさか首相になるとは想像できなかったに違いない。改めて過去の取材記録をめくり直してみるとそう感じる。

「雪深い秋田の農家の長男として生まれ、地元で高校まで卒業いたしました。卒業後、すぐに農家を継ぐことに抵抗を感じ、就職のために東京に出てきました。町工場で働き始めましたが、すぐに厳しい現実に直面し、紆余曲折を経て二年遅れで法政大学に進みました」

菅は二〇二〇年九月八日、自民党総裁選の候補者所信発表演説会でそう切り出し、「東北の苦労人」をアピールした。ただし、さすがに気が引けたのか、そこには「集団就職」というフレーズはなかった。

集団就職という菅のキャッチフレーズは、今も菅の紹介カットで使われている。たとえば九月六日のＴＢＳ「サンデーモーニング」の自民党総裁選のナレーションはこうだ。

「今週水曜日、菅官房長官が自民党総裁選出馬を正式に表明。菅氏は秋田の農家の長男として生まれ、集団就職で上京……」

番組を見ていて、本人に会ったときの次の言葉が蘇った。

「だって、私はやっぱり、農家を継がなきゃまずいのかなと思って、だから、ある意味、逃げるように出てきたの。で、東京に行けば、何かいいことがあるって……」

菅はそう言っていた。

「私の友だち百二十人のうち、（半数の）六十人が中学校を卒業して東京に出てきてましたから。で、六十人のうち、残った三十人は自分の農家を継いじゃってます。高校に行ったのは三十人しかいない、そんな田舎ですからね」

たしかに地元の高校進学率は低かった。しかし、菅は高校まで行き、集団就職したわけではない。

「それをもって集団就職と言ってきたのですか？」

インタビューでそう問いただしたところ、菅はそれまでのゆっくりした口調からやや興奮気味に早口になった。

「当時、（中学と高校の集団就職の）垣根もなかったでしょう。高校を出て一緒に出てきましたよね。高校を出ても、そういう言い方をしてましたし。学校で就職を紹介してもらっていましたから」

高校を卒業するとき、東京の段ボール工場の働き口を斡旋されたから「集団就職」だというのである。

しかし、世間が菅に抱く「叩き上げの苦労人政治家」というイメージは私にはない。もとはいわば東北出身のどこにでもいそうな青年だった。それが内閣総理大臣に昇りつめることができたのはなぜか。その足跡を追いながら、菅義偉の正体を解剖する。

序章

居抜き乗っ取り内閣

すでに首相の椅子を約束された政権ナンバーツーとアテ馬の候補者を連日テレビに出演させ、マスコミが一所懸命総裁レースを盛りあげる——。目の前で展開されてきた二〇二〇年夏の自民党総裁選のバカ騒ぎをひと言で表わせば、そうなるだろうか。

「安倍政権の継続に雪崩を打った」とか、「ダークホースが大本命になった」とか、いろいろ言われていたが、実は選挙前から官房長官の菅義偉の総裁就任が決まっていた。ただし、新聞やテレビが騒いでいたように、それは安倍晋三が二〇二〇年八月二十八日に辞任会見したあとに決まった流れではない。

私の耳に官邸関係者からその一報が届いたのは、八月二十日のことだ。安倍が三日間の休養をとって公務に復帰したあくる日木曜の午前中だった。

「菅さんが立つことに決まりました」

官邸関係者は唐突にこう打ち明けてくれた。この時点ですでに「安倍退陣、菅へ政権禅譲」のシナリオができているというのである。

〝政権禅譲〟の動き

「これまで総理は麻生（太郎）先生など、ごく近い限られた人だけに退陣の相談をしていました。とくに麻生先生には十五日に私邸で長いこと話をしています。そのとき、『臨時代理を頼めないでしょうか』と言う総理に対し麻生先生が『それはまずい。少し休めばいい』と説得したのです。ですが、すでに辞める腹を固めていたのでしょう」

もとはといえば、首相の持病再発と退陣説は写真週刊誌『ＦＬＡＳＨ』（二〇年八月四日発売）が報じた七月六日の吐血情報が発端だ。官房長官の菅が病気を打ち消してきた。もっとも次第に潰瘍性大腸炎の再発が確定情報に変わり、萩生田光一や甘利明、稲田朋美といった首相に近い自民党国会議員たちも、「休めばいい」と声を上げていった。そもそも一国の総理大臣の病気というトップシークレットがこうまで簡単に漏れ、それを肯定するような発言が続くものだろうか。先の官邸関係者は、次のように謎解きをしてくれた。

「あのあたりから総理は、親しい人たちが心配して話をすると、『もう辞める』という一点張りになった。夏休みには麻生先生の静養先である軽井沢にまで総理から毎日電話がかかってきたといいます。麻生先生は『辞めるのはまだ早い』と何度も慰留したけど、『もう菅ちゃんに任せたい』と聞き入れなくなったそうです」

実のところ菅への〝政権禅譲〟の動きはもっと早くからあったようだが、ことが急展開したのはこのあたりからだという。巷間、指摘されている通り、安倍は間違っても次が石破政権では困る。そのためにどうすればいいか、そこを検討していったようだ。八月二十日にははっきりと辞意を固めた安倍に対し、二十八日午後五時の首相の記者会見が開かれるまでの一週間あまり、取り巻きは説得を続け、駆け引きがあったという。

もとはといえば、首相の腹積もりが自民党政務調査会長（当時）の岸田文雄への政権禅譲だったのは、よく知られている。ところが、いつのまにか首相官邸は岸田から菅に乗り換えた。とりわけ安倍の心変わりとして挙げられる原因が、コロナ禍の景気対策「所得制限付き世帯向けの三十万円の定額給付金」だ。安倍は、次の首相候補である岸田にハク付けしようと三十万円の給付政策を発表させた。にもかかわらず党幹事長の二階俊博が撤回を迫り「全国民の十万円一律給付金」に落ち着いた。これは岸田の調整力の欠如が招いた結果だ、と官邸内の評価が下がり、安倍が岸田に見切りをつけたとされる。

しかし、実態はそうではない。三十万円の定額給付金は、経産省出身の今井尚哉《たかや》首相補佐官（現・内閣官房参与）を中心に財務省の太田充事務次官らで独自に打ち出した政策である。一人世帯でも五人世帯でも同じ三十万円の給付、というあまりにわかりにくい制度だ。結果、公明党やその支持母体である創価学会からの批判が殺到する。

つまり三十万円の給付は経産出身の官邸官僚が立案し、首相自身が彼らに任せた政策なのである。したがって本来、そこに不満が出たら、創価学会との太いパイプを自任する官房長官の菅や党幹事長の二階が抑え込む役割を担う。

だが、その二階が逆に官邸にねじ込んだ。挙げ句、政策撤回を岸田のせいにしてしまったのである。なぜそんな事態になったのか。別の官邸関係者が解説してくれた。

「もともと岸田さんはこの秋の人事で幹事長になるつもりで、次の総理総裁を目指してきた。一方、二階さんは幹事長ポストを死守したい。で、この際、公明側の立場に立ち、岸田を追い落とそうとしたのでしょう」

二階は狡猾な立ち回りをする。その一つが石破への接近だ。もともと田中角栄門下の二人は仲が悪いわけではない。そこで二階は官邸が毛嫌いしている石破派のパーティに講師として参加したり、石破を自民党鳥獣議連の会合にゲストとして招いたりし始め、「期待の星」と持ち上げる。つまりこれは「俺を幹事長ポストから外せば、次の総裁選で石破を担ぐぞ」という官邸に対するブラフにほかならない。

そしてこの時期に二階とタッグを組んだのが、菅なのである。二〇一九年五月一日の改元以来、「令和おじさん」として国民の知名度をあげた菅は、ポスト安倍の有力候補に名乗り出た。その頃、ある自民党の代議士秘書はこう言っていた。

「実は令和の元号は安倍総理ご自身が最初に記者発表したいと言っていたのですが、菅さんが『それは前例がありませんから、私がやります』と押し切った。前例と言っても小渕恵三さんのときの平成しかないのですが、あのときの菅さんにはすでにポスト安倍が念頭にあったのでしょう。首相もそのあとに会見したけど、ほとんど記憶にないほど影が薄くなってしまった」

「石破と組むぞ」というブラフ

もともと官邸内では、首相側近グループと菅官房長官とのあいだで確執があったが、一挙に表面化したのがこの頃だ。さらに菅は一九年九月の組閣で河井克行や菅原一秀らの入閣を安倍に認めさせた。

とうぜん総理の分身と異名をとる首相補佐官の今井たちは面白くない。わけても今井たちが菅への警戒心を強めた出来事が、小泉進次郎の結婚報告だろう。菅は小泉と滝川クリステルを官邸に呼び、その場で記者会見まで開かせた。そこで菅が「ついでに総理に報告してきたらどうか」と小泉に指示したことまで明るみに出る。これでは今井たち首相側近が怒り狂うのは無理もない。そこから双方の溝が深まり、河井や菅原の選挙違反事件が次々と明るみに出たのは、周知の通りである。そのなかで菅の懐刀として政権における多くの政策を担ってきた首相補佐官の和泉洋人の不倫騒動まで発覚する。

官邸官僚には、今井に代表される安倍首相直轄のグループと官房長官の菅に仕えるタイプの二種類が存在した。この二タイプの官邸官僚が権力争いを繰り広げてきた。

結果、菅自身は重要政策から外されていった。二〇年四〜五月のコロナの第一波襲来では、今井をトップとする首相直轄の官邸官僚が対策を取り仕切り、菅はそこにタッチすることもなかった。

「首相と官房長官にすきま風」

そうマスコミが騒ぎ、双方の関係は修復不可能とまでいわれる。

ところが、ここから菅の逆襲が始まる。その手段の一つが、二階との急接近であり、さらに石破カードだった。ひょっとすると菅は、二階の手法を見習ったのかもしれない。菅は石破派の会長代行だった山本有二と会食した。二人が会ったのは一月なのだが、それが四月になって「安倍との決別か」と評判になる。石破派との接近ぶりがことさらクローズアップされていった。

本人が自ら石破との連携を漏らして騒ぎ立てたかどうか、そこは定かではない。が、菅にとっては渡り船だ。「蔑ろにすれば石破と組むぞ」と安倍や側近の官邸官僚に対するブラフになった。まるで二階流である。

根っこは市場原理主義

おまけにこの頃、首相を支えてきた経産省出身の官邸官僚の失態が相次ぐ。アベノマスクはもとより、中小企業の救済策として打ち出した持続化給付金では、電通と経産省とのなれ合いが問題になる。失政続きの今井たちは立場がなくなり、彼らに政策を委ねてきた安倍もまたピンチに陥った。

そうして菅・二階連合が息を吹き返し、立場が逆転していく。その状態を如実に物語る政策が、ＧｏＴｏキャンペーンだ。もともとＧｏＴｏキャンペーンは、今井たち経産省出身の官邸官僚が一手に引き受けるはずだったが、持続化給付金事業で汚点を残し、担当官庁に事業を分散させることになった。その一兆七千億円の総予算の中核を担うＧｏＴｏトラベルを担ったのが、国交省観光庁だ。そこはインバウンド政策を担ってきた菅と運輸族議員である二階の得意分野でもある。結果、ＧｏＴｏキャンペーンを菅・二階で取り仕切り、その開始日を七月二十二日に前倒しする。

そしてこの間、コロナ禍で何をやってもうまくいかなかった首相の安倍は、次第にやる気をなくしていった。むろんストレスのせいもあるだろう。

九月二日の菅の総裁選への出馬会見では、安倍から〝政権禅譲〟はなかったと言った。だが、八月二十日に「菅が立つことに決まった」と話した官邸関係者はこうも言った。

「もはや総理が『菅ちゃんに任せる』と言い張って周囲の説得を受け付けない以上、仕方がない。で、やむなく今井さんを中心に側近グループで総裁選のやり方を検討し、両院議員総会と都道府県の党代表による緊急選挙にすればいい、となったんです」

首相の辞任会見で安倍は表向き後継指名こそしなかったが、「総裁選びは党に一任する」と言った。それは責任者の二階幹事長が、党員投票なしの緊急総裁選に決定することを前提とした話だ。実は両院議員総会などによる総裁選は、もともと岸田へ政権禅譲をしようとしたとき検討した方法でもあるのだという。

形ばかりのまさに茶番、これを密室談合の出来レースと呼ばずして、何といえばいいのか。そして二度目の政権投げ出しに対し、「病気だからやむなし、無念だろう」という同情論が巻き起こり、狙い通り、内閣支持率が上がっていった。

菅は総裁選の出馬会見で、雪深い秋田の農村から高校を卒業し、単身上京して政治家になった自らの泥臭い生い立ちをアピールした。世襲の政治家ではない地方思いの苦労人を自負し、ふるさと納税の旗振り役として、地方の活性化を訴えてきた。

しかし、本人の政策からは素朴な田舎気質を感じない。むしろ政策の根っこは新自由主義と称される市場原理主義にある。それは特定の企業や富裕層への利益誘導型政治と言い換えてもいい。菅には格差社会を生んだアベノミクスの反省はない。

まさに姑息な「居抜き乗っ取り内閣」の誕生という以外に言葉が見当たらない。

第一章
菅一家の戦争体験

第二次安倍政権で政府のスポークスマンとして重要政策の節目節目に登場してきた菅義偉は、これまでの官房長官からはあまり感じられなかった泥くさい匂いを漂わせていた。その朴訥《ぼくとつ》とした語り口やぶっきらぼうな態度が、存在感を増している要因の一つのようにも感じる。言い換えれば、東北の片田舎から上京し、世に揉《も》まれたリアリストというイメージが、他の国会議員にない菅の強みになってきた。

「お父さんが東京にお見えになるときは、私が運転手として案内していましたから、よく知っていますよ。官房長官（菅のこと。二〇一五年取材当時）とは違い、早口でよく話される方です。ただ、かなり秋田の訛りが強いので、私には何をおっしゃっているのか、さっぱりわかりませんでした」

そう振り返ったのは、横浜市議会議員の遊佐《ゆさ》大輔である。取材当時はまだ三十代半ば、遊佐は二〇一一年四月の市議選に当選するまで菅義偉の秘書をおよそ十年務めてきた。菅に心酔している地元の市議の一人であり、今でも頻繁に連絡を取り合っている。

「私が官房長官の秘書になったのは、家庭の事情で大学を辞めて就職した民間のゴミ処理会社が、たまたま昔から官房長官を応援していたところだったからです。地元向けに定期的に開催している国政報告会とか、選挙のお手伝いをさせてもらったりしていました」

遊佐はまるで実の父か兄のように菅を慕っている。

「そうして知れば知るほど、官房長官の人柄に惚れ込んでしまい、二〇〇五年九月の郵政民営化の選挙のあと、『菅事務所に行きたい』と社長に話したら送り出してくださった。私は歳が官房長官の息子さんと同じぐらいなので可愛がってもらっています。プロ野球のチケットが余っているから取りに来い、と早朝六時に電話がかかってきたり。菅義偉に人生を拾ってもらったので、すべてを注ぐというところです」

菅のことを真似ているのか、遊佐はあまり饒舌《じょうぜつ》には語らないが、菅夫妻からそれぞれ一文字ずつもらい受け、自分自身の息子の名前に付けているほど、菅のことを信奉している。菅の秘書時代、秋田から上京してくるたび、運転手役として接してきた豪放磊落《ごうほうらいらく》な実父、菅和三郎のことが、ことのほか強く印象に残っているという。

「そもそも官房長官がどういう家庭環境で育ったのか、秋田にも行ったことがないので知りません。ふつう議員は身内の話なんかしないですよね、いちいち。どういう親戚がいるかもわからない。でもお父さんとお母さんは年に一回は東京にいらっしゃるので、運転手として案内していました。東京にいる（菅の）お姉ちゃんに会いに来たという感じで、そのあとあちこちに車でお連れしていました。秋田弁ってよくわかりませんけど、お父さんは官房長官とはずい分タイプが違うように感じました」

菅義偉は、父和三郎と母タツの長男として一九四八（昭和二十三）年十二月六日、秋田県雄勝郡秋ノ宮村に生まれた。二人の姉と弟がいる。終戦から三年経たいわゆる団塊の世代である。

秋ノ宮村は、日本海側に面している中心部の秋田市から直線距離にして南東七十キロほどに位置する。奥羽山脈の山間《やまあい》に広がる横手盆地の一角を占め、ＪＲ奥羽本線で南下すれば山形県新庄市に向かう。五五年四月、雄勝郡内の秋ノ宮村が院内町や横堀町と合併して雄勝町となり、さらに平成の市町村合併により、二〇〇五（平成十七）年三月に湯沢市に編入された。新潟の魚沼市と同じく、雪深い米どころだ。

菅自身も周囲の友人と同じように、農家の長男として育った。が、実家は米づくりをしていたわけではない。

おっかない親父

「これからは、米だけでは食っていけない」

菅の父和三郎は、終戦から間もなく、そう言い出し、いちごの栽培を始めた。戦後食うや食わずだった東北の農家としては、画期的な試みだ。かなり進んだ考え方の持ち主といえる。和三郎は、米づくりが中心だった地元の農業協同組合に対抗し、いちご生産集出荷組合まで創設した。そうして、もっぱら地元の「秋ノ宮いちご」の生産に力を入れた。

東北のなかでも屈指の豪雪地帯として知られる秋ノ宮は、もともと有名ないちごの産地でもなかった。雪深い寒冷地という気象条件ゆえ、むしろ他の地域より出荷を遅らせなければならない。和三郎は逆にこれを利用し、時期外れのいちごとして売り出した。やがてその秋ノ宮産のいちごを本人の名前から付けた「ニューワサ」というブランドいちごとして、出荷するようになる。

和三郎は秋ノ宮いちごの出荷組合長として、独自の生産、出荷・販売ルートを築いていった。そのために秋田から東京や千葉、神奈川、大阪の果物市場を訪ね歩いた。のちに国会議員となった息子の秘書に運転手を頼み東京を案内してもらったのは、東京観光のためだけではない。むしろ出荷・販売ルートである市場への挨拶回りが、主たる目的だった。

「おっかない親父でしたよ、義偉君のお父さんは。とにかく声の大きなお父さんというイメージがありますね」

そう懐かしむのは、元湯沢市議会議長の由利昌司だ。小学校時代から高校まで菅と同じ学校に通った幼馴染である。

「和三郎さんは、『稲作農業だけでは、生活が豊かにならない。もっと高収入の作物に切り替えないといけない』というのが口癖でした。それがいちごだったんです。いちごは甘いだけでは駄目で、日持ちがよくないといけない、と改良に改良を重ねてつくったのが『ワサ』というブランド品種でした。和三郎さんは、それをみずから東京や大阪の卸売市場に持ち込んで営業に行ったもんです」

由利が目を細める。

「ベテランの東京の市場関係者なら、今でも『ワサ』というと和三郎さんがつくったいちごだと覚えています。私が市会議員になって築地の卸売市場に市場調査に行ったときなどは、市場の専務さんが応対してくれてね。そのときも『雄勝町には、菅和三郎さんって人がいらっしゃるでしょう』て話題が出ましてな。まだ湯沢市と合併する前の雄勝町のころでしたけど、和三郎さんは東京でも相当有名なんだな、と感心しました」

ニューワサは秋田雄勝町の名産いちごとして、全国的に知られるようになっていった。由利はいちごの説明になると、熱が入る。

「おかげで和三郎さんの秋ノ宮いちごの組合は、いちごだけで年に三億円の売上げがあったほどでした。築地市場の人からは、『ワサをもっと増やせばいい』と言われたもんです。やがて、他の地域でも真似をして同じようないちごをつくりだした。それで値段が下がり始めたので、和三郎さんはいちごの出荷時期をさらにずらそうとした。苗を冷蔵しておいて、いちごの流通量の少ないときを狙って出荷して値段を確保した。そんな工夫も、市場の関係者には評価されていました」

息子の義偉は、発想豊かな父親の背中を見て育った。菅の実家は決して貧農ではなかった。

菅の父、和三郎はいちご組合を率いるかたわら、雄勝町議会の選挙に出馬し、町会議員にもなる。地元の名士として、頼りにされる存在でもあった。

「和三郎さんが雄勝町の町会議員になったのは、義偉君が中学校を卒業したころで、そこから四期（十六年）議員をやりましたね。次は議長という五期目の選挙のときも、楽々当選といわれていたものでした。ですが、あまりに余裕がありすぎた。『俺は応援せんでぇから』と他の候補者の支持に回ってしまい、本人が落ちてしまったのです。それ以来和三郎さんは、政治の世界からすっぱり引退しました。そのときには、もう義偉君が東京に出ていました」（同前・由利）

上野に夜行列車で向かったという菅の集団就職話は、巷間伝えられているような美談ではない。大学に行けなかったような貧しい家でもない。とすれば、なぜ菅は高校を出て単身上京し、就職したのだろうか。

本人の上京は、いちご組合や町議会の活動を通じて名を成した父親へのある種の反発からだった。少なくとも郷里の友人たちは、菅が秋田を離れることになったのはそのせいだと口をそろえる。菅の父親はインパクトのある人物だった。

現在、秋田県湯沢市秋ノ宮に住居表示が変わっている実家の近くを歩くと、やたらと菅姓が目に留まる。親戚筋も多いが、アカの他人も少なくない。たとえば戦時下の四二年に二十三歳四カ月の最年少横綱に昇進した照國《てるくに》も、本名を菅万蔵といった。一九一八（大正七）年生まれの菅和三郎と同じ年だ。近所に住んで同じ小学校に通い、二人はよく相撲をとったが、少年時代は和三郎のほうが強かったらしい。

「たいてい俺が勝った」

和三郎は長じてそう自慢した。菅の父親が本格的にいちご栽培を始めたのは戦後からであり、もともと農家でもない。

菅家と東北電力

菅和三郎は一九一八（大正七）年に生まれ、二〇一〇年六月二十八日、九十二歳で鬼籍に入った。それまでずっと秋ノ宮のいちご生産集出荷組合長を務め、組合長のあとを継いだのが、同じ雄勝町に住む小島貞助だ。菅家から歩いて一～二分ほどの小島宅を訪ねた。

「和三郎さぁのお父さん、義偉さぁの祖父であるところの喜久治さぁが明治二十六（一八九三）年生まれで、うちの親父の隆之助と同級生だったんだ。単なる同級生というより兄弟分だな。んだから菅家のことはよう知っとるんだな。家も五十メートルほどしか離れていないので、ずい分親しくしていたんだなす。近くに菅の本家もあったけんど、本家はのちになくなって喜久治さんたちの分家が秋ノ宮に残りました」

小島が記憶のひだをめくってくれた。すこぶる記憶力がいい。取材時の二〇一五年に米寿を迎えた高齢だが、肌の血色がよく、矍鑠《かくしゃく》としていた。和三郎が亡くなったあと一〇年から一三年九月まで、二代目のいちご生産集出荷組合の組合長として、ニューワサを全国に売り出してきた。菅家の歴史にも詳しい。

「和三郎さぁは男六人、女五人の十一人きょうだいの長男だったんだなす。一つ違いの次男の亀三郎さぁが戦死してしまいましたけんど、三男の栄二郎さぁは戦後、東北電力に入って湯沢支店長にまでなりましたな」

元来、菅家は田畑があっても専業農家ではなく、男はもっぱら会社に勤め、女は教師をしてきた。義偉の祖父である喜久治は増田水力電気という秋田県内の電力会社の社員であり、菅の幼いころも勤め人だった。菅の叔父にあたる喜久治の三男・栄二郎もまた、秋田大学の前身である秋田鉱山専門学校を卒業し、東北電力に入社した。菅家と電力会社との縁は深い。小島がさらに記憶をたどった。

「明治三十三年に秋ノ宮に椛山《かばやま》発電所という水力発電所がつくられたんだ。で、そこの所長になったのが菅の本家の菅喜一郎さぁでした。発電所の職員は五〜六人くらいしかいねかったけど、分家の喜久治さぁが喜一郎さぁの下で椛山発電所に勤務していました。これを運営していた増田水力電気が、終戦の昭和二十年から東北電力になったんだなす」

祖父たちの働いていた椛山発電所は、秋田県内にある院内銀山という鉱山開発に電力を供給するための会社だった。

もとはといえば院内銀山は、江戸時代に秋田藩が進めた鉱山事業だ。明治維新後、財閥系の古河鉱業所に払い下げられ、ときの鉱工業の近代化政策の下で設立されたのが椛山発電所である。

日本に現存する発電所で二番目に古いその建物を訪ねると、院内銀山から切り出された石材を用いて造られた切妻屋根が目を引く。貴重な歴史遺産といえる。縦長の窓枠の上部が半円のアーチ状になっていて、洋館を思わせる瀟洒《しょうしゃ》な外壁や柱もまた、風情がある。

椛山発電所までは菅義偉の育った秋ノ宮の実家から徒歩で十分くらいの距離だろうか。

戦後も喜久治は毎日そこに通って働き、孫の義偉を可愛がった。あきたこまちの産地であるこの一帯はどの家庭も農地をもっているが、菅家の家計における農業の比重はあまり高くなかったかもしれない。

そんな菅家にあって、十一人きょうだいの長男として生まれた和三郎は、生来、進取の気性に富んでいたのだろう。学歴は尋常高等小学校を卒業しただけだが、父親や弟のように馴染みのある電力会社を就職先に選ばなかった。日本軍が中国大陸に侵攻して建国した新たな国で就職試験を受けるため、和三郎は海を渡った。和三郎が職を求めたところは、日本海の向こうにある中国大陸、満州だったのである。

時は一九四〇（昭和十五）年、秋田県をはじめ全国の農村が開拓団を結成して満州に入植した時期と重なる。そのなかで和三郎は発電所や農業を択《えら》ばず、南満州鉄道に入社した。そして満鉄のエリート職員として終戦を迎える。

安倍晋三の祖父、岸信介が商工省の高級官僚として満州政策で辣腕《らつわん》を振るったのは知られたところだが、奇しくも菅一家も、満州と深くかかわってきた。

口を閉ざしてきた満州秘話

南満州鉄道、通称満鉄は一九〇六（明治三十九）年から四五年まで存在した。本社を中国の大連に置いた半官半民の特殊会社だ。満鉄は満州国の都市開発構想に則《のっと》った国策会社として、鉄道事業を中核に、炭鉱や製鉄、学校、農地にいたるまで、幅広い事業を展開した。そして三一（昭和六）年の満州事変以降、関東軍の管理下に入り、そこから満州の国家運営そのものが軍政に翻弄されていった。

その最たるものが関東軍の進めた入植事業だ。満州と内モンゴルで始めたその入植事業に参加した農民たちは、その名のとおり満蒙開拓団と呼ばれた。

関東軍は百万世帯、五百万人という満州国への移民政策を掲げ、日本政府を通じて母国に入植者を募り、市町村にノルマまで課した。折からの昭和恐慌によって疲弊した農村や都市部の失業者たちが、その国策に乗せられていった。

まず関東軍は一九三六（昭和十一）年までの五年を「試験移民期」と位置づけ、年間三千人が満州に移住し、三七年から四一年までの次の五年を「本格移民期」と謳《うた》った。おかげで、それまでの十倍以上にあたる年間三万五千人の入植者が全国から殺到する。政府はその間、混迷を極める対中戦争の兵力を補うため、農村から青少年義勇隊まで募り、満州移民は莫大な数にのぼっていった。

ちなみに外務省によれば、建国時わずか二十四万人だった満州国全体の日本人は、終戦時に百五十五万人に増えている。うち、およそ二十七万人が開拓団関係者だ。諸説あるので正確な数は不明だが、五六年に外務省と開拓民自興会の作成した資料だと、全国の開拓団入植者は十九万六千二百人、義勇隊を二万二千人としている。このうち帰国できなかった死者・行方不明者は、八万人を優に超える。

満蒙開拓団への参加数を都道府県別にみると、長野県の三万一千人を筆頭に、やはり東北や信州が目につく。なかでも秋田県からは全国で十番目の八千人近くが入植し、義勇軍の入隊者を含めると九千五百人ほどが満州に渡った。その一万人近い秋田県の開拓団と義勇隊のうち、戦後日本に引き揚げてこられた者は、わずか三千五百人しかいない。戦時中の強引で性急な移民政策の挙げ句、多くの農民が犠牲になった史実は動かしがたい。

前述したように菅の父、和三郎もまた満州に夢を求めた一人だ。尋常高等小学校を卒業してからの数年足跡は不明だが、秋田県雄勝郡秋ノ宮村から満州に渡り、満鉄に勤務し始めた時期は二十三歳のころ、まさしく日本が国策として満州への移住を進めた「本格移民期」にあたる。つまり菅家の満州生活は、関東軍が母国に呼びかけ、満州や内モンゴルへ入植を進めた満蒙開拓団政策が本格化したころと時期を重ねる。それは、対中戦争が泥沼化する少し前、対米開戦の前夜だった。元いちご組合長の小島（前出）が回想する。

「和三郎さぁは、満州で一旗あげるぞ、と向こうへ行ったんだ。それで満鉄の試験を受けて合格したと聞きました。和三郎さぁの行った昭和十五（一九四〇）年ごろは、ここら（雄勝地域）からもたくさん開拓団として満州へ入植したけど、和三郎さぁが農業でなくて満鉄に入れたのは、それなりのコネがあったんだべさ。あんまり満州時代のことはしゃべってくんねかったけど、満鉄では事務屋ではねがったそうだ。鉄道敷設のために現場を歩いてたって、話してたっけな」

渡満した和三郎は一九四三（昭和十八）年、地元・秋ノ宮に残してきたタツを満州に呼び寄せ、所帯を持って新婚生活をスタートさせた。広い官舎に住み、中国人の家政婦を雇って裕福な暮らしができた、と小島が懐かしそうに笑みを浮かべて話した。

「奥さんのタツさぁは、和三郎さぁが満州に行ったころ、秋ノ宮第一尋常高等小学校で先生になったばかりだったんだ。たぶん許嫁《いいなずけ》だったんでねえべか。タツさぁは大正十年生まれだから、和三郎さぁの三つ下だな。和三郎さぁのことが好きで好きでな、昭和十八年に、追いかけて満州さ行ったっていう話だったな。タツさぁは、たまたまうちのかあちゃん（夫人）の受け持ちの先生だったで、よう知っとる。あのときは突然学校からいなくなって子供たちが騒いだそうなんだなす」

和三郎夫妻は満州で所帯を持ってから一年後の四四年、長女の純子を授かった。だが、家政婦のいる優雅な満鉄勤務の暮らしは、そのあたりまでで、長くは続かなかった。

言うまでもなく、原因は日本軍が始めた対中戦争である。関東軍が中国国民党の正規軍と共産党系八路軍の連合軍に手を焼き、戦況の先行きが見えなくなっていた上、対米戦が悪化の一途をたどった。

とりわけ満州では「日本の生命線」を守るという旗印の下、開拓団として入植したはずの農家の主までが家族の元を離れ、戦場に駆り出された。満州に住んでいた成人の日本人男性は、ほぼ全員が関東軍の兵隊として召集されたといってもいい。和三郎のように満鉄の職員として働いていたケースは稀《まれ》で、大多数は開拓団や青少年義勇隊として、満州に移り住んできた農民ばかりだ。なかでも開拓団の村から徴兵された成人男性は、満州近辺だけでなく、中国全土に派兵され、当然のごとく村には男がいなくなった。そうして日本は戦争に敗れた。

満鉄に勤務していた和三郎もむろん兵役を余儀なくされたが、鉄道の敷設や運営に携わってきたおかげで遠方の戦場に駆り出されずに済んだ。終戦一年前の四四年に満州で生まれ、父親の和三郎といっしょに引き揚げてきた菅の長姉、純子が言葉少なに語った。

「終戦を迎えたとき、母は妹を身ごもっていました。一歳だった私に記憶はありませんが、あとから聞かされたところでは、妹は逃げる途中で生まれたんです。当時の奉天、今の瀋《しん》陽《よう》ですけど、母はそこの小学校の体育館のような建物に身をひそめて妹を産みました」

菅和三郎は一家三人の身を守りながら、まさに生命《いのち》からがら秋田に引き揚げてきたのである。父和三郎や母タツはもとより乳飲み子だった二人の姉にとっても、人生において欠くことのできない出来事である。終戦時の中国・満州の体験は、戦後の菅家にとっての原点ともいえる。一九四八（昭和二十三）年生まれの菅義偉にはそんな戦争体験はない。しかし成長するにつれ、戦争の惨劇を潜り抜けてきた豪胆な父親を意識せざるをえなかったのだろう。高校卒業後、本人が故郷の秋田から離れたのは、偉大な父親への幼稚な反抗に過ぎない。

雄勝郷開拓団の悲劇

日本がポツダム宣言を受け入れて無条件降伏する四五（昭和二十）年八月十五日から遡《さかのぼ》る一週間前の八日、ソビエトが宣戦布告し、満州に攻め入った。ところが、満州国の守護神として満鉄や開拓団の事業を推進してきた関東軍は、とりわけポツダム宣言の受諾後、武装解除に応じたあと完全に無力になった。終戦を迎えた和三郎や満蒙開拓団の農民たちは、そこから文字どおり路頭に迷った。

本来、守ってくれるはずの関東軍はすでに現場を離れ、逃げてしまっている。あるいは捕虜になって、シベリア送りを待っているだけだ。最も悲惨だったのが満蒙開拓団の農民たちであり、なかでも開拓団の村に残された女子供と老人たちは、一家の主が不在で、どうすればいいか判断がつかない。妻は夫が戻ってくるかもしれないので、村から逃げることもままならなかった。

そんな満蒙開拓団のなかで、最近まで明らかにならなかった悲劇がある。それが菅の生まれ故郷である秋田県雄勝郷開拓団の集団自決だ。

秋田県雄勝郡における満蒙開拓団の呼びかけが始まったのは、菅和三郎が満州に渡る二年前の一九三八（昭和十三）年十二月だ。関東軍の進めた入植政策の下、雄勝郡山田村が日本政府から農村経済更生運動分村計画指定村に指定されたことに始まる。政府が「満蒙開拓雄勝郷建設」と謳い、入植者を募集した結果、そこに菅の生まれた秋ノ宮村の農民の多くが加わったのである。満州入植者たちは、その名も「雄勝郷開拓団」と呼ばれ、開拓団の多くの農民が満州の哈達湾という地域に入植していた。

その雄勝郷開拓団の女子供たちが終戦から四日後の八月十九日に集団自決した事実は、関係者のあいだでさえ、ずっと伏せられてきた。なぜ、長らく明るみに出なかったのか。雄勝郷開拓団に参加し母親を亡くした遺族の一人、畑山陣一郎に尋ねた。

「雄勝郷開拓団の悲劇がわかったのは二〇〇七年二月、郷土史家で編著者の伊藤正先生が事実を書いてからです。伊藤先生は郷土の戦争史を研究するうち、八月十九日になると密かに供養に集まっていた元開拓団の男たちの存在をたまたま知ったといいます。生き残った開拓団の男たちが毎年人知れず、この寺で亡くなった人の冥福を祈ってきた、と」

インタビューするにあたり、畑山に指定された待ち合わせ場所が、湯沢市にある最禅寺という小さな古刹だった。その本堂には、物故者の位牌とともに、一本の巻物が秘蔵されている。

「満州国第九次哈達湾雄勝郷開拓団殉難精霊録」。終戦から十三年が経った一九五八（昭和三十三）年八月に十三回忌を迎えるにあたり、開拓団の団長だった佐々木忠一が、改めて書き残した記録だ。

巻物をひも解くと、長さ四メートル八十センチにもおよぶ。そこには終戦直後の一九四五年八月十九日、王道楽土を夢見て海を渡った希望の地で、非業の最期を遂げた人たちの記録がつづられている。開拓団に参加した畑山の父親は喜三郎といった。

「私の父も生き残りの一人でしたが、戦後生まれの私には、満州時代の楽しかった出来事しか話してくれませんでした。ひたすら広がる大地で、農耕馬を使って作物をつくり、ときに馬が暴れだして大変だったとか。そんな思い出は聞いてきました。だが、妻たちを死なせて自分だけが生き残ったなどとは一度も語ったことがなかった。罪の意識が強く、息子の私にすらこのことを話してくれなかったのです」

畑山が巻物に視線を落としながら話した。集団自決した人を弔うため、毎年八月十九日に寺に集った開拓団長、佐々木をはじめ男たちが一人二人と鬼籍に入り、最禅寺で供養に集まる数が減っていくなか、郷土史家の伊藤正が悲劇を小冊子にまとめた。それが「満洲開拓団雄勝郷の最後」だ。畑山たちは父親の死後、その悲劇を知ったという。

「あとからなんとなく妙だなと思ったのは、藤原義一さんが俺のうちさ遊びに来たときでした。親父といろいろしゃべるわけです。はっきりと何をしゃべってたのか、そんときはわかんねかったけど、あとから納得したんだ。藤原さんも十四歳で向こうへ渡って生き残った一人でした」

畑山たちはすでに亡くなっている開拓団の男たちに代わり、最禅寺の位牌や巻物を守っている。

「実は俺の親父も、ひそかに開拓団の名簿を持ってたんだ。開拓団の団長だった佐々木忠一さんの書いた巻物もある。こんな戦争の悲劇を闇に葬っては決してならないと思うのです」

畑山は父親が大事に保管してきた「第九次哈達湾雄勝郷団在籍名簿」を私に見せながら、そう話した。そこには入植者の姓名はむろん、日本へ帰還したかどうか、死亡、行方不明といった備考も記されている。いまも行方不明と記録されている入植者の姓名もあった。

郷土史家伊藤正の小冊子「満洲開拓団雄勝郷の最後」には、開拓団の悲劇を彷彿とさせる場面がいくつも出てくる。たとえば雄勝郷開拓団の沿革概要の一節にこうある。

〈八月九日、蘇聯（ソ連）の宣戦なるに及び、十七歳より五十歳までの男子根こそぎ動員となり、（開拓）團内は老幼婦女子のみとなり、悲壮の決意を以てその運営に當《あ》たらねばならぬ状態となりました〉

ソ連軍の侵攻とともに、中国人の満州反乱軍が村を襲った。開拓団には銃や手榴弾、日本刀などの武器が与えられていたが、女子供だけでは太刀打ちできない。

〈八月十九日午後四時頃、多少小康を得たるも、手持ちの弾丸残り少なとなり、且つ疲労甚《はなはだ》しく、このまま生きて恥を宙外に曝《さら》さんより死して護國の鬼と化さんと、老幼婦女子二百六十余名、遥か東方を伏し拝み、互に相擁し、相労《いた》はり、あわれ痛ましくも手榴弾に

より、従容悲愴の最後を遂げたのであります〉

秋田県の調査によれば、雄勝郷開拓団の在籍は三百七十六人となっている。そのうち死亡者は二百七十三人、第九次哈達湾入植者の十九日の集団自決だけで、死者は二百五十三人にのぼっていた。そのなかには十五歳以下の子供たちも大勢いる。男子七十三人、女子六十六人が命を絶った。

雄勝郷開拓団の妻たちは、全員が終戦も知らされないまま、戦地に向かった夫の足手まといになるまい、と決意した。

「わたし、死にたくない」

そう泣き叫ぶ女の子を腕に抱きかかえながら、手榴弾を爆発させた。なかには逃げ出して行方不明になり、残留孤児になった子供たちもいて、のちにそれが判明した。集団自決したなかに、菅家にゆかりのある入植者がいたかどうか、畑山に尋ねてみた。

「親父が持っていた名簿は第九次のものだから、それ以外の名前は把握できていません。また雄勝郷開拓団といっても、秋ノ宮だけでのうて横手とかいろんなところから集まっています。先遣隊の人たちもいた。だから全体としてどのくらいいたか、正確なところはわ

かりません。哈達湾の近くにも三カ所開拓団があるので、そちらに入植していたらわから
ないのです。関東軍は開拓団を守らねえで、逃げた。だから、もう自分たちは自分たちで
守らないといけなくなって、そこへ満人の反乱軍、満軍が襲ってきたんだ」
入植者名簿には菅姓の者もけっこういるが、自決したなかに近い親戚は見当たらない。
先のいちご組合の小島貞助が声を落とし、ぽつりぽつりと話した。
「和三郎さぁも向こうで関東軍に召集されたそうだなす。兵隊にとられて、あのあたりを
守っていたんだな。遠くまで行かねがったから、命が助かって家族と行動をともにできた
んだ。で、終戦のときは開拓団の人たちともいっしょになったみたいだなす」
和三郎や妻子は、極寒の満州で壮絶な現場に出合うことになる。

開拓団員を救った和三郎

菅和三郎は日本の敗戦を知らされると、すぐさま妻子を連れて満州の住まいを離れた。
いつ襲われるかわからないソ連軍や中国反乱軍の脅威から逃れるためだ。中国東北部をひ
たすら南下し、朝鮮の国境に近い通化《つうか》を通り、逃げ延びた。

中国大陸のなかでもとりわけ東北部は、終戦の報を聞いた満州族や朝鮮族の中国人が騒ぎだし、いたるところで暴動を起こした。わけても通化は暴動が激化したが、和三郎たちは辛うじてその前に通化を去り、奉天にたどりついた。現在の瀋陽にあたる寒冷地だ。

すでに終戦から四カ月が経とうとしていた一九四五（昭和二十）年の年の瀬だった。そこで和三郎は、たまたま懐かしい秋ノ宮村の隣人男性に出くわした。だが、雄勝郷開拓団として入植したはずのその隣人と旧交を温める余裕はなかった。

隣人は、他の開拓団の成人男性と同じく終戦間際に関東軍に召集され、家族と離れ離れになっていた。終戦後、間もなく風の便りで雄勝郷開拓団の集団自決を知ったという。そこで戦地から妻や子供のいる哈達湾に戻ろうと急いだ。

その道程で、開拓団仲間の男を発見し、状況を尋ねた。その男は雄勝郷開拓団が入植した哈達湾に戻ったあと、奉天にやって来たという。その団員仲間が秋ノ宮の隣人に静かに告げた。

「女子供はみな自爆した。もう（哈達湾に）行っても無駄だ」

雄勝郷開拓団の男は、村の状況を見てあきらめ、そこから逆戻りして逃げようとしたところだった。それを聞いた秋ノ宮の隣人は、放心状態になってしまい、もはや動く気力を失ってしまったという。和三郎が奉天で偶然に出くわした故郷の隣人は、重度の感染症を患い、死に瀕していた。

満鉄で一旗揚げようと満州にやってきたほどバイタリティにあふれる和三郎は、過酷な境遇に置かれた隣人を励まし続けた。また開拓団の村民が近くの倉庫で寝泊まりしていると聞かされ、そこに出向いた。すると、一家の主たちが身を寄せ合い、隠れ住んでいる。倉庫の床には、すでに息絶えてしまった遺体が、まるでマグロのようにカチコチになって何体も凍っていた。

「ここにいては駄目だ。俺たちといっしょに逃げよう」

そう言って開拓団の人たちの手を引き、隠れ家に匿《かくま》った。すぐに日本に戻れないと判断した和三郎は身重の妻や乳飲み子のため、奉天で住処《すみか》を見つけ、暴徒に襲われないように暮らしていた。開拓団の人にも同じように家や仕事の世話までし、逃げ延びるための段取りをつけていったという。いちご組合の元組合長の小島貞助が、地元の人から聞いた話を思い出し、鼻水をすすりあげながら述懐した。

「和三郎さぁは頭の切れる人だったんで、あんなところでもうまく乗り切れたんだべ。家族を連れて日本に帰ってきたんだけど、それだけでなくてな。開拓団の人までずい分世話したみたいだ。まんず和三郎さぁがいねかったらば、日本さ戻ってこられなかった、って何度も開拓団の人から聞いたもんだ。それだけ、満州から引き揚げてくるのは厳しかったんだな。（秋田県の開拓団では）うちの隣に住んでいた従妹も自決したんだなす。ソ連軍が攻めてくるからっていう、そういうあれでな。だんなは戻ってきたども、奥さんと童二人は戻ってこんかった。可哀そうに」

秋田県内から渡満した開拓農民のなかには、和三郎の実の妹もいた。菅家では、十一人きょうだいの五番目のミヨと六番目の千代が結婚し、夫とともに満州に入植していたという。和三郎は長男として、妹たちを放って逃げるわけにはいかなかったのだろう。小島が続けた。

「ミヨさんとは、戦後行き会わなかったけども、千代さんとは引き揚げてきたあと、俺も会っただ。終戦から一年ほど経った昭和二十一（四六）年に、千代さんが引き揚げてきたんだなす。夏の終わり、秋が近づいていたころだったな。千代さんはたしか数えの二十歳だったから、満の十八歳か十九歳だった。田んぼで働いているところに声をかけると、かぶっていた帽子を脱いだんだ。引き揚げてくるとき、男になる（見せかける）ため坊主頭にしてたんだと聞いていたけど、本当に坊主頭でな。あのころのことはみなあんまし話さねぇけども、妹たちが引き揚げてこられたのも、和三郎さんのおかげだし、開拓団の人たちもそうだ、とそれはみんな感謝してたなぁ」

言うまでもなく、千代は義偉の叔母にあたる。秋田県からは雄勝郷の他にもいくつか開拓団が結成されたため、千代が雄勝郷開拓団とは別の開拓団として入植したのか、あるいは自決に居合わせなかったから命びろいしたのか、それは定かではない。だが、菅の叔母たちが命懸けの引き揚げ体験をしてきたことだけは間違いない。

終戦当時の満州の開拓団には、いまだ知られていない史実が数多く残されている。雄勝郷開拓団の集団自決も長らく封印されてきたが、むろん悲劇はこれだけではない。

子供を川に投げ捨てた父親

「私はちょうど終戦一年前に青森の八戸連隊に召集され、そこから満州へ向かいました。

二十歳そこそこの二等兵でしたから何もできませんでしたが、開拓団の人たちの惨状は、筆舌に尽くしがたい」

菅の実家から車で十分ほどの場所に住んでいた栗田義一は、終戦間際に日本軍に徴兵され、満州でソ連軍と戦った経験を持つ。取材当時の二〇一五年にはすでに九十歳を超えていたが、矍鑠としてそう話した。栗田は終戦を迎えるとソ連軍の捕虜となり、シベリアの捕虜収容所送りを余儀なくされた。その前に開拓団の人たちに接している。当時のむごい出来事に思いを馳せた。

「ソ連が満州国境を越えて侵攻してきた（一九四五年）八月九日、私は午前一時半に騎兵二十四連隊八〇七部隊へ入り、出陣命令を受けて九時十五分に開拓団へ向かいました。雄勝郷開拓団ではなく、山形県の小城子という六十人ほどの開拓団にソ連の参戦を知らせるためでした。その小城子開拓団も、残っていたのは母親と子供、老人だけ。ソ連との交戦を知らなかった開拓団の人たちは、私たちの知らせを聞いて慌てふためきながら、逃げるための準備を始めていました」

栗田の所属した部隊は、小城子開拓団にソ連の宣戦布告を伝達したあと、すぐに別の場所に移動した。二十歳の栗田は、後ろ髪を引かれる思いでその場を立ち去ったという。そのあとの悲劇を察知する余裕も、想像力もなかったと悔やんだ。

小城子開拓団は翌八月十日朝、ソ連軍がやってくる前に村を発った。悲劇はその後に訪れた。

栗田は贖罪意識から帰国後、小城子開拓団のことを調べ、終戦六十年以上経たのち、生き残った団員の手記を発見した。

〈私は昭和十六年四月に家族五人で、満州の東安省宝清県小城子開拓団に入りました。始めの頃は開拓の仕事もあまりうまくいかず貧しい生活でしたが、とても楽しい毎日でした。〈昭和〉二十年頃になって作物もよくなり、生活もよくなりました〉

まだ九歳だった土田由子が残したその壮絶な記録は、こう始まる。ほぼ原文で紹介するが、カッコ内に私の注釈を入れている。

〈二十年八月九日、学校は休みで皆で畑仕事をしていた時、馬に乗った〈開拓団の〉本部の人が来て、「皆早く家に帰れ、ソ連がせめてきた。勃利《ぼつり》の方に避難する。物はあまり持たないように。」と言われました。皆でそれぞれ支度をして八月十日朝に出発しました〉

勃利とは一九一七年当時に満州国に置かれた県で、いまの中国黒竜江省七台河《しちだいが》に位置する。手記によれば、土田由子の父親はこの年の六月に徴兵され、そのまま離れ離れになっている。九歳の由子は母親と母方の叔母に連れられ、弟といっしょに村を出たという。

〈又帰ってくるつもりで。豚や鶏（の小屋）に餌をいっぱい入れて、別れるのはとても悲しかった。木の輪の馬車に荷物をつみ、団の人達といっしょに歩きました。次の日から雨が降り、山道で木の輪の馬車は動けなくなり、又川があって橋がなく、老人や病人は渡れなくなり、団長と看護婦を残しここでわかれました〉

夏とはいえ、満州の山道は冷え込んだ。しかも女子供だけの逃散だ。

〈夜ばかり細い道を歩きました。（馬）車も荷物もすてて、女性の大事なものは馬に積んだり焼いたりしました。夜ばかり歩いて東西南北もわからなくなり、道に迷ってしまいました。小学校の先生が地図を持っていたのですが、夜なのでわからなくなってしまったのです〉

由子の手記は事実のみが淡々とつづられている。飾っていないその描写が、むしろ開拓団の切実な状況を如実に物語る。由子は逃げる最中、幸運にも離れ離れになっていた父親と出会った。

〈ある日、中国人の家から芋を買ってきて、朝焼いて食べようとしていた時、後から日本の軍隊が二十人位やってきました。軍隊だから道がわかると思い、追いかけて行きました。その日本軍の中にお父さんが居たのです。その時はとてもうれしかったけど、話をする時間もなくいっしょに山へ登りました。その時敵が軍隊（父親がいた隊のこと）を見つけたせいか、せめられビュービューと玉が飛んできました。あっちこっちから悲鳴が聞こえ、私達は父といっしょに草やぶにかくれましたが、敵はそばまで来ました。（中略）三十分位して廻りから人の声が聞こえてきた時、やっと起き上った時、父と弟と叔母ちゃんは死んでいました。この時の悲しさは、筆や言葉ではとてもあらわせません。木の枝や草をお父さん達にかけて別れました〉

由子たちはたまたま弾に当たらなかっただけだ。生き残った子供たちは、敵が立ち去ると、現実の悲しさが襲ってきたという。

〈草やぶから出てきたら残った人が何人かいて、一人のばあちゃんが白い靴下の中から炒米をわけてくれましたが、とても食べられませんでした。涙が出て涙が出て大きな声で泣きました。（小学校の）校長先生も長橋先生も外の団員の人達も死んでおり、裸にされた人もいました。三才位の子供が一人、死んだ母親にくっついて泣いていました。又ここでお産をした人がいて殺してくれ、殺してくれと頼むので、（団員が）殺してやったと後で聞きました〉

土田由子はそんな生き地獄を目の当たりにし、生き残った二十数人の団員とともにひたすら満州を南下した。敵に見つからないよう闇夜に紛れて極寒の中国東北部をさまよった。そこは、松明《たいまつ》を灯すことすら許されない暗黒の修羅場と化した。

〈雨が降り夕方になり山を下ると川があり、小さい橋の下で休みましたが、昼の出来事を思い出し、女と子供が多いし、どうせ皆死ぬんだから子供を残すのはかわいそうだと、（開拓団員の男性である）半田さんが自分の七才の子供を川になげ始め、下の二人の兄弟もなげました。「お父さん達もすぐお前達を追いかける。」と投げると、次から次へと何人ものお母さんが半田さんにたのんで、自分の子供を投げたのです。子供達は「お父さん、お父さん。」と泣きながら流されて行きました。七才の子供を投げられた母親は、何で七才にもなる大きな子供まで……。と父親をせめていました〉

ソ連軍や満軍の兵士から逃れ、原野をさまよっているうち、ついに由子たちは母親たちとも離れ離れになる。

〈逃げて草やぶにかくれようとしたら、（友だちの）愛子さんと久子さんがいました。三人で山の中をまわって歩き、ぶどうのつるや草をかじりながら、三日歩きました。靴もボロボロになっていました。（中国人の）部落にはこわくて入れず、水をのみたいが井戸もみつからないので、道ばたの（馬車の）車（輪）の跡にたまった泥水を飲んで歩いているうちに川を見つけ、どうせ死ぬのならこの川に入って死のうと三人手をつないで、川にとびこみましたが、水が浅くて死ねませんでした。これはまだ死ねない運なのだなと思いました〉

由子は中国軍にとらえられ、牡丹江の日本人収容所に入れられたが、そこからも抜け出した。脱出して三カ月ほど経過したのち、奉天の日本人学校にたどりついた。そこには大勢の日本人がいたが、食べ物もなく、まわりの大人は次々と餓死していった。由子も衰弱し、ついに目が見えなくなってしまう。

〈（いっしょにいた）吉田さんは「由子ちゃん、今までがんばって生きてきた。これ以上私にもどうしようもない。ここで由子ちゃんをかわいそうで、わるいけど、中国人の所に行って病気をなおした方が良い。病気が良くなったら来年の春頃には、日本に帰れると思うから。」といわれ、現在の主人、潘洪武の家につれていかれた〉

山形県の小城子開拓団家族として渡満した土田由子は、そこから中国残留孤児として、山東省の農家に嫁いだ。一九七四年からの帰還事業のおかげで九三年、中国で生まれた六人の息子や娘たちと日本に帰国することができたという。由子は五十二年ぶりに日本の土を踏んで手記を書いた。

八路軍に身を投じた中国残留孤児

秋田県秋ノ宮から雄勝郷開拓団に参加したなかにも、この土田由子と同じような道をたどった少年がいる。秋田魁新報の短期連載「語られなかった悲劇　満州開拓団雄勝郷集団自決の残像」の四回目にそれが記されている。

〈集団自決で亡くなったはずの親類の子どもが、残留孤児として生存していたことが判明。(開拓団員の) 長谷山 (アイ) さんは永住帰国実現に尽力した。「手紙で気持ちを尋ねたら

『帰りたい』と返事が来た。途中で投げ出すわけにはいかなかった」と長谷山さん〉（二〇〇七年八月十八日付朝刊）

雄勝郷開拓団入植者の息子として、当時の名簿を保管し、史実を残そうとしてきた畑山陣一郎（前出）は、残留孤児になったケースについてこう言った。

「この名簿のなかにある未帰還のミという印が、いわゆる残留孤児として向こうに残った可能性がある人です。そのなかには七〇年代から始まった帰還事業で、秋田に戻ってきた人もけっこういます。ただ、それが幸せかどうか。中国とこっちでは生活が違うし、こっちの人たちにも生活があるから……」

畑山が名簿を開いて説明してくれた。

「たとえば開拓団の残留孤児が、日本の親を捜そうとしてこちらに来て面会するでしょ。開拓団の人が、俺の親父といっしょにその残留孤児の一人と会ったことがあるそうです。親父はすぐに誰の息子かわかったらしく、『おまえ、山田（仮名）の五郎（仮名）だべ』と言ったら、隣にいた当の山田さんがはっと驚いた。で、山田さんは、『いやこの子は五郎でねぇ』と否定したんだと。山田さんは引き揚げ後に新しい嫁をもらって子供もできている。だから五郎のことを認められなかったみたいだな。山田さんの家は生活も楽でなかったらしくてな」

結果的にＤＮＡ鑑定をし、事実が判明したという。

「で、五郎だとわかって、こっちに住むようになったんだ。けど、山田さんのところとは、いまでもやっぱり交流ないみたいだ。こっちはこっちの家庭があるからだけど、そんな話はけっこうあるんでねぇかな」

山田五郎は毎年八月十九日に最禅寺にお参りに来ていたという。実際に本人の記帳もあった。雄勝郷開拓団の集団自決では、生き残った子供たちもまた、数奇な運命をたどってきた。たくましい少年もいた、と秋田魁新報はこうも書いている。

〈少年は十二歳で家族と渡満。（集団自決した）八月十九日は、大人の団員とともに満州国反乱軍の襲撃から逃げ回っていたという。後に牡丹江の収容所に入れられたが、遺骨収集を果たすため脱出。中国共産党の八路軍の一員となる〉

少年は中国人に成り済まし、軍に入ったのだろう。

〈（八路軍では）大工見習いとして働きながら、哈達湾行きの機会をうかがった。（昭和）

二十一年に許可が下りるとすぐに単身で向かった。「死ぬ覚悟はできていた」

開拓団跡地は見る影もなかった。建物は焼け落ち、殉難者のものと思われる遺骨が転がっていた。現地に取り残された日本人の子どもがいたが、少年に近寄ろうとしなかった。

「今もそれだけが心残りだ」という〉

元少年は家族の遺骨を箱に詰めて持ち帰り、やがて八路軍を離脱して、一九四七年十月に日本に引き揚げてきた。この「元少年」は戦後、郷里で暮らし、今も家は秋田県内にあった。そこを訪ねてみると、夫人が応対してくれた。

「うちの人は昨年（二〇一四年）、亡くなってまったんだなす。私とは終戦後に結婚して、この家で暮らしてきたけど、満州時代のことはなんも話さねがったな。だから（家族の集団自決のことも）何も知らねぇ。へぇー、そんだなことがあったんだべな」

そう言って涙をこぼした。

菅和三郎とその一家もまた、雄勝郷開拓団の人たちと同じような境遇にいた。出くわした開拓団の隣人を助けようとしたのは、和三郎にリーダーとしての気質があったからだろうが、一家も生命の危険にさらされていた。しかも、和三郎が連れているのは妻のタツだけではなかった。前述したように終戦一年前には長女の純子が生まれ、さらに二人目を身ごもったタツは、終戦からひと月のちの九月になると、臨月を迎えた。それは、開拓団の人たちと同じように、ソ連軍や満軍の脅威から逃れるために、中国東北部をさまよいながら南下した時期だ。

両親への思いを秋田県内に住む菅の長姉、純子に尋ねた。

小学校の体育館で出産

「私たちのことは、できるだけそっとしておいてほしいのです。週刊誌の人なんかがたまに来るんですけど、いつも断っていますから。私自身は向こうで生まれたんだけど、戦争のときのことは全然わからないんです。何か書くつもりでしょうか」

菅の長姉は、かなり口が重い。小学校の教師をしていた母親の影響を受けたのだろうか、みずからも教職に進んだ。夫が他界した後、秋ノ宮に住んでいた高齢の母タツを引き取り、秋田市内でいっしょに暮らしていた。マンションの玄関先で、少しずつ話してくれた。

「父と母はもともと近くに住んでいたので知り合いだったんですが、結婚は見合いです。

母も教師でしたけど、父も本当は教師になるために東京の学校に行きたかったみたい。父のおばあちゃんが東京にいて、父も向こうにいた時期があったらしいのです。こっちにいても何もできないから、体育の教師になりたかった、と言っていました。けど、結局、長男だから親が困るから田舎に帰れ、ってことになったようです」

和三郎は尋常高等小学校卒業後、二十三歳のときに満州に渡って満鉄入りするが、のちに妻となるタツの影響だろうか、それまでの一時期、祖母のいる東京で教師を目指したという。和三郎の父、喜久治は地元の電力会社に勤務していたが、なぜ和三郎は満鉄に就職したのか。

「当時の満鉄は待遇がよかったから入社試験を受けに行ったんじゃないですか。何かやりたいと言って向こうに行ったみたいです。それなりにいい暮らしはしていたようですよ」

満州に入植した和三郎の妹の千代のことや終戦当時の出来事についても尋ねてみた。先の小島の話とは少し違うが、こう話した。

「叔母はそうですね。相手の方（叔父）が戦死したので、敗戦で逃げるときに連絡がつかなくなっていました。みんな心配したそうです。叔母は子供を二人も抱えていたので、連れて帰るのは無理かな、たぶんダメかなと思っていたのに、帰ってきた。私たちとは別に自分一人でちゃんと子供を連れて帰ってきたはずです」

菅一家はどのようにして満州から引き揚げてきたのか。

「私は昭和十九（四四）年六月生まれですから当時一歳、妹が生まれたのが翌二十年の十月です。終戦直後ですから、そのときは大変だったと聞かされました。身重の母は逃げる途中、奉天で妹を出産するのです。いまの瀋陽ですが、そこの小学校の体育館みたいなところに隠れて産んだらしい」

純子は、大人になって母親や妹とともに敗走した中国東北部の経路を改めて訪ね歩いたという。

「それで、どんなところだろうか、と今から三十年くらい前に、妹と私、母で奉天に行ってきました。奉天は露天掘りのある鉱業都市になっていて、学校は取り壊されていました。ちょうどその跡地に、ホテルみたいなビルの建設工事が進んでいる最中でした。（義偉は）関係ないから誘いませんでした。私たちはそうでもなかったけど、とくに母は感動していたみたいでした」

壮絶な体験をした菅一家が秋田へ引き揚げてこられたのは、終戦からまる一年経った一九四六年のことだ。

「満鉄社員といっても、父は尋常高等小学校しか出ていません。それで、満州から帰ってきて農業を始めたんです。長男だから食べていかないといけない、といちご栽培を始めたのだと思います。ただ、自分の家のこともできていないのに、人の世話ばかり焼いていました。周りの生活をよくしようとか、出稼ぎをなくすためにやらなきゃな、ていう感じでしたね。いちごは山間部で作物ができないときでも出荷できるから、出稼ぎをしなくていいんじゃないかっていう発想から栽培を始めたみたい。でも大変でしたよ」

終戦から二年後に生まれている菅義偉本人は、両親や姉のように戦争体験をしているわけではない。しかし、きょうだいたちは自らの才覚で戦後を生き抜いてきたたくましい父親像を共有してきた。こう話した。

「たしかに父には、世の中に関する先見の明《めい》がありました。満州から引き揚げてきてすぐ、日本はいまに電化生活になり、車も一家に何台もあるような生活をするようになる、と言っていました。近所の人は『和三郎さんはおかしくなったんじゃないか』と笑っていたけど、戦争体験があるからこそ、『これからは世界が仲よく一つにならなければ暮らしていけない』と私たちきょうだいは、よく聞かされていました。田舎なのに父は、そういう話ばっかりしていました。えーそうなのかな、と私たちも子供ながらに考えて育った気がします」

もっとも学校の友人たちによれば、菅が郷里の秋田を離れた理由は、そんな父親との確執だという。

「私は（義偉が上京したとき北海道教育大学在学中で）家にいなかったし、あまりその辺のことはわかりません。弟が家を出て行っても、『間違った道に進みさえしなければいいんじゃない？』と父には言っていましたけどね」

父親に対する反発や政治家を志した経緯について純子は、さすがに言葉を選んでこう話した。

「あの人（義偉）は、高校を卒業して勤め始め、やっぱりこのままではダメだと思ったんじゃないかな。それで、大学に行ったようですよ。（大学在学中）母とは連絡を取り合っていたんじゃないかしら。仕送りもそんなに多くはしていないけど、少しはしていたみたい。父も、(弟が)言うこと聞かないから仕方ないと思っていたようです。大学を出たときは、こっちに戻ってもやることがないから、自由にやりなさい、と言っていました。それから秘書になって政治の世界に入ったのです」

菅本人はすこぶる家族思いだ。官房長官になったのちも、週に一度は実母や姉に連絡をしてきた。また、両親やきょうだいが上京したときには、どんなに多忙でもホテルにやってきて、言葉を交わしてきたという。

「忙しいので私たちが上京したときも、数分だけホテルに寄って顔見て安心して帰るっていう感じです。(秋田に)帰ってきても、普通にみなさんと接していますよ。まず弟にお会いしてください。あの通りの人ですから」

菅家の大黒柱だった父和三郎は、満州で悲劇に遭遇し、家族に「世界は一つにならなければならない」と戦争の罪を説いてきた。その息子はのちに安倍晋三政権のナンバーツーとして、安保法制に邁進《まいしん》するようになる。現在の姿からは父親のすさまじい戦時体験や戦争に対する思いを感じない。

第二章

上野駅へ

第一次安倍晋三政権で総務大臣として初入閣を果たした菅義偉は、第二次安倍政権で官房長官に就き、ますます多忙を極めた。そんな菅が、ときおり運転手役の秘書にこう指示した。

「ちょっと上野駅へ寄ってくれ」

取り立てて何をするわけでもない。車からしばらくＪＲの駅庁舎を眺めるだけだ。むろん上野駅通いは、官房長官になってから始めた習慣でもない。菅が一九九六年に代議士になって以降、秘書たちはたいていその姿を目撃している。

報道メディア向けの定例会見や国会での答弁で、面白味のない受け答えを貫く菅が、しばし感傷に浸ってきた場所、それが上野駅である。菅にとって上野駅は、東京生活の出発点にほかならない。菅は父和三郎に反発して家を出た。

「義偉君は、お父さんから『うちさ、残って家を継げ』と言われてたんだ。それが嫌で家を出ちゃった。夜行かなんかで、夜逃げみたいな形で東京さ行ったんでしょう。その間、お父さんも息子と距離を置いていたしね。段ボール会社の住み込みまでしても、義偉君は東京で何をやりたいってわけでもなかったんでねえかな」

菅といっしょに秋ノ宮で生まれ育った元湯沢市議会議長の由利昌司が、五十年前の記憶をたどる。菅が上京したとき板橋区の段ボール会社に勤めたことは、よく知られている。が、それは巷間伝えられてきた貧しい東北の農家の集団就職とは、かなり事情が異なる。実姉の言葉を借りれば、大学のころの仕送りは東京行きに反対していた父親の手前、大っぴらにはできなかったが、こっそり届けられていた。

豊かだった少年時代

全国的なベビーブームで出生率の高い団塊世代の菅は、一九五五（昭和三十）年四月、旧雄勝町の町立秋ノ宮小学校に入学した。少子高齢化と過疎化にあえぐ現在の地方の状況からすると、まるで嘘のように菅の小学生時代は児童が大勢いた。田舎の子供たちが野山を駆け回り、思う存分遊んでいた時代だ。

「義偉君と私は、小学校、中学校、高校までずっといっしょでした。田舎ですから、小学校、中学校も一学区が広くてね。小学校は学校を中心に半径三キロ。私なんかは歩いて二十分くらいかけて通っていました。学区の端から端まで六キロですから、隣の学校まで歩いていけないことはありませんが、広いことは広い。秋ノ宮には、秋ノ宮小、中山小、湯《ゆ》ノ岱《のたい》小と小学校が三つあり、卒業すると、みなが秋ノ宮中学校に通っていました」

幼馴染の由利が、懇切丁寧に小中学生時代の説明をしてくれた。小学校のときに一学年二クラスだった教室は、中学になると一学年四クラスになる。一クラスの生徒が四十人以上というマンモス教室が当たり前の時代である。

秋ノ宮中学の教室は、生徒たちの机で埋め尽くされた。菅はある意味そんな活気あふれた片田舎の小中学校生活を送った。

同級生由利にとっても懐かしい思い出に違いない。

「たしかわれわれのときの中学校は、一学年ぜんぶで百六十七人の生徒数だったかな。いまからすると、考えられないほど子供がいたんです。秋ノ宮だけで三つもあった小学校は、いまでは雄勝小学校の一つだけに統合されてしまいました。秋ノ宮のまわりの院内小と横堀小など六つの小学校が統合されてしまい、全部合わせても一学年六十人もいません。現在は、それだけ少子化が厳しいのですが、あの時代はそれがまるで嘘のように、どこの集落にも子供がわんさかいました」

東北の雪深い片田舎でも、都会にない豊かさがあった。とりわけ菅家では、もともと祖父の喜久治が電力会社に勤めていたおかげもあるだろうが、それほど家計が苦しかったような印象も受けない。何より満州から引き揚げてくるや、初めていちご栽培に取り組んだパワフルな和三郎が、一家の大黒柱として家計を支えてきた。ニューワサと呼ばれるブランドいちごがヒットしたのは少しあとだが、決して貧しい家庭ではなかった。

「われわれが高校生になるころまで、和三郎さんは品種改良に取り組んでいる最中でしたな。ブランド化されたいちご栽培が伸びてきたのは、そこからでしょうけど、義偉君の家は小学生のときから裕福で羨ましがられていましたな」

由利が少年時代のエピソードを明かしてくれた。

「当時、『冒険王』という月刊の漫画雑誌があってね、義偉君の家にはそれが毎月配達されていました。義偉君の家は小学校から直線で百メートルほどしか離れていませんでしたので、漫画を読みたい友だちが家の前で並んで待っていたのを覚えています。本が届くと、義偉君は友だちに封を開けさせて、先に読ませていました。たぶん自分自身は、夜に読んでいたのでしょうね。あのころ『冒険王』を買ってもらえる子供なんて、一学年に二〜三人いるかどうか。そんな時代でした」

小中学校時代の菅は、野球に没頭した。菅の家に集まる小学生たちも、その仲間だったという。

「小学校の遊び仲間は、だいたい運動のできる連中のグループでした。当時は野球部というクラブはなくて、試合があるたびに、一学年二クラスのなかからメンバーを募って選手として出す。小学四年生になると、選手として選ばれるわけです。義偉君はスポーツ万能だったですなあ。義偉君のいた野球チームは、小学校のときも強かったし、中学校でも強かった」

このころの秋ノ宮では、学習塾などに通う子供は皆無だった。秋ノ宮小学校は雄勝町立だったが、菅たちが中学生になるころには町が雄勝郡に編入され、菅たちの野球チームは秋ノ宮中学三年のとき周辺中学との郡大会に出場した。

「義偉君は三番サードと雑誌に書いてあったけど、俺にはそんな記憶ないな。トップバッターですよ、大将は。僕は二番バッター。義偉君は性格がおとなしいとも言うけれど、そんなに優しいわけではありません。意外と芯も強く、監督がバッティングフォームを一生懸命教えようとしても、本人は頑として言うことを聞かない。落合博満選手と同じようなフォーム。独特なスタンスでやっていました。少なくとも出塁率はかなりよかった。打率も三割以上はあったんじゃないかな」

由利の舌が滑らかに回る。さて、雄勝郡大会はどうなったのか。

「雄勝郡大会には、羽後町や皆瀬村などにある四つの中学校が出場し、競い合った。郡大会の二回戦が準決勝でした。その試合に勝ちあがると、県大会に出られるはずでした。最終の七イニング二アウトまで二点差で勝っていたのですが、そこでフォアボールを出したんで、監督がピッチャーを交代させたんです。それで先発ピッチャーがセンターに回ると、相手が初球にセンターフライを打ち上げた。僕らはこれで終わりだと思った。するとセンターの子が悔しくて下を向いて泣いているではないですか。はっと気づいてバーッと前へ出てきたけど、ボールの行方がわからない。で、ランニングツーランホームラン。そこから動揺してサヨナラ負けというなんとも後味の悪い試合でした」

どこにでもある片田舎の少年野球風景である。それほどの野球好きだとはあまり知られていないが、菅少年はそれなりに奔放に育った。小中学校時代の菅はもう一つ特技を磨いた。今では玄人《くろうと》はだしとまで言われる渓流釣りだ。秋田県雄勝郡西成瀬村出身の矢口高雄原作の漫画『釣りキチ三平』のモデルではないかともいわれる。

「『釣りキチ三平』は成瀬川で、義偉君は役内川だから、ちょっと違うけど似たようなものでしょう。義偉君のうちのすぐ近くに役内川が流れています。椛山発電所のところあたりが、釣り場でした。いまでも釣れると思うんだけど、こっちでは『チクザッコ』と呼ぶウグイとか、イワナ、ヤマメとかがたくさん生息しています。竿の先に針をいっぱいつけてボーンと引く、いわゆるひっかけです、昔の釣りは」

由利がそう笑う。菅は子供にしてはめずらしい釣り道楽だったとか。

「私なんかは潜ってモリで突いたほうが早いし、そんなに簡単に親が釣竿を与えてくれるものでもないしね。年配の人は別だけど、われわれのような子供で釣りをする人なんて、そう多くはいませんでした。義偉君ももちろん潜りをやったけど、それでは醍醐味がないと言っていました。まだ雪が残っている水の冷たい四月の初めのころから釣る。三十センチ以上のイワナがいる時代でしたから、たしかにあれは醍醐味がありました。義偉君は子供にしては珍しく、釣竿を持っていてな。われわれのはせいぜい七夕のあとにつくる竹竿ですが、義偉君のは畳めて次々と足すタイプの立派な釣竿でした。そんなのを持っているのは、釣りを商いにしている人か、本当に道楽でやる大人でした。義偉君は好きだったね。年配の人の中に交じってやっていました」

断念した野球少年

秋ノ宮中学校を卒業した菅は一九六四（昭和三十九）年四月、秋田県立湯沢高校に入学した。四三年に旧制中学として開校しているから、十九期の卒業生に当たる。高校のホームページを見ると、当時の卒業生は男子三百三十人、女子六十四人で合計三百九十四人もいる。

「今は雄勝町にも雄勝高校があるけど、当時はまだなかった。それで、われわれは遠くの湯沢高校に通いました」

元湯沢市議会議長の由利昌司は、懐かしそうに目を細めながらそう語った。湯沢高校になると、学区が中学校よりさらに広くなり、一学年八クラスもあった。が、中学とは異なり、高校に進学する生徒はあまりいなかったという。

「中学校の卒業生で、地元の高校に進学する生徒は二割しかいませんでした。残りの八割は中学を卒業してすぐに農業を継ぐか、あるいは上京して集団就職していました。東京に行って都内の夜間高校に通いながら働く同級生が非常に多い時代でした」

そういう由利も同じ高校に進んでいる。高校に進学できる二割のなかにいた二人は、ともに恵まれた家庭に育ったといえる。湯沢高校は秋田県内屈指の進学校として今も人気がある。菅たちの在籍した十九期に三百九十四人もいた生徒数は、過疎化のせいで年々減っていき、二〇二〇年三月の卒業生となると、百九十三人しかいない。そのなかで二〇年の進学は、東北大や秋田大など国公立大合格者が七十三人、私立大七十八人、国公立短大四人、私立短大三人という実績を残している。百九十三人の卒業生のうち、百五十八人が大学に進学し、就職者は五人にも満たない。

菅を紹介しているいくつかの雑誌記事によれば、本人は高校時代も野球部に所属したことになっている。だが、それは間違いのようで、現実には高校に進学すると、好きな野球はあきらめざるをえなかった、と由利は言った。

「義偉君は高校でも野球をやりたかったのだろうけど、クラブ活動はダメだとお父さんに言われた。現在、義偉君は（神奈川県早朝）野球連盟の会長をやっているでしょ。それは、まだまだ野球に未練があるからなんですなあ。お父さんからは、とにかく『いらねえことやんなくていい、勉強だけしていればいいから、運動部だけでなくて、文化部にも入っては駄目だ』と言われてたみたいだ。だから帰宅部でした」

なぜ高校で野球を断念したのか。それは単に菅家の経済的な事情ではない。

「時間的な問題のほうが大きかったのかもしれません。高校に行くには、まず秋ノ宮の家からバスで（旧国鉄奥羽本線の）横堀駅まで出て、そこから湯沢駅まで昔で言う汽車に乗って、駅から歩く。だから家を出るのは朝の六時前でないと遅刻するんです」

由利がそう言葉を足す。なにしろ秋ノ宮の家から湯沢高校までは直線距離で二十キロ以上北へ向かわなければならない。おまけに、当時はろくな交通手段がなかった。

「で、だいたい野球部の練習は夕方六時過ぎまでやっているけど、横堀駅バスの最終が六時なんです。しかも湯沢発の五時ちょっと前の汽車で帰らないと、横堀から先のバスがありません。だから練習やっていると、家に帰れないんです」

由利がこう続けた。

「それでもまあ、春から秋まではバスがあるからええ。ところが冬になると、いつバスが来るかわかったもんでねぇ。昔からするとそう多くはないけども、やはりこっちは雪がたくさん降ります。冬の交通手段は木炭バス、そのあとディーゼルバスが走りだしたけど、道路はろくに除雪できない。小中学校のときまでは歩いて通える距離なのでいいんですけど、冬になると、高校のある湯沢まで通学する手段そのものがないわけです」

秋ノ宮出身の生徒はそのため十一月から三月まで、湯沢に下宿しなければならなかった。高校進学は冬のあいだの下宿費用も含め、家計の負担となる。雪深い東北で多くの中学生が高校に進学できず東京で集団就職するのは、そうした貧弱な交通事情のせいもあったといえる。だからこそこのあたりの家庭では、高校進学が切実な問題だった。

「われわれは学校のすぐ近くに下宿をしていました。いまは道路もちゃんと除雪できるし、そんなことないけど、下宿代も結構高かったんですな。それに高校の授業料なんかを考えると、そうそう進学できなかったんです。いまみたいに家庭に子供が一人とか、二人ならなんとかなるかもしれない。でも、当時は兄弟が多かった。義偉君のところも、四人かな。四人を高校に入れるとなると大変だわな」

由利がこう訴える。

「ただ和三郎さんは勉強に関しては熱心だし、お母さんは元小学校の教員ですから、進学はすぐに決まった。お姉さんの純子さんたちも高校の先生になったし。自宅から横堀駅まではスクールバスがあって無料なので、夏は汽車賃だけで何とかなった。交通機関が使えない冬を含めて通年で下宿したら野球もできるけど、それでは親のかなりの負担になる。だから高校進学の段階で、そこまでは親として出せないとなるわけです」

戦前、満州に渡って満鉄社員になり、戦後もいちご栽培で名を成したバイタリティあふれる父和三郎は、息子の義偉が中学を卒業するころに雄勝町議会議員に当選する。四期十六年ものあいだ町会議員を務めてきた地元の名士だ。だからこそ、四人の子供たちはそろって大学に進めた。

もう一人、菅の湯沢高校時代の同級生だった小川健吉にも会った。湯沢市の北隣にある横手市出身の小川は、旧十文字町立十文字中学から湯沢高校に進学している。その後は国道十三号線沿いの道の駅で、地元特産物の販売やレストランなどを運営する「十文字カンパニー」の社長となった。

「義偉さんとはたまたま湯沢高校でいっしょでしたけど、いまもときどき会っています。高校時代の初対面の印象は、まるきりないです。何しろ当時の高校は表向き四百人を募集していたけど、多めにとるから（最初は）四百三十人ぐらいいたんでなかったかな。知らない人ばかり集まっているし、義偉さんも目立ったほうではなかったです。静かだったからね。たしか義偉さんは進学クラスにいました。いまはないかもしれないけど、八クラスのうち二クラスが就職コースで、残り六つが進学クラスでした。私は就職クラスでしたから、大学に行くつもりもなかったけど、義偉さんは違ったんでしょうな」

いちご農家を継ぐか

ちなみに小川の卒業した十文字中学校では、二百九十八人の卒業生のうち、およそ百二十人が高校に進学し、残り百八十人の大半が東京に集団就職していったという。高校進学そのものが少数派の地域にあって、菅の入学した湯沢高校は、早くから大学進学に力を入れていた。

「ここらあたりでは横手高校に東大や東北大を目指す生徒が集まっていて、湯沢高校はいわゆる二番手でした。いまは東北の国立を目指す生徒が多いけど、当時は慶應や早稲田なんかのほうが入りやすかったので、私大入試に力を入れていました」

小川はそう話す。この時代の高校にしては珍しく、クラスはアルファベット表記のABCだった。

「クラスはA、B、C、D、E、F、G、Hまでありましたね。一年のときは全員が進学予定で入って、二年に進級するときに進学クラスと就職クラスに振り分けられる仕組みでした。私のときは二年のE、Fが就職クラスで、三年ではそれがB、Cというふうに、就職クラスが固定されているわけでもありませんでした」

小川が八クラス中二クラスあった就職コースを選んだのは、やはり家庭環境の問題だったという。

「私の家も貧乏だったけど、ここらあたりはまだ進学に積極的でなかった。高校には行ったけど、金がなくて大学に行けないという、そういう人がたくさんいました。私のうちは女三人、男が俺と兄貴の五人きょうだい。二番目の姉だけはもう亡くなっていますけど、私は末っ子で、貧乏でしたからね。それでも私以外は出来がよくて、みな大学を出ています。だから親は私にも大学に行ってもらいたいという願いがあったと思います。ただし国立だったら、という条件付きでした。私は私立の東京農大に行きたかったから無理。それで結局、農家の後継ぎとして就職クラスを選んだんです」

湯沢高校では当時から進学コースが主流で、生徒の四分の三が大学入学を目指した。菅も進学コースに進み、とうぜんのごとく入試に備えた。

「義偉さんの家は、勉強に熱を入れていたと思います。姉さんたちも大学を出ていますからな。北海道教育大学を卒業し、一人は北海道で先生をやっていました。で、義偉さんも、北海道の姉さんのところに泊まって大学受験したと聞いています」

夏はまだしも、雪に閉ざされてしまう湯沢市秋ノ宮の冬は、米塩の資を得る手段にも事欠く。わが子の将来を考えれば、高校や大学へ進ませたいのは親心ではあるが、そうもいかない。そんな家庭は珍しくもなかった。都会の教育熱心な家庭とは比べようがないが、友人たちの目を通した菅家は、やはり羨ましい存在だったに違いない。

その一家の中心はやはり父和三郎である。湯沢高校の同窓である小川の言葉からも、父親の存在の大きさが伝わってくる。

「なんといっても（ニューワサを）考えた人だから、お父さんは有名でしたね。やっぱり戦争で鍛えられた人だった。考えて行動した人だ、お父さんは」

農家を継いだ小川の関心は、やはりいちご栽培の成功だ。

「私も農家のすねっかじりとして百姓をやってきましたから、秋ノ宮独特の遅出しいちごには感心しました。いちごの出荷ができなくなったころに出てくる。いまでこそいちごは一年中いつでもありますけど、昔は夏に傷むので駄目になる。だけど、秋ノ宮は山間部で寒いので、ハウスでなく露地栽培できる。それに和三郎さんのいちばんすごいのは、つくるだけでなく、売ることまで開拓したところでしょう。反骨精神旺盛で、仲間四人で生産者の組合をつくってね。それが大したもんです」

先に紹介した元いちご生産集出荷組合組合長の小島は、組合創設当時から和三郎の片腕として活躍した一人だ。繰り返すまでもなく、当時の農業の中心はあくまで米づくりであり、あきたこまちで知られるこのあたり一帯はなおさらだ。いきおい農協の力は強い。

湯沢市を中心とする一市、三町、二村には、湯沢、東成瀬、駒形、稲川、皆瀬、雄勝、羽後三輪、西馬音内、田代、仙道に組合が置かれてきた。九八年六月にそれらが合併し、

ＪＡこまち（こまち農業協同組合）が誕生したが、和三郎はあえて農協の傘下には入らなかった。独自の生産・販売ルートを切り拓くため、東京や大阪の野菜卸売市場にまで出かけていき、売り込んだのは前に書いたとおりだ。同じ農業従事者として、小川はそこに脱帽したという。

「私のところはブドウ専業農家で、農協が嫌いじゃないけれども、和三郎さんたちは地元の農協にはいちごを卸さずに、独自の販売ルートを開拓したんです。たとえば東京の東都生協さんっていう共産党系の組合や生活クラブの神奈川支部などに話を持っていった。神奈川の生活クラブは全国でいちばん大きいかもしれません。あとは宮城の宮城生協や地元のスーパーといった具合。いまでこそ産直は当たり前になっていて、私も三十年ぐらい前から直販などを開拓してきた。直販はここ（道の駅の十文字カンパニー）にできているし、私の息子もそれを引き継いでやっています。けど、和三郎さんはそれを最初からやっていた。だから大したもんなんです」

和三郎が長男である義偉に与えた影響について、小川に尋ねてみた。和三郎は菅にいちごの栽培を継がせたかったのだろうか。

「もちろん影響はあると思います。父親としては、継いでもらいたいという気持ちもあったでしょう。ただ、息子にはやっぱり反発があるんじゃないでしょうか。私もそうだったけど、義偉さんだって農業をやるかどうか、という、そこに葛藤があったのではないかな。自分は親とは違う生き方をしたいという思いがあったんじゃないのかな」

奇しくも息子ではなく、むしろ高校の同級生である小川が、友だちの父親に倣《なら》ったようにも思える。和三郎はいちご栽培を手掛けながら、長年町会議員として地元に貢献してきたが、小川も米作ではなく、ブドウ栽培で販売ルートを切り開いた。そのかたわら、十文字町会議員になり、二〇〇〇年九月から〇五年十月の市町村合併で町が横手市に併合されるまで、十文字町長を務めてきた。その小川が菅本人と親しくなったのは、菅が国会議員になってからだという。

「私が町会議員になってから町長になるかどうかの境目あたりに、湯沢高校の同窓として義偉さんに会いに行ったのです。そこから急に親しくなりました。ちょうど義偉さんが（総務）政務官になったころでしたでしょうか。以来、東京に行くと議員会館に寄るようになり、夜はよくいっしょに食事します。義偉さんと同じように、私も酒を飲まない甘党なのですが、『法政大学を卒業して小此木《おこのぎ》（彦三郎）事務所に入り、そこから小此木通産大臣秘書官になったのが、いちばん大きかった』と言っていましたね。『あとあと自分が仕事をしていくなかで、小此木事務所でいろんな人との交わりがあった』と話していました」

いまでも菅は地元に戻ってくると、必ず小川のところを訪ねるのだという。

「ありがたい話です。こっちに来たときは、どんなことがあっても、ここ（道の駅）に寄ってくれるんです。何も言わんで、ただ手をあげて振るだけ、それで終わりです。昨年（二〇一四年）十二月総選挙があったときなどは、秋田、横手、湯沢、大仙と応援に入っていて忙しくしていました。だからさすがに今回は来ないのかな、と思っていたところ、前の日の夜八時かそこらに県警から『菅官房長官がそちらの道の駅に寄るって言うのですが、聞いていますか』と電話が入った。『できるだけ目立たないところの駐車場を三台分確保していただけますか』って言うのです。湯沢の文化会館で応援演説をしたあと、三十秒だけここへ来てね。それで去っていきましたけど、それはうれしいもんですよ」

この心配りが、菅の人心掌握術の一つかもしれない。ふと気づくと、元十文字町長の小川は笑いながら目に涙を浮かべていた。

父への反発

「義偉君はあまり本音を言っていないかもしれないけど、北海道教育大学の受験に失敗したから、あとは家さ残っていずれ農家を継げということだったのでしょう。親父さんから、『うちさ残れ』って言われ、それで『俺はもうここさ、いられねえ』と言い放って、家を出ちゃったのさ」

小、中、高校のあいだ、ともに学校に通った元湯沢市議会議長の由利昌司（前出）はそう言い、先の小川もまた、菅が上京したのは大学受験に失敗したからだと似たような話をする。

「実は義偉さんは、母親や実姉の影響で教員になりたかったのではないか」

二人とも菅の進路に関する心境をそう推し量った。実は、当人の言葉とはややニュアンスが異なるのだが、それはのちに詳しく触れる。ただし、上京のきっかけが父子の確執だったという話はたしかなようだ。

卒業を控えた高校三年生たちは進路によって行動パターンが異なる。はなから大学進学をあきらめていた菅は、卒業を前にけっこう時間を持て余していたようだ。

「上京する前の義偉君は、とにかく釣り一辺倒でした。卒業式が三月の一日か二日で、それから終業式まで一週間以上ある。その間、進学する者、就職する者、それぞれ準備で忙しいけど、大将は大学に行くわけでもなく、何もやることがなかったのでしょう。毎日釣り三昧でした。朝起きたら、川に釣りに行くと言い出し、私も誘われて何回か行ったけど、それで親父さんは余計にカッカしてね。『おまえみたいなのは、農家を継げばいいんだ』となるし、大将にしてみれば『俺にはもっとやるべき何かがあるはずだ』と反発したのさ。で、何かを見つけよう、と東京に出たということなんです。夜行かなんかで、夜逃げみたいな形で行ったんでねかったでねぇかな。だから、きちんとした職を見つけてたわけではなく、向こう行って段ボール箱屋を見つけて。住み込みまでしてスタートしたんでしょう」

実は、そう話した由利自身も大学受験に失敗し、菅と同じように家出同然で上京した口なのだという。みずからの体験談を菅と重ね合わせてこう振り返った。

「うちは鍛冶屋《かじや》だったんです。刀鍛冶でなく、もとは院内銀山の技師としてタガネ専属の鍛冶を担っていたのですが、そのあと農耕具なんかをつくっていた。私の親父の代になって鍛冶屋を鉄工所に変えて私が高校を卒業するころは、そこから事業を広げようとしていました。私も大学受験に失敗したので、あとを継げと言われた。で、家を飛び出して東京の日本橋で就職したんです」

板橋の段ボール箱製造会社に採用された菅に対し、由利は日本橋にあるメリヤス問屋に就職したという。

「メリヤス問屋は大阪の会社で、たまたま日本橋に寮があって採用してくれました。そこはのちにエトワールと合併して大きくなりましたけど、私が勤めたのは二年半くらいだったと思います。私がうちを出たのが三月十九日だったかな。その一週間くらいあとになって、義偉君も上京したと聞きました。お互い東京に出たんだけど、当時は居場所もわからないし、携帯電話もない時代だから、連絡をとることはできませんでしたね」

本人が郷里を留守にしているあいだ、由利の父親は新たに設備会社を始めて成功し、従業員が十五人ほどいる会社に成長させた。一方、由利自身は二十一歳になって郷里の秋田に出戻り、そこから父親の会社を継いだ。三十三歳で雄勝町議会議員選挙に立候補して当選。そのあと湯沢市議会議員に転じ、市議会議長となった。

「義偉君とはお互い十八歳で上京して二十年間、音信不通でした。その間、義偉君は大学に行きたい、となったけれど、親父さんに仕送りしてくれなんて言えなかったんでしょうな。親父さんも頑固な人だから、『勝手にうちを出たんだから、応援する必要もない』となったんでねえかな。お母さんが隠れて出したかどうだか、そのあたりはわからないけれど、お父さんも私に、『(息子から)連絡ないか』とは聞かなかった。それどころか、私の前では一切、義偉君の話をしなかったんです」

由利は和三郎とは頻繁に会っていたそうだが、菅の話はタブーだったという。

「だから大将は、バイト、バイトで過ごした時期があるはずです。私は途中で戻ってきたけれど、大将も大学を卒業するあたりでは、もしかしたら、こっちに戻ってくるかもしれなかったと聞きました。義偉君と再会したのは、私が町議会に出たころだったと思いますが、そのときはもう小此木(彦三郎代議士)さんの秘書でした」

菅の実母タツは、かつて『週刊ポスト』の取材に応じ、息子の印象を次のように語った。

「勉強でなく、釣りのほうが好きだった子ですね。きかんぼうでしたが、周りの子とは喧嘩しない優しい子でした。でも、小学生のころから新聞をよく読んでいてね。一斗缶をガンガン叩きながら家々を回って『誰それをよろしくお願いします』なんて選挙のまねごとのような遊びもしていました。その姿を見て、ひょっとしたらと思ったこともありましたが、高校生までは自分から『政治家になりたい』と言ったことはありませんでした。チラッとそれらしいことを言ったのは大学に入ってからで、『政治家になるには勉強しなきゃダメよ』と言うと『するよ』と返されましてね」

菅は大学時代も、母親にはずっと連絡をしていたという。それは国会議員になったあとも変わらなかった。母親に対する思いやりは人一倍ある、と菅の実母タツは同じく『週刊ポスト』の取材で語った。

「法事などでこちらに戻ってくることもありますが、すぐに東京に戻るような生活です。その代わり、官房長官になってからも、だいたい三日に一度の割合で電話をくれます。私は夜の八時には寝るんですが、その前に『母さん、今日はどうだった？』と電話がかかってきます。『変わりないよ』って言って十秒ぐらいですが、忙しいはずなのにそうやって気遣ってくれる子供なんです。母親の知らないところでどれだけ努力したのか、そこは頑張ったんでしょう」

東京ならいいことある

指定された時刻より少し早くホテルに到着したため、喫茶ロビーで待っていると、慶應大学教授（当時）の竹中平蔵が、そばを通り過ぎた。第二次安倍政権で首相官邸に設置された産業競争力会議の中核メンバーだった竹中は、菅の有力ブレーンの一人に数えられている。官房長官として極めて多忙な日々を送っていた菅は二〇一五年八月一日、竹中と打ち合わせしたのち、私のインタビューに応じた。同年六月に続き、二度目のインタビューである。

地元の湯沢高校を卒業した菅は、父親に反発し、郷里の秋田を離れて東京にやってきた。家出に近い上京だったという。奇しくもそれが政治家になるきっかけとなるのだが、同じホテルでおこなった六月のインタビューでは、まず父親に対する思いについて尋ねた。

――やはり父親の影響は大きかった？

「まあ、男の子はみな親父の影響を受けているのでしょうね。満鉄ではものすごく待遇がよかったらしく、官舎があって、お手伝いさんがいたとか、そういう話はよく聞きました。満鉄でそれまで最高の幸せな家庭を築いてきたのに、戦争で負け、一転して引き揚げてくるときは大変だったらしい。姉二人は向こうで生まれましたから、一緒に帰ってくるときの話とか、それは聞いています。ただ、引き揚げ者はたいていそうでしょうから」

記者会見で見せる政府のスポークスマン然とし、冷静な話しぶりだ。南満州鉄道に勤務して終戦の激動に遭遇し、満州から命からがら引き揚げて秋田でいちご農家を成功させたインパクトのある父親についても、さほど思い入れを表にあらわさない。謙遜しているというより、満州時代のことについて詳しく聞かされていないのではないか、と思えるほど、頓着していないように感じた。

二人の姉はともに高校教師になっている。菅本人は巷間伝えられているように集団就職せざるをえなかったわけではなく、大学進学か地元に残る選択肢もあったはずだ。

――高校の同窓生は、教師を志して北海道教育大学を受験して失敗したことが原因で、上京したと話していたが、なぜ郷里を離れたのか。

「北海道教育大を受けた事実はまったくありません。高校三年生のときはどこの大学も受けていません。母や姉だけでなく、叔父や叔母など親戚が教師だらけだったので、教師にだけはなりたくなかった。かといって、農業を継ぐのも嫌でした。それで、ある意味、逃げるように（東京へ）出てきたのです」

――ご自身のＨＰには集団就職のため上京したかのように書かれている（二〇一九年に削除）。いわゆる集団就職は中学校卒業後に上京して就職するケースを指すので、違うのではないか。

「私のところでは、同級生の友だち百二十人のうち、六十人が中学校を卒業して東京に集団就職していました。残った六十人のうち、（半数の）三十人は農家を継いで、高校に行ったのは三十人しかいません。そんな田舎でした。で、高校を卒業すると、東京に出る友だちもいっぱいいたし、それも集団就職。高校を出て就職しても、そういう言い方をしていました。なのに、菅はまるで集団就職を売り物にしているかのように、訂正しないのはそのほうが都合がいいからだ、とまで言われる。私は、高校でちゃんと就職を紹介してもらってこっちへ出てきています。それが段ボール会社で、そこで働き始めたんです」

高校から職場を斡旋してもらったから、集団就職は間違いではないという。もっとも、東北地方の集団就職は国鉄の仕立てた「就職列車」に乗り、上野駅を目指したケースを指すのではないか。菅が進学できる家庭環境にあったのはたしかだ。にもかかわらず、なぜ高卒で就職する必要があったのか。

――同級生たちが言うように、上京のきっかけは父親への反発からか、あるいは進路を巡る父子の確執があったのか。そもそもなぜ進学をせずに東京を目指したのか。

「親父は、やっぱり農業をやらせたかったんでしょう。だけど、私は東京に行けば何かいいことがあるんじゃないか、と思って上京しました。一方で親父にしたら、長男なのでどっちみち帰ってくるんだろうと思ってたんじゃないですか。しかし東京に行っても、何にもいいことがなかった。そこで初めて、現実がいかに厳しいかに直面しました。私が一番思い出したくない青春です」

――就職して何一ついいことがなければ、そのまま地元へ帰ろうという気持ちにならなかったのか。そこから法政大学に行ったのは、なぜか。

「当時の私は、いずれ田舎に帰らなきゃまずいだろうな、と漠然と考えていました。だから、それまでは東京で自分の好きなことをやろうという程度でした。もう一度人生をやり直して、大学に入ったほうがいいんじゃないかと思ったんです。こっちで働きながら学びたい。それは両親に相談したわけでもないけど、どこかの大学に入らなきゃまずいなと」

さしたる目的もなく、問題意識も抱かずに東京暮らしを始めたというのは、正直なところなのだろう。菅の場合、集団就職と言いながら、地方出身者が職を求めて都会にやってくるケースとは明らかに異なる。あるいは歌手や俳優などの有名人になろうとして上京する野心とも違う。

とどのつまり、菅の上京は実父か地味な東北の暮らしぶりから逃げたかったに過ぎない。単なる家出のようなものである。

大学で事務所選び

段ボール会社を辞め、菅は大学に入った。国立大学と法政大学の二校を受験し、法政に合格したという。入学したのは法政の夜間と報じてきたメディアもあるが、法学部政治学科だ。

――大学時代には父親に内緒で実家から仕送りがあったと聞いたが。

「基本的には自分でアルバイトしていましたけど、たまに姉から小遣いをもらったりしました。姉は二人とも教師で、働いていましたから。大学は別にどこでもよかったのですが、授業料の最も安い法政大学にしました。大学時代も、いつかは田舎に帰らなきゃまずいだろうな、と思っていました。農家の長男は誰もみな最後は家を継がなければ駄目だという血が、当時は流れていたと思います。そうして働きながら大学を卒業したのです」

これも実姉の話とは異なる。実姉の純子は仕送りした覚えがなく、実母のタツが父親にないしょで仕送りしたと言った。

――そこからなぜ政治家を目指すという話になるのか。

「田舎に帰らなければならないとは思っているけど、他の大学生はそこから就職するというし、まだすぐにはうちに帰りたくない。最終的に家に帰らなくてはならないと思っていましたが、本を読んだり人生について考えているなかで、この世の中は政治が動かしているのではないかと、漠然とですが気がつきました。そこからです」

政治を意識し始めたきっかけも、その程度だという。何ともぼんやりした話なのだ。おまけに大学卒業後、すぐに政治家になろうとしたわけでもなかった。菅は一九七三年三月、法政大学法学部を卒業し、いったん建電設備株式会社（現・株式会社ケーネス）に入社し、改めて政界に入った。

――政界入りするにあたり、長年町会議員を務めてきた父親のアドバイスなどはなかったのか。いちごの販路拡大で上京するようにもなったというが。

「いちごに関しては、どんどん販路を拡大していきましたね。四十歳から亡くなる九十三歳まで組合長をしていたから、五十年ぐらいですか。親父は高く売って生産者に還元させるために、わざといちごの根を凍らせて遅出しにしたり、販路を東京や四国に広げたり、いろんなことをやっていました。いまでいえば、ヨーロッパに出荷するようなものじゃないでしょうか。親父の名前がついた品種（ニューワサ）までありました。でも、私の政界入りとは関係ありません。町会議員といっても、仕事をやりながらやっている名誉職みたいなものですからね。私は政治の世代交代を主張していたので、親父に九十歳になっても組合長を続けるのは恥ずかしいから辞めてほしい、とずっと言っていたんです」

――では、どのようにして政治の世界に飛び込んだのか。

「政治家の知り合いや伝手《つて》もありません。それで仕方なく法政大学の就職課に相談したんです。そしたらすぐに市ヶ谷にある法政大学のOB会を紹介していただきました。その事務局長の方から法政大学OBの中村梅吉さん（元衆議院議長）の秘書を紹介していただき、秘書が参議院選挙に出るというので、そこの事務所で働きました。ところが、当人がとつぜん体調を崩してしまい、選挙をあきらめた。中村先生が中曽根派だったことから、その秘書の方も同じ派閥の小此木衆議院議員のことをよく知っていたんです。私は小此木さんの名前も知らず、そんな程度でしたが、政治の道にようやく入ることができたのです」

その言葉も正直なところだろう。大学の就職課を通じて議員秘書になるパターンも珍しいが、そこには野心も野望も感じない。これもまた取り立てて奥の深い話でもない。

そうして菅は縁もゆかりもない横浜選出の衆議院議員である小此木彦三郎の書生となった。小此木事務所が、菅の政治家としての出発点だ。事務所に七人いる秘書のうちでも最も若い末端の秘書だった。菅は言った。

「政治の世界に入るまでは結構ふらふらしていましたけど、入ってからは、ずうっとアクセルを踏んでいます」

当人が自認するように、政治の世界に足を踏み入れた菅は、人間が変わったように出世欲に目覚めた。小此木の秘書時代が菅義偉の原点であり、その政治姿勢はいまもあまり変わらない。

七番手秘書からのスタート

「小此木事務所に勤め始めてからも、最終的には秋田に戻らなければならないものと考えていました。私には、それだけ田舎への思いが強く、三十歳前後のとき、事務所を辞めて秋田へ帰る、と切り出したのです。そしたら、小此木さんが唐突に『野呂田芳成さん（元農水大臣）の参議院選挙の応援で秋田に行くから、お前もついてこい』と言って、連れていかれた。で、秋田に着いたら、お前のうちに行くって言い出した。そうして両親に会い、『もう少し鍛えさせてもらえませんか』と頭を下げるではありませんか。とうぜん両親は『お願いします』と答えるほかない。小此木さんは、私のことを可愛がってくれて、鍛えてくれました」

菅はそうも語った。菅にとって小此木彦三郎はまさしく政界における師といえた。その師のおかげで郷里への思いを断ち、政治の道を歩み始めた美談のように聞こえる。だが、当人の政治手法は、決して地方思いのそれではない。

一九二八（昭和三）年一月生まれの小此木は、早稲田大学文学部卒業後、横浜市会議員を経て六九年十二月、中選挙区時代の神奈川一区から衆議院総選挙に出馬し、代議士に転身する。以来、連続八回の当選を重ねた。旧中曽根派の重鎮である。

八〇（昭和五十五）年に衆院運輸委員長、八二年に自民党国会対策委員長を務めたのち、翌八三年に発足した第二次中曽根内閣の通商産業大臣として初入閣する。八八年の竹下登改造内閣で建設大臣の職に就いた。運輸・建設族であり、議運・国対族として国鉄の民営化をはじめとする行政改革を手掛けてきた。

菅自身は七五年四月、小此木事務所の末端の秘書として採用され、そこから政界に足を踏み入れた。

「私がまだ小学三～四年生ぐらいのときだったと思います。秘書というより書生かな。私には二人の兄がいるので、三人目のお兄ちゃんができたような感じでした。近くのアパートに住んで、毎朝、家にやってきてはいっしょに食事をしていました。秘書はみな家族同然でしたけど、なかでも菅さんはいちばん若い秘書だった。いっしょにご飯を食べていたのは菅さんだけでしたから、余計に親しみがわいたのかもしれない」

小此木家の三男で、彦三郎の後を継いで衆議院議員になった小此木八郎（現・国家公安委員長）が、当時をそう振り返る。当人は菅が横浜市会議員に転身した翌八八年、入れ替わるように小此木事務所に入り、父親の秘書として働きだしたが、そのときの指導係が菅だったという。

「僕は言ってみれば親父のかばん持ちです。菅さんからは選挙における挨拶まわりから〝せがれ〟としての立場の振る舞い方、頭の下げ方にいたるまで、基礎を習いました。僕が二十代だったそのころ、菅さんが結婚した。そこで親父の支援者が、『菅さんはすぐに靴をすり減らすから靴を買ってやった』と来賓のスピーチをしていたのをよく覚えています。支援者の戸別訪問を熱心にこなし、とにかく歩く歩く。菅さんは、『小此木彦三郎を助けてくれ』と政策を成立させるための根回しをやり、親父の支援者じゃない人までこっちに傾かせるとか、そういうことをずっとやってきた。あれが菅さんの政治家としての原点じゃないかな。官房長官として安倍総理を支えているのも、感覚的には同じことだと思います。私の目から見ると、いまの菅さんは秘書として親父を支えた姿とあんまり違わない」

小此木の秘書から横浜市会議員に転身した延長線上に現在の菅がある、と横浜の政界関係者は口をそろえる。

「菅さんを知ったのは昭和五十五（一九八〇）年ごろ、私が小此木さんと知り合ってから十二年ぐらいあとです。何しろいちばん下っ端の秘書でした。タバコを買いに行ってこいとか、車をあっちに寄せておけとか、そういう雑用を言いつけられていました。菅さんが奥さんと最初に暮らし始めたのは、横浜市神奈川区菅田町の木造二階建てのアパートでした。私も宴席の帰りなんかにそこに寄ったことがあります」

そう懐しがるのは、元横浜市議会議長の藤代耕一である。いまは政界を引退しているが、横浜市政に精通する生き字引だ。

「菅さんは若い時分からぜんぜん酒を飲めなかった。だから、秘書をしているときは大変でしたね。ときどき無理やり飲まされて、すぐにもどしたりしていました。それだけで宴席に出ない人がいるくらいですが、あの人は平気なんですね。飲めないけど、人付き合いがうまい。だから、飲む席も最後までいっしょに残っていました」

一時は小此木系の神奈川県議だった梅沢健治に預けられた。梅沢が述懐した。

「小此木自身は格式のある名家の出だから、庶民のことがあまりわからない。業界で誰が応援してくれるとか、庶民の感覚を勉強させる必要があるから、と俺のところへ預けたんだよ。俺は長屋の路地を歩き通し、県議に受かってきた。もう、天下国家に怖いものはありません。それで、『町を歩いて、どこの人にどんな嫁さんがいて、子供がどうしているか、ぜんぶ覚えてこい』と指示して毎日、そういう訓練をさせていました。そうして彼は僕の専属の秘書になったんだけど、いつでも小此木のところに帰すつもりだったし、そう言っていました。そうしていろいろ人との接し方とか、一票のつくり方、一宿一飯の義理と人情とやせ我慢を教えたんだよ」

菅自身、のちに雑誌インタビューなどで梅沢の秘書教育について、「探し求めていたものを見つけた思いだった」と語っている。梅沢から鍛えられ、小此木事務所に戻ると、菅はメキメキと頭角を現していった。藤代が引き取ってこう続けた。

「小此木事務所には七人ほどの秘書がいて、トップが宮崎県西都市市長の息子でした。彼は大学時代に吉田茂の子分である広川弘禅《こうぜん》のところで書生をしていて、小此木さんの秘書になったサラブレッドでした。切れもので、小此木さんが（第二次）中曽根内閣の通産大臣として入閣したとき、金庫番として重用していた。だからはじめは菅さんでなく、彼が通産大臣秘書官に任じられていた。ところが、彼より菅さんを支援する人がいて、後半の六カ月間は菅さんが通産大臣秘書官になったんです。菅さんの経歴のなかに、初入閣の通産大臣秘書官と出てくるのはそのためです。それほど小此木さんや支援者の信頼が厚く、あっという間に先輩秘書官を追い抜いていきましたね」

小此木も支援者から推されたので、菅を通産大臣秘書官にせざるをえなかったのだという。いわば政治をかじり始めた東北の田舎者が、どのようにして並み居る先輩秘書をごぼう抜きし、大臣秘書官にまで昇りつめることができたのか。

「菅さんは大学卒業後、小此木事務所の募集に応じて秘書になったと聞いていますが、そのころの小此木事務所には錚々《そうそう》たる秘書がいました。小此木さんは運輸族議員だったから神奈川県内の鉄道会社には顔が利いていて、事務所の秘書は東急電鉄、京浜急行電鉄（京急）、小田急電鉄、相模鉄道電鉄（相鉄）といった具合に、担当が違うのです。ペエペエの菅さんは初め、そんなところに入り込む余地などなかった。ところがいつの間にか、その先輩秘書たちを蹴落としていき、自分が鉄道会社の人と親しくなっていった」

横浜市内のある経済人がそう打ち明けた。そうして、事実上、小此木事務所の筆頭秘書として通産大臣秘書官に就任した。それが一九八三年のことだ。

「菅さんはとにかくマメで仕事が早い。だから小此木さんの支援者に可愛がられ、頭角を現していったのでしょうね。ただ、それで事務所を辞めていった人もけっこういました。最後は菅さんが横浜市議選に出るちょっと前、東急電鉄の担当秘書でしたね。筆頭秘書の彼が事務所を辞め、菅さんが東急まで担当するようになりました」

先の経済人がそう言い、こんな話を打ち明けた。

「横浜は鉄道工事が多かったけど、受注できるゼネコンは鉄道会社の系列かあるいは親密企業と決まっている。相鉄の工事は東急建設といったアンバイです。けれど、どのゼネコンも鉄道工事に入り込みたい。で、ある支店長が菅さんに頼み込むと、その場で、『いま○×組の○×さんという人が事務所に来ているんです。そちらの仕事をしたいそうなんだけど、これから挨拶に行ってもいい？』という調子で電話をしてくれた。そういう感じでやっていたから、どの会社も菅さんを大事にしていました」

菅から政治家の秘書としてのあり様を学んだという小此木八郎は、次のようなエピソードを披露してくれた。

「親父が通産大臣のときだったと思いますけど、『週刊新潮』が夕ぐれ族という売春組織の特集記事を書いたことがあったのです。その顧客名簿にうちの親父が載ったんです。で、菅さんは横浜駅のキオスクとか、そこら中で売っている『週刊新潮』を買い占めた。それがどう奏功したか、わからないけど、そういう泥臭いことまでしていたようです」

菅自身、高校時代の同級生などにも漏らしているが、通産大臣秘書官になったことが、その後の政治人生において重要だったという。むろん通産大臣秘書官としての仕事は、スキャンダル隠しだけではない。菅は秘書官として、直《じか》に霞が関の官僚と接し、産業界の知己を得ていく。それが今日の菅の財産となっている。菅自身に小此木のことを尋ねてみた。

――小此木彦三郎は、どのような存在だったのか。

「小此木さんは国会対策に非常に実力を発揮していました。人間関係の捩《ねじ》れた糸を解きほぐすのがとても上手な人で、国対委員長としては最高だったと思います。国鉄改革をめぐって、行革担当の役職をやっていた橋本龍太郎さんと（元運輸大臣の）三塚博さんが大げんかしてね。赤坂の料亭で大論争を始めて収拾がつかない。そこで、横浜に帰っていた小此木さんが仲裁にわざわざ呼ばれ、秘書として私もついていった記憶があります」

もっとも小此木の本当の姿は、旧国鉄民営化を取り仕切り、私鉄に睨みを利かせた運輸族議員である。菅は運輸業界との関係を深め、小此木と同じように、秘書から横浜市会議員になる。

影の横浜市長

有権者の数でいえば、二百万人あまりの大阪市に対し、横浜市は三百万人に迫る。横浜市は間違いなく、日本最大の政令指定都市である。それだけに市会議員がのちに国政に打って出ることも珍しくない。小此木彦三郎しかり、菅義偉しかりだ。ただし菅が市会議員になろうとしたとき、小此木は反対した。

菅は一九八七（昭和六十二）年、唐突に横浜市議選に出馬すると言い出した。そのときの状況を、元市議会議長の藤代は鮮明に記憶している。

「私も市会議員としてずっと小此木さんを支えてきた。だから秘書だった菅さんともいっしょに仕事をしてきました。菅さんは小此木事務所で神奈川区と西区を担当していたのですが、神奈川区で自民党市議候補の空きが出た。そこで、神奈川区で出ないか、と誘われたのですが、彼は西区から出ると言って引かない。西区はすでに自民党の鈴木喜一が公認されているから、小此木さんはもちろん、周りも反対しました」

それでも菅は小此木の支援者に頼んで強引に出馬しようとした。菅の市議選出馬により、横浜市議会は大混乱に陥った、と藤代がこう続ける。

「(菅が)ぐいぐい押していったわけだ。だから鈴木さんは頭にきていましたよ。そしたら、なんと鈴木さんが西区の自民党公認を辞退して県会議員選挙に出馬したんです。県議選も自民党の公認が決まっているから、鈴木さんは無所属で出る以外にない。で、自民党公認の斎藤達也という現職を破って当選したんですが、菅さんが出たことによって、市会、県会ともに大混乱した。市会議員の定数は二で、公明が一位当選、二位が自民の菅さんでした。初出馬でそこまでしたもんだから、語り草になったものです」

むろん運よく当選できたのは、別の理由がある。そもそも菅が西区からの出馬にこだわった理由は、そこに強力なスポンサーがいたからだ。菅は西区に本社のある相模鉄道（現・相鉄グループ）の副社長を後援会に引き入れようとした。相鉄は小此木にとってのスポンサーであり、その支援企業を引きはがそうとしたようにも映る。

小此木八郎の言ったように、菅にとって小此木の秘書時代が政界の原点とすれば、横浜市議会議員時代は、文字どおり為政者として歩み始めた第一歩だ。取材をしていくと、その泥臭い政治手法もまた、現在のそれと変わらないように思えた。のちに影の総理と評されるが、横浜市議時代には、「影の横浜市長」と異名をとった。

一九八七年四月に横浜市議選に西区選挙区から出馬し、初当選した菅は、二期八年のあいだ市議を務めた。八九（平成元）年に市の経済港湾委員会副委員長に就任した。菅は、それを皮切りに、インフラ関連における横浜市政の要職を次々とこなしていく。ざっと役職を挙げると、横浜市港湾審議会委員や横浜市道路建設事業団評議員、財団法人横浜市建築助成公社評議員、横浜市みなとみらい21推進本部委員会委員、都計道路下水委員会副委員長、都計道路下水委員会委員長、横浜国際港都建設審議会委員などだ。

菅はそうした役職をこなしながら、やがて横浜市議会で右に出る者のいない実力者となっていった。そこには、菅自身をバックアップしてくれた支援企業が、大きな役割を果たしている。なかでも小此木彦三郎の後援者であり、菅の後ろ盾にもなってきた地元の藤木企業という横浜の大立者の存在を抜きに語れないが、その関係の詳細は後述する。

横浜は江戸時代の開国以来現在にいたるまで、日本最大の貿易港として栄えてきた。横浜市にとって、港湾の整備はもとより周辺道路や鉄道などを含めた交通網の構築は、最重要テーマであり、国の政策と連動してきた。

「横浜は、東名から横浜港にストレートに入ってこられるような環状道路の建設を国に要求し、首都高から第三京浜までの工事が急ピッチでおこなわれてきました。開設すると、東名から横浜にどんどん荷物が入ってきて輸出できるし、逆に輸入したものもストレートに東京に行く。これなどは本来とうの昔にやっておくべき道路整備でした。しかし、飛鳥《あすか》田《た》市政時代に公共事業がストップしていたので、遅れに遅れた。それを市議になった菅さんたちが進めようと努めていったのです」

そう解説するのは、元市議会議長の藤代だ。飛鳥田一雄《いちお》は、折からの革新ブームに乗って一九六三年、日本社会党の公認を得て横浜市長に当選した。革新首長のリーダーとして、全国革新市長会を結成してその会長になった。

飛鳥田は七八年まで十五年にわたり横浜市長を務めた。その間の七七年には日本社会党委員長に就任し、衆院選に出馬する。横浜市長時代にはみなとみらい21などの計画をぶちあげ、決して公共工事そのものを嫌ったわけではなかったが、飛鳥田市政下、港湾開発そのものは遅れが目立った。

「たまたま親父（小此木彦三郎）が市会議員に初当選したときの市長が、飛鳥田さんでした。ちょうど（長洲一二《かずじ》知事による）革新県政や革新市政が続いた時期で、そのせいで横浜の開発が二十〜三十年遅れたといわれています」

と先の小此木八郎が述懐した。

「その飛鳥田さんも国会議員になり、後釜として市長になった自治省出身の細郷道一《さいごうみちかず》さんが急逝してしまうのです。そこですでに国会議員になっていた親父と市議の菅さんたちで急きょ出馬を要請したのが高秀秀信でした」

飛鳥田の後任として七八年に市長になった元自治事務次官の細郷道一の急逝が、九〇年二月だ。菅は小此木とともに建設事務次官や水資源開発公団総裁を歴任してきた官僚ＯＢ

の高秀を市長に担いだ。菅にとって市議一期目の残り一年を迎えたころであり、すでに力をつけ市政を動かしてきた。菅は横浜市議として、飛鳥田革新市政時代に遅れていた港湾開発に取り組んだ。藤代が補足説明する。

「とくに港湾の道路整備が遅れていました。そのため街中の県庁の前をコンテナで通らなければならず、ものすごい渋滞が起きていました。で、菅さんは口が酸っぱくなるほど道路整備の必要性を説いたのです。『今世紀（二十世紀）中に北環状道路や南環状道路ができないと、横浜港は地盤沈下する』と警告を発し続けてきました。加えて臨港幹線道路、それは地下トンネルで新山下から羽田までつなぐ海側の道路で、本来なら旧運輸省の管轄道路なんですけど、菅さんは市会議員時代からその整備に取り組んでいました。まだ半分しかできていないのはおかしい、と」

市長になった高秀は、菅の思惑どおり道路や港湾開発に力を入れた。実のところみなとみらいをはじめ横浜のプロジェクトは飛鳥田時代に立案されていたのだが、高秀は都市基盤整備事業としてみなとみらい21事業を完成させた。横浜港の産業道路のほか、横浜市営地下鉄整備を一挙に進めた。小此木八郎もそのあたりの話になると熱が入る。

「みなとみらい構想自体はできあがりつつあり、もともと横浜ベイブリッジの構想もあったのですが、その下を走る下層国道（産業道路）がなかったのです。横浜港の本牧ふ頭に船の荷を下ろすと、トラックで倉庫のある大黒ふ頭まで運ぶわけですが、その場合、往復二千四百円くらい首都高の通行料を支払わなければならなかった。一日で一万円ぐらいかかってしまうのです。だから、無料の国道を整備しようというのが、地元の悲願でした。それを菅さんや高秀さんたちが手掛けていったのです」

運輸・建設業界にとって、道路や港湾整備に力を注いでくれる政治家は頼りになるのでバックアップする。そうしてやがて菅は、影の市長と呼ばれるようになる。

菅は自民党横浜市連合会の会長ポストに座った。通常、都道府県の地方議員選挙は、地元選出の国会議員が県連や府連の会長として、選挙の陣頭指揮をとる。むろん神奈川にも自民党神奈川県連合会があり国会議員や県会議員、市町村会議員が所属している。が、こと神奈川では、県連より横浜市連のほうが格上なのだという。藤代の説明。

「横浜の市連は県連の会長ポストより重要なポジションだといえます。たとえば横浜市選出の県会議員に対する公認は事実上市連がおこなう。県連では公認を審査できませんから、それを追認するだけです。他の市は県連が主導して公認を決めますけど、横浜と川崎だけは市連に決定権がある。横浜市連では事務局長以下局員が五人もいて、市会議員は月六万円も市連に会費を払っているんですが、県会議員は二万円で、国会議員は十万円。市連はそれ以外にも、パーティをやって金を都合し、三億円前後の予算を組んで運営しています。で、菅さんが会長のときにいままでの賃貸ビルから新しく市連会館を建てた。昔は市連と県連が桜木町駅のすぐそばにある古いビルのなかにいたんですけど、市連は市役所のそばに五階建ての自前の会館を建てた。もちろん県連には会館はありません」

政令都市とはいえ、市連の持ちビルなどは聞いたことがない。それほど横浜は裕福なのだろう。

「市連では、古い賃貸ビルの立ち退き料として一億円を受け取り、そこに二千万円を足して会館建設資金として計上した。それは菅さんの功績ですね。ビルを借りていれば、家賃を払わなきゃならないけど、持ちビルだといらないし、会合や勉強会を開ける。市の予算編成前に各業界の陳情やヒヤリングもやりやすい。横浜建設業協会や横浜市医師会、薬剤師会、歯科医師会、空調衛生工業会、電業協会、管工事協同組合……。いっぱい業界があって、要望が来る。それを市連会館の四階会議室で受け付ける。すると、党は強くなるんです」

業界団体の陳情を次々と市議会にあげ、政策として実現していく。すると、産業界はますます自民党を応援するようになる。党が強くなるとは、そういう意味だろう。菅は新自由主義者だといわれる。そのことは後述するが、自らの政治手法は古典的な利益誘導タイプのそれである。日本で唯一の自民党横浜市連会館は、市政における菅の実力を見せつけるかっこうの場になったに違いない。

そして影の市長は念願の国政へ打って出る。菅の国政進出には、横浜の港に君臨してきた大立者の存在を抜きには語れない。

第二章

港のキングメーカー

「藤木会長は、港は国が経営すべきだという考えなんですよ。中国や韓国は、国の予算をどんどん投入して港を整備していくから、日本は負けてしまう。だから中国や韓国と同じように国営にすべきだという。日本では各自治体が管理しているから、横浜港も負けちゃったんです」

元横浜市議会議長の藤代耕一（前出）は、そう力説した。藤代の言う藤木会長が、横浜港の港湾荷役業者である藤木企業会長の藤木幸夫だ。一九三〇（昭和五）年八月生まれの九十歳。創業者の先代社長、幸太郎のあとを継ぎ、藤木企業で社長、会長を務めてきた。横浜はもとより中央の政官界にまでその名が鳴り響いている。港の大立者である。藤代自身、若いころからこの藤木の知遇を得て、支援を受けながら市議会議長に昇りつめたといっても過言ではない。横浜市議を引退したのちも、何かとバックアップしてもらっているという。

「藤木会長は、いま京浜港として整備している東京、川崎、横浜の三つの港についても、千葉の木更津や船橋、東京湾全体、さらに横須賀にいたるまでを加えた一つの港として国が整備していくべきだと説いています。藤木会長は、そういうことを菅さんや歴代の国土交通大臣に提言し、政治力を発揮してきました。もともと京浜港という形をとるようになったのも、会長の運動のおかげです。運輸政策に大きな影響力がある方ですから、新しい国交大臣が就任すると、必ず挨拶にやってくる。自民党だけじゃなく、最近でいえば、民主党（現・国民民主党）の前原誠司さんとか、公明党の太田昭宏さんとかも来ました。『こっちから挨拶に行くよって声をかけるけど、向こうから来る』って言うんだね」

藤木企業会長の藤木は、港湾都市横浜のキングメーカーと呼ばれる。もとはといえば、小此木彦三郎の熱心な後援者であり、そのおかげで菅も藤木と出会った。菅が横浜市議会に打って出ようとしたとき、小此木は反対したが、藤木が菅をバックアップしたため、しぶしぶ出馬を認めた経緯がある。

最初の国政選挙

菅義偉は、衆院に小選挙区制度が導入されて初めての総選挙となった九六年十月、神奈川二区から出馬して初当選を果たした。

「もともと神奈川の衆院選挙事情からすると、菅さんが立候補できる余地はほとんどなかった。選挙法が改正され、小選挙区制が敷かれたからこそ、国政に打って出る芽が出てきたんです。そのへんも運の強い人だよ。小此木さんは中選挙区時代、ずっと旧一区で当選を重ねてきました。旧一区にはもう一人、文部大臣になった鈴木恒夫さんがいて、二人で目いっぱい。小此木さんは旧一区で息子の八郎にあとを譲ろうとしていたから、仮に中選挙区のままだったなら、菅さんは出られなかった」

藤代が横浜の選挙事情を詳しく解説してくれた。小此木八郎は九三年七月におこなわれた衆院選で、中選挙区時代の旧神奈川一区から出馬し、菅より一足先に当選した。八郎の選挙で菅は選挙事務所の事務長として奔走し、次に備えたと藤代が話す。

「小選挙区制になり、平成八（九六）年の選挙で、横浜は一区から八区までに区割りされた。すると、基本的にどこでも出られる。自分にとって、どこがいいか、判断するだけです。それで、菅さんが手をあげた。八ちゃん（小此木八郎）が、神奈川区と鶴見区の三区をとったから、菅さんは二区を選んだ。一区は大蔵事務次官から代議士になった佐藤一郎の長男、佐藤謙一郎が強かったから、菅さんは二区を選んだのだと思います。その棲み分けについては、当人の希望に沿いながら市連で話し合われたはずです」

影の市長と呼ばれるだけあって、菅は希望を通しやすかったのかもしれない。もともと菅の立候補した衆院の神奈川二区は、市議時代の選挙区だった西区が含まれる。菅が二区を選んだ理由は、市議時代と同じくここに相鉄グループの本社があるからだろう。もっとも衆院になると、選挙区は南区、港南区が加わりかなり広くもなった。市議時代は西区だけをカバーすればよかったが、そうもいかない。やはり衆院選では苦労もあったようだ。

地元横浜には、菅軍団と呼ばれる市議や県議たちがいる。多くは菅事務所の秘書から政治家に転身している。たいていは菅が衆院選に初めて出馬したころから付き合ってきた。地元における菅の強みは、そうした人的なネットワークを張り巡らせていることである。

菅事務所の秘書から神奈川県議になった横浜出身の加藤元弥もその一人だ。山梨学院大学を卒業後、地元の広告代理店に勤めているときから、菅の選挙を手伝うようになった。

「会社に入って僕は政治家の先生のところに営業し、仕事をもらっていました。広告代理店ですから、選挙のポスターづくりなどのお手伝いをするわけです。菅先生は選挙ポスターの写真などを撮るときもせっかちで、『ああ、これでいいよ』と頓着しないタイプでした。それで仕事として、どんどん選挙に関わるようになっていったのです。菅先生が二区を選んだのは西区の市会議員だったからでしょう。たしか橋本（龍太郎）総理が応援に入ってこられた。とくに最初の選挙のときは厳しい戦いでした。ここには公明党系の現職がいて、新人の菅先生がそこに挑んだかっこうでしたから」

折しも、菅の初当選した九六年の小選挙区制導入総選挙は、日本の政局が目まぐるしく動いていた時期だ。自民党を離党した小沢一郎が九三年八月、日本新党の細川護熙らと八党派の連立政権を樹立する。そこから下野した自民党の橋本龍太郎や野中広務たちは九四年六月、日本社会党の村山富市を担ぎ上げ、新党さきがけと連立して政権与党に返り咲いた。このとき小沢が公明党や民社党などに非自民の再結集を呼び掛けて結成したのが、新進党だ。そこで公明党はいったん解党し、所属議員たちは新進党への合流組と、地方議員を党に加え、新たに看板をかえて発足した公明への残留組に分かれた。そんな激動のなかで実施されたのが九六年の総選挙だったのである。自民党執行部としては、どんな候補者でもいいから衆院の議席を増やしたかった。新人の菅がそこに紛れ込んだ。

二十年の長きにわたり、菅の秘書を務めてきた渋谷健は、初当選のときに秘書として選挙区を駆け回った一人だ。現在もなお自民党菅軍団の横浜市議として、菅を支えている。

「もともと私は二十代のころ、代議士を目指していた別の方の秘書兼運転手をしていました。その方が三回連続して衆院選に落選し、私自身も民間企業に就職したんですけど、三十五歳のとき、もう一度政治の道に戻ったらどうか、と菅さんを紹介されたのが出会いでした。いまと同じようにぶっきらぼうに、自分の言いたいことだけを言って、じゃあ頼むって感じ。なるほど、これは面白い人だと思い、いっしょにやらせてもらえるよう頼んだのが、二十年前でした」

渋谷がそう当時を振り返った。元横浜市議会議長の藤代と同じような話をするが、少しちがうところもある。

「菅さんは衆院選に出馬する一年半前に市議を辞めていて、苦しい時代でもありました。菅さんの選んだ神奈川二区の西区、南区、港南区のうち、西区はもともと小此木さんの地盤ですけど、南区と港南区は縁のない選挙区だったわけです。だから衆院の出馬はかなり思い切ったチャレンジでもあった。おまけに自民党から飛び出した人たちがつくった民主党（新党さきがけから派生）に佐藤謙一郎がいて、彼が二区から出るものと見られていました。民主党の佐藤謙一郎は非常に選挙に強いので、当時からいえば、菅さんは勝てねえべ、という下馬評でした。そしたら何を思ったのか、その佐藤謙一郎が神奈川一区に逃げちゃった。それで助かったのです」

創価学会との激突

それもラッキーだった。もっとも真の強敵は佐藤ではない。最も手強かった対立候補は、新進党（現・公明党）公認の上田晃弘だった。自民党にとって、新進党との対決選挙のなかで最大のポイントが、旧公明党の選挙組織、創価学会とどう戦うか、である。自民党は宗教法人の政治介入を問題視し、創価学会名誉会長の池田大作の国会喚問を持ち出した。いきおい選挙戦では、自民対創価学会の対決が全国で繰り広げられていったが、なかでも菅の出馬した神奈川二区は激烈な選挙となった。

「上田さんは創価学会の青年部長をやっていて、まさに学会保守本流のど真ん中にいた。学会内で絶対偉くなるといわれていた方です。公明党を母体とする新進党としては、絶対落とせない候補者だから、徹底した組織選挙を展開していました」

神奈川二区には民主党の大出彰も出馬していたが、上田に比べるとまだ楽な相手だ。渋谷がこう続ける。

「当時、自民党は創価学会を目の敵《かたき》にしていて、亀井静香さんあたりが四月会を結成して池田名誉会長批判を展開していたころです。だからわれわれも学会批判をめちゃくちゃにやったし、向こうも真剣勝負でした。たとえばとつぜん宣伝カーの前に、二〜三人が立ちはだかって道をふさいだり。ひどいときは道路に寝転んだり。ある夜、事務所の玄関にバーンと大きな音がするので行ってみると、大きな石が投げ込まれ、車が走り去っていった。僕の家に夜中じゅうファックスを送りつけてきたこともありました。まさかみずから名乗るわけではないので相手の正体はわかりませんが、そんな熾烈な選挙でした。で、大接戦の末、二千票ぐらいの僅差で当選できたのです。いわばあれが運命の岐路でしょう。負けていたら、菅さんはおそらく秋田に帰っていたと思います」

　このときの選挙で菅陣営は、人間の仮面をかぶった狼などと書いたビラまで配り、池田大作批判を展開したという。自公が連立政権を組んでいる現在、公明党や創価学会は政権を担うパートナーであり、菅は創価学会との太いパイプを築き、党内きっての調整役にもなっている。

ちなみに小沢の率いた新進党は九八年に空中分解し、所属議員の多くが出戻って公明党が再結成された。ここからいまの自公連立政権の道筋ができあがっていく。菅にとって衆議院二期目となった二〇〇〇年六月の総選挙では、菅本人が創価学会に選挙協力を求めた。

「いまほどじゃないですけど、二回目の選挙のときには、手のひらを返したように、自民党本部が創価学会と手を組んだわけです。で、学会から一度挨拶に来いって言われ、菅さんと二人で、山下公園のところにある創価学会の（神奈川県）本部へ行きました。会ったのは地域トップの方ですけど、『菅さん、あんたこないだの選挙で、池田大作先生のことを何て言った？　あんなに批判しておいて気持ちは変わったのか』と一時間ほど、ねちねち延々とやられました。いやあ、すごかったです」

渋谷がこう明かしてくれた。

「こちらも敵の本陣にいるわけですから、突っ張ったって仕方ない。さすがの菅さんも一生懸命言い訳をしていました。それから選挙のたびに毎回向こうへ挨拶に行くようになりました。逆に菅さんが県連会長のときなどは、神奈川県で唯一、公明党が公認を出している六区の上田勇さんを、自民党の神奈川県連として徹底的に支援しました。大変感謝され、そのあとからとくにいいムードになった。三回目、四回目、五回目ぐらいになると、雰囲気ががらりと変わりました。『おい渋谷、最初はほんとに怖かったな』と菅さんも笑っていました。初当選のときはいまとは隔世の感があります。菅さん自身、いまや学会に相当なパイプを持っていますからね」

菅と創価学会副会長の佐藤浩との関係は政界で知られるところだ。変わり身の早さは政治家の常ではあるが、菅はもともと政策にこだわりがないタイプでもある。

地獄の菅軍団

秋田出身の菅は神奈川ではいわば落下傘候補だ。にもかかわらず地元でこれだけ戦えた理由の一つとして、小此木事務所仕込みの秘書の働かせ方を挙げる関係者が少なくない。

「小此木彦三郎事務所では、先生が東京から地元に帰ってくると聞いただけで、秘書が胃潰瘍になってしまうぐらい、厳しかったそうです。菅先生はそこでずっと厳しい秘書時代を過ごしてきているので、東京にいても私たちのやることが手にとるようにわかる。あとから『おまえ、何でこれやってなかったんだ』と叱られることもしょっちゅうでした」

菅派の神奈川県議、加藤（前出）が冗談めかしてこう話した。菅事務所では私設を含めた六〜七人ほどの秘書たちが常にフル稼働し、地元を走り回っている。

「たとえば菅先生が地元に帰ってくるときは、支援者を集めて国政報告会を開き、秘書が講演に来る人を集める。町内会単位で講演会を開くのですが、町内会がいくつか集まっているのを連合町内会と呼んでいて、西区だけでも連合町内会が六地区もあります。西、南、港南区すべてのその地区で国政報告会を開き、終わったあとに『なぜ、この人は来なかったのか』と問い詰められる。それほど厳しいので、神奈川県内の他の秘書連中から、菅事務所のことは〝地獄の軍団〟と呼ばれているほど。他の事務所で秘書を叱るとき、『いっぺん菅事務所で働いて修行してこい』と言われるそうです」

国政報告会では、安全保障法制に賛成か反対か、消費増税についての意見はどうか、といった政策テーマを投げかけ、支援者たちの反応を探る目的もあるという。ビラやアンケートを配るのも秘書の務めだから、忙しくて目が回る。地獄の菅軍団の秘書たちが、菅を支えてきたといえる。

そんな秘書たちはやがて地元横浜市議や神奈川県議となり、議会で菅派を形成、後輩秘書たちといっしょに首長を担ぐ。テレビキャスターから神奈川県知事になった黒岩祐治も菅派首長の一人だ。神奈川県議になった加藤が、二〇一一年三月の黒岩知事誕生秘話を明かしてくれた。

「現職だった松沢成文《しげふみ》知事が東京都知事選に出馬すると言い出して急に辞め、菅先生が自民党神奈川県連会長をやっていましたので、これは何とかしなきゃいけないと動いたわけなんです。黒岩さんを担ぎ出した知事選では、菅事務所の後輩秘書が手伝いに行きました。僕が菅事務所から抜けたあと、菅先生が地元事務所の責任者にしていた千田勝一郎という秘書です。おかげで知事選に当選した黒岩さんが千田をずい分気に入りましてね。『千田さんを私のところへください』と菅先生に頼んできたらしい」

千田は出身地の岩手県から参議院選に出馬した経験がある政治家志望の秘書だった。そのため当人は菅事務所に残りたい、と黒岩からの申し出を断ったという。

「すると、僕が菅先生から『おまえはどう思うか』と相談を受けました。それで、『彼は将来的に議員をやりたがっています。知事の秘書になれば神奈川中の人脈をつくれるから、彼にとっては滅多にないチャンスだと思います』と言うと、菅先生は『それならおまえが奴を説得しろ』と任せられてしまいました。そうして菅先生を交えて三人でランチしながら、『君の将来のためにも勉強になると思うよ』と口説いたのです。黒岩知事を担いだのは菅先生ですから、先生にも責任がある。黒岩さんを応援したのは自民党だけではなく、民主党さんだとか各党に気を遣わなきゃいけなかったから。千田を出すのは痛いけど仕方なかったんです」

菅は秘書たちに指示し、地元の自営業者から大手の鉄道会社、建設や不動産会社などに声をかけ、朝食会などを頻繁にこなしてきた。もとはといえば、小此木彦三郎の秘書時代に築いた人脈だが、その大半がいまや菅の支援企業となっている。渋谷もこう話した。

「横浜には、秘書だけでなく、民間企業の菅軍団もいましてね。市会議員のころから菅さんのことが大好きで、菅さん命、みたいな企業の社長さんや幹部の人たちです。めっぽう選挙に慣れている人たちなので、そこが動けばたいてい大丈夫。菅さん自身の衆議院選挙だってその人たちが仕切ってくれるし、菅派の市会議員の選挙なんかもその人たちのおかげで楽勝なんです。そういう人たちと年に何回か朝食会をやる。あの人たちの偉いところは、われわれに仕事を頼んだりしない。だから付き合いやすい。そういう人脈を三十～四十年きっちり大事にしています」

港の成り立ち

この手の朝食会にはあまり顔を出さない大物支援者もいる。その一人が、「ミナトのせがれ」とみずからを称している藤木企業会長の藤木幸夫である。なぜ大物なのに「せがれ」なのかといえば、ことは簡単、当人が創業者である実父、幸太郎を敬愛してやまないからだ。幸太郎については、地元紙の神奈川新聞が人物評伝を連載し、『ミナトのおやじ』という単行本にまとめている。

横浜港の開港は一八五九（安政六）年とされる。もとはといえば、徳川幕府が江戸の港に米国の黒船を入れないようにするためだった。現在の東京・築地の鉄砲洲に外国人居留区を設け、横浜に入港する米国船を艀《はしけ》で連絡するという苦肉の策を講じた。サンフランシスコ―上海間の定期航路に就航した米国の「太平洋郵船」が、一八七〇年に上海―横浜間の就航に乗り出し、中国進出の拠点とした。そこから日本側では官営の「日本国郵便蒸気船」のほか、岩崎弥太郎の三菱会社が海運業に乗り出し、一八七五年一月、日本初の海外定期路線となる横浜—上海の航路を開く。

東京に代わって開港した横浜は幕末から明治、大正にかけ、急速な発展を遂げていった。日本を代表する港街として栄え、続々と入港する外国船から積み荷を下ろす荷役業の需要が急増し、沖人足や荷役人足の口入れや請負の業者が繁盛していった。

とりわけ日清戦争の勝利によって横浜は、ますます貿易が盛んになり、活況を呈していった。明治政府は表向き、「西洋型商船海員雇入雇止規制」や「船員法」などの法規制によって不当な口入れ業を防ごうとしたが、それでは労働力が足りなくなる。そこで横浜をはじめ神戸や長崎など、外国船の入る港では、裏で船会社やその下請けに対し、船員や荷役人足を斡旋する私設紹介所の設立を容認し、人足需要にこたえようとした。

港湾荷役は建設工事現場と同じく、腕っぷしが強く荒っぽい男たちの働く現場だ。海運会社の下請けとして事実上口入れ業を任された紹介所は、そんな荷役人足たちをまとめあげなければならない。つまるところ腕力がモノを言う世界である。いきおいそこでは、暴力団関係者が幅を利かせた。労働力不足を補う必要から、明治政府は彼らを公認し、むしろ頼ってきた。

米国では、船員や荷役労働者の斡旋所のことをボーディング・ハウスと言った。艀を使って荷物の積み下ろしをするからだろうが、その英語が訛り、日本の労働者のあいだでは人足の斡旋所を「ボーレン」と呼んだ。ボーレンはたいてい地元の暴力団の息がかかっていた。

また、船会社の下請けとして、人足を集めて荷役作業を請け負う会社も繁盛した。建設業者で言う人足寄場のような存在だ。大きな人足請負業者になると、三菱汽船や日本郵船、三井物産船舶部、山下汽船といった名だたる海運業者の荷役作業を請け負ってきた。人足請負業者の多くは、○×組という社名が多い。暴力団と深いつながりを持っているか、暴力団の組長そのものが会社を運営してきたことから、社名もそうなった。有名どころでいえば、山口組三代目の田岡一雄が社長だった甲陽運輸などがそうだ。

また直接暴力団が運営してなくとも、人足請負業の○×組では、たいてい荷役労働者相手の博打場を設けてきた。賭博のあがりが暴力団の資金源となる。建設業界もこれと似たような構図で成り立ってきたが、こうして日本は明治以降、裏社会の手を借りながら産業を発展させてきた。それはなかば国策ともいえた。人足請負業の表看板はどこも船会社の下請けだが、一方で、暴力団関係者が人足の口入れをしてきたところも少なくない。

菅を支援してきた藤木企業も、もとはそうした港湾荷役業者だった。

藤木企業の創業者である藤木幸太郎は一八九二（明治二十五）年二月十八日、神奈川県久良岐郡戸部村（現・横浜市西区戸部町）に生まれた。父親は兵庫県淡路島の農村出身の桜木岩五、母親は福井県出身のリエといった。父親の桜木は一八五九（安政六）年、開港直後の横浜に移り住み、原善三郎に仕えた。原は蚕糸売り込み商「亀屋」を設立して初の横浜市議となり、横浜商工会議所の初代会頭にもなった。通称「亀善」は、横浜経済界、とりわけ貿易商の指導者として名高い。

横浜の隆盛とともに、貿易商「亀善」の腹心だった桜木やその一家もまた、瞬く間に裕福になった。幸太郎は桜木家の次男として尋常小学校に入学した。

そんな幸太郎が藤木姓を名乗るようになったのは、父親の出奔のせいだろう。尋常小学校四年生のころ、父親が家族を残してとつぜん失踪し、一家は路頭に迷った。幸太郎は一九〇七（明治四十）年、兄の太郎が腹膜炎をこじらせて急逝したのを機に、そこから桜木姓を捨てて母親の藤木姓で通すようになる。

一九一〇年以降、藤木幸太郎は鶴岡組や本間組という港湾荷役業者に所属する沖仲仕《おきなかし》として頭角を現していく。全身に刺青《いれずみ》を入れた幸太郎は、藤木企業の前身である藤木組を興し、やがて横浜の大立者として睨みをきかせていくようになる。

菅の人的ネットワークは、通産大臣や運輸大臣を歴任してきた小此木彦三郎の秘書だったときから形成されているが、藤木企業との交わりも、そこから始まる。

名を馳せた横浜三人衆

一九三五（昭和十）年、横浜市中区で生まれた元横浜市議会議長の藤代耕一は、大学二年生のとき、横浜の大立者、藤木幸太郎を知ったと回想する。

「昭和三十年に自由民主党ができたときです。私は大学の先輩だった杉元恒雄という県会議員の学生秘書になった。その杉元さんに連れられて行った先が、藤木企業でした。まだ藤木幸太郎さんが社長で、藤木幸夫さんは常務でした。幸夫さんが社長になる前にもう一人社長がいましたけど、幸太郎さんは八十八歳で亡くなる昭和五十五年まで社長をやっていました。身体《からだ》に刺青があって、それで関八州（関東）の親分衆を従え、港をまとめていった人です」

沖仲仕や沖人足、沖人夫……。呼び方はさまざまあったが、港湾荷役労働者は、昨今のコンテナ輸送が主流になるまで、海運会社にとって必要不可欠だった。それだけに彼らを束ねてきた人足請負業を生業とする組関係者たちが重宝がられ、頼られてきたといえる。

明治末期から大正にかけ、世界恐慌や第一次世界大戦が勃発するなか、日本の海運業も不況に見舞われ、文字どおり激浪にもまれていった。船便が激減する全国の港湾では、沖人足を手配する海運会社の下請け組織、つまり人足請負業者のあいだで、荷役業商いの分捕り合戦が起き、刃傷沙汰が日常茶飯事だった。拳銃を撃ちあう組同士の抗争まで頻繁に起き、港湾を牛耳る組同士が、鎬《しのぎ》を削った時代といえた。

日本最大の港湾に成長した横浜と並んで発展した神戸では、「青筒汽船会社」の代理店「ニッケル・アンド・ライオンス商会」の下請けとして鶴井組が、一大勢力を築いた。その鶴井組の総監督として暖簾《のれんわ》分けされ、一九一二（明治四十五）年に横浜に乗り込んできたのが、酒井組の酒井信太郎だ。当然のごとく地元の人足請負業者の集まりである「横浜港人夫請負業組合」は、よそものである酒井組の加入を拒んだ。逆にそんな酒井組を盛り立てようとしたのが、ほかならない藤木幸太郎だったのである。双方の対立には、港の労働問題も少なからず関係がある。

横浜開港以来、政府や海運会社、人足請負業者は、沖人足たちをなかば力で抑え込んできた。しかし、次第に賃金や労働条件をめぐり人足たちの不満が高まっていく。やがて炭鉱や建設業と同じように、港湾でも労働運動が盛んになっていった。明治の終盤から大正にかけ、船員や沖仲仕の労働争議が起き始め、日露戦争後には米騒動や大正デモクラシーの煽《あお》りを受けて、労働運動や争議がよりいっそう激しくなる。

横浜では一九二〇（大正九）年、沖仲仕たちが「横浜港労働組合」の創立大会を開き、それまでの人足請負業者と対立した。多くの口入れ業者は沖仲仕の待遇改善に反対した。が、このとき沖仲仕争議団の味方についたのが、神戸からやってきたいわば新参の酒井組の酒井信太郎や藤木幸太郎たちだ。

藤木とともに鶴岡政次郎、笹田照一が酒井組に加わった。藤木の息子、幸夫の自叙伝『ミナトのせがれ』（神奈川新聞社刊）には、次のような話が出てくる。

〈鶴岡のおやじは私の親父より一つ年下、笹田のおやじは三つ下だった。三人は揃って酒井の親方を畏敬し絶対服従した。酒井の親方は横浜港の次代を担う三人を育てながら、酒井組を立て直し、荷役業界で求心力を強めていった〉

藤木は、鶴岡や笹田とともに、横浜港の三人衆として斯界《しかい》で名を馳せていった。『ミナトのせがれ』はこう続く。

〈大正七年十一月に第一次世界大戦が終結し、海運業がわずかながら活気を取り戻し、十二年を迎えた時点で、酒井の親方は私の親父にワン・ギャング（二十人）の人夫をそっくり与えて独立を許し、藤木組の看板を掲げさせた〉

藤木企業のホームページにも、会社の創業は大正十二（一九二三）年とある。いわゆる親分組織からの暖簾分けだ。

藤木にとって鶴岡や笹田は、いわゆる博打仲間であった。酒井組を支えた三人は、それぞれ笹田組、鶴岡組、藤木組を結成し、沖仲仕たち向けの賭場を開いた。ちなみに笹田の舎弟だった高橋寅松は、のちに千葉県市原市で双愛会を旗揚げし、鶴岡の子分だった稲川角二（稲川聖城）は、静岡県熱海市で稲川組（のちの稲川会）を結成する。どちらも現在は、国家公安委員会の指定する広域指定暴力団である。再び藤代が解説してくれた。

「藤木さんは第二次大戦後の混乱時に、神奈川県警から頼まれ、鶴岡とか、笹田だとか、そういう人たちを集めて港を守ったのです。それで、藤木さんも、鶴岡さんも堅気《かたぎ》になって港湾振興に取り組んだ。全国港湾荷役振興協会（全国船内荷役協会）をつくり、会長におさまったんです」

一九五六（昭和三十一）年八月、藤木幸太郎が会長になり、全国港湾荷役振興協会を創設する。このとき副会長になったのが、山口組三代目組長を襲名した田岡一雄である。暴力団の組長でありながら、「甲陽運輸」という港湾荷役会社を経営していた田岡は、経済活動に力を注いだ。その経済活動の二本柱に据えたのが、「神戸芸能社」に代表される芸能・興行分野であり、全国の港湾事業だった。

田岡にとって藤木は、港湾事業の先輩であり、専門家だ。みずから「荷役業の指導を受けたい」と藤木に頭を下げたという。

「港運協会は主だった大きな港のある都道府県に置かれていますが、藤木（幸太郎）さんは横浜港運協会の会長であると同時に、全国港湾荷役振興協会の会長でもあった。藤木会長、田岡副会長のコンビで月に一回、横浜で会合を開いていました。私が藤木さんと知り合った昭和三十年代、神奈川県議だった杉元恒雄といっしょに会合に何度も行きました。そこには藤木さんと田岡さんが並んで座っていた。よく覚えています。藤木さんは堅気になったけど、田岡さんたち神戸の人たちは、ヤクザのまま港湾荷役の仕事をやっていました」（藤代）

藤木組改め藤木企業は、荷役業から倉庫、陸運までを扱う一大運送グループとして成長し、現在にいたっている。前述したとおり、菅との関係は小此木彦三郎の秘書時代からだが、政官財界にその独特なネットワークを張り巡らせている。

山口組三代目の葬儀

「藤木さんとは一度だけお会いしたことがありますよ。菅官房長官からの依頼でした。国交省の港湾局長を紹介してもらえないか、というので連れていった記憶があります」

そう打ち明けてくれたのは、財務次官だった生前の香川俊介だ。次官を退任して間もない二〇一五年八月、肝臓がんで天に昇った。財務官僚のなかでは最も菅と親しくしてきた高級官僚の一人といえる。こう話した。

「シュウマイがおいしいと評判の中華料理屋さんに連れていかれました。さほど高級な店ではなく、こぢんまりとしていました。藤木さんの名前くらいは知っていましたので、会う前は緊張しました。丸刈りで首の太いお付きの方がわれわれの食事中、写真を撮っていたのが印象的でした。話はさほど踏み込まず、港湾開発のあり様や予算関係のことについてだったように思います」

藤木組が藤木企業と改称されたのが、第二次大戦後間もない一九四七（昭和二十二）年十一月のことだ。アジア最大の貿易港として栄えた横浜で、藤木企業は日本の高度経済成長とともに大きくなった。

一方、幸太郎の盟友だった田岡もまた、三代目組長襲名時の組員わずか十人足らずだった山口組を一万人以上の巨大組織にしていった。田岡の狙いは他の組が支配してきた全国の港湾開発利権を手に入れ、資金力を蓄えることにあったと警察関係者は口をそろえる。

幸太郎の亡くなった一九八〇年、長男である幸夫があとを継いで藤木企業の社長に就任した。幸夫が会長に退いた後、四人の息子のうち、長男の幸太が社長、四男の幸吉が副社長になる。次男の幸二や三男の幸三も藤木企業の取締役だが、関連会社の社長を兼務している。完全な同族企業である。

幸太郎の死後、藤木幸夫が藤木企業グループの頂点に立ち、実権を握ってきた。二代目横浜のドンと各方面から畏怖されている。幸夫は父親の盟友だった山口組の田岡のことを慕い、「田岡のおじさん」と呼んだ。自叙伝『ミナトのせがれ』にも、田岡との思い出が数多く登場する。たとえば一九八一年七月、田岡が鬼籍に入ったとき、全国船内荷役協会として葬儀を執りおこなった、と次のようなエピソードを披露している。

〈全国船内荷役協会葬だったから、清川虹子、勝新太郎、みんな喜んだ。山口組の葬式だったら花輪を出せないが、港の関係者の葬儀だから大威張りである。

神戸市の市長、その他、公職にある方々も大勢参列した。

田中清玄《きよはる》のおやじも、「いいことをしてくれた、いいことをしてくれた」と同じ言葉を繰り返して喜んでくれた〉

神戸芸能社で田岡が売り出した美空ひばりも葬儀に参列した。美空ひばりは藤木家の親類にあたるとこう描いている。

〈葬儀の当日、私と姻戚の関係にある美空ひばりが来て、「おにいさん、わたしに弔辞を

読ませて」という。（中略）

あんまりせがむから、仕方なくひばりに弔辞を読ませた。

田岡のおじさんも立派だが、後難を恐れず弔辞を買って出たひばりもさすがだった。

全国船内荷役協会葬として晴れて葬儀の運びとなったことを一番喜んだのは、港の関係者は当然として、田中清玄さん、芸能人としては清川虹子、伴淳三郎、高倉健、勝新太郎、田端義夫、五木ひろし、長沢純らのみなさんだった〉

山口組本家の葬儀は、全国船内荷役協会葬のあとにおこなわれたが、むろんそこではこうした顔触れは遠慮している。

なお、ここに出てくる田中清玄は、児玉誉士夫《よしお》や岸信介と敵対した政財界の黒幕の一人と評された。青森県の旧制弘前高校時代から共産主義活動に目覚め、東京帝国大文学部時代に日本共産党に入党して川崎武装メーデーや和歌浦事件など数々の武装事件を引き起こすが、獄中で天皇主義者に転向して民族派右翼の大物との交流を深めていく。戦後のGHQ占領下における米CIAの協力者とも取り沙汰された一方、山口組の田岡らとともに麻薬撲滅運動を展開した。藤木幸夫はそうした関係から、田中のことを田岡と同様に「田中のおじさん」と呼んだ。

話がずい分逸《そ》れて旧聞になってしまったが、本題に戻そう。まずは、藤木と小此木の関係だ。

八十八歳で鬼籍に入るまで藤木企業で会長を務め、会社を差配してきたカリスマの藤木幸太郎には、伊藤清蔵という大番頭がいた。この伊藤が藤木と小此木をつないだ橋渡し役といっていい。元横浜市議会議長の藤代は、そのあたりの事情にも詳しい。

「幸太郎さんが表に出ないときは、伊藤清蔵さんでしたね。伊藤さんはなかなかの人格者でまさに幸太郎さんの右腕でした。藤木企業の名古屋支店長となり、のちに独立して藤木海運を任されました。名古屋の海運はトヨタ車の輸出で大変な活況を呈してきましたから、伊藤さんがいかに頼りにされていたかが推察できます。その伊藤さんの長女である節子さんが、小此木さんのところへ嫁いだ。そうして藤木家、伊藤家、小此木家は、文字どおりの親戚付き合いをするようになったといえます」

藤木と小此木

東京に次ぐ国内第二位の都市横浜の経済は、その三割を港湾関係のビジネスに負っているといわれる。コンテナ輸送や荷役、陸運、倉庫にいたるおよそ二百五十社が、横浜の港で仕事をしている。そして藤木企業が、その港町横浜の頂点に君臨している。

前述したように港湾荷役業では、もともと艀から積み荷を人力で下ろしていたため、沖人足が欠かせない存在だったが、藤木企業では幸太郎のあとを継いだ幸夫が港の近代化を見越していち早くコンテナ技術を導入した。そうして港湾荷役業界におけるリーディングカンパニーの地位を不動のものとしていった。

会社が大きくなるにつれ、政治とのかかわりも濃くなっていく。地元政界で最も近かったのが、親戚筋の小此木彦三郎である。小此木との関係について、藤代が説明を加えた。

「横浜には、岸信介に抜擢されて外相を務めた藤山愛一郎さんがいました。自由民主党横浜市支部連合会会長を務めていたのですが、神奈川県連会長の河野一郎さんが亡くなったあとは、県連会長にもなった。その藤山さんが昭和四十四（一九六九）年十二月の衆院選を小此木さんに任せた、そして民間で選挙を仕切ったのが藤木幸夫さんでした」

言うまでもなく、藤山愛一郎は大日本製糖社長や日本商工会議所会頭を務めた藤山コンツェルンの総帥である。一九五七（昭和三十二）年の第一次岸内閣の組閣で、異例の民間人外相に就任し、翌五八（昭和三十三）年、横浜市の旧神奈川一区から衆院選に出馬して初当選し、政界入りした。

「藤山さんは昭和三十三年、三十五年、三十八年と続いた旧神奈川一区の衆院選でトップ当選してきました。そのあと小此木さんが横浜市議会から国政に打って出た。それが、昭和四十四年の総選挙でした。で、藤木さんがバックアップし、親戚筋の二人で戦ったこのときの総選挙に圧勝したのです。驚いたことに、二番手のはずの小此木さんが藤山さんを抜いてトップ当選を果たした。それまで旧神奈川一区の横浜市から自民党は一人しか当選できなかったけど、ここから二人が当選するようになった。そういう転機の選挙を藤木さんといっしょにやり、以来地元政界で藤木さんの力が鳴り響いていきました」

繰り返すまでもなく、衆院選初出馬にして、トップ当選を果たした小此木にとって、選挙戦の原動力になったのが藤木企業である。その後、横浜市は人口増加に伴い、中選挙区制時代でも四区に分区された。七六年、河野洋平らが新自由クラブブームに乗じて自民党を離党して、自民党が議席を減らした選挙もあったが、小此木は一区で連続八回当選してきた。

そして、この小此木の地盤の一部である横浜市西区や港南区を引き継いだのが、菅義偉であり、むろん藤木も菅をバックアップしてきた。二〇一五年四月、当の藤木に会うことができた。山下公園に近い横浜市中区北仲通にある藤木企業本社の会長室で藤木本人にインタビューした。

「政界に親しい方はたくさんいますよ。今日も二階さん（現・自民党幹事長の二階俊博）といっしょに横浜の港を見ながら船でご飯を食べることになっています。このあいだ、すき焼きのうまいところがあるから、と二階さんに誘われてご馳走になったから、そのお返しみたいなもんですな」

広い応接室のソファーに身をゆだね、笑みをたたえながら話し始めた。

「そうそう、すき焼きのときは国交省の港湾局長もいっしょだったね。なんでも若いころ、港湾局長が二階さんの地元和歌山県の港湾部長を二年ほど務めていた関係もあって、古い付き合いだと言っていました。いまの国交省、昔の運輸省はやっぱり二階さんですからね。それと引退した古賀（誠）さん。運輸省にはこの二人に面倒を見てもらった人（官僚）が大勢います。私もこういう仕事をしている手前、よく会わせていただいていますよ」

とうに八十歳を過ぎているというのに、言葉も仕草もそうは見えない。早大時代に野球部で活躍していたというだけあって、いかにも骨太の丈夫そうな体躯をしている。

藤木企業と山口組

実際に会った藤木企業会長の藤木幸夫は、さすがに貫禄たっぷりだ。ついでなので、山口組の田岡一雄との関係について尋ねてみると、悪びれる様子など微塵もなく、明け透けに話し出した。

「山口組は戦前、初代の春吉さんがつくったんです。二代目が登さん。登さんが神戸芸能社と山口組を持っていた。ところが、その登さんが戦争中に早死にしてしまう。そのときの葬儀委員長が横綱玉錦。山口組の三代目を継ぐべき長男の幸博さんはまだ小学校五年生、私と同い年なんです。若い衆がまだ組全体で十二、三人しかいませんでした。それで、さすがに小学校五年生では組を継げないから、と三代目の組長を田岡のおじさんに頼んだわけです。そしてこのときをもって、山口の家は山口組と縁を切ったんです」

前に書いたとおり、藤木の実父幸太郎と山口組三代目組長の田岡とは、全国荷役協会の会長、副会長という親しい間柄であり、藤木自身、田岡を「おじさん」と呼んで憚《はばか》らない。暴力団の山口組と山口家、ヤクザの田岡という縁が絡み合う複雑な事情にも詳しい。

――いったいどんな歴史があるのか。

「同い年の幸博さんは完全な堅気です。だから山口家はヤクザとは関係ありません。それで戦後になって、言い方は変だけど、私と兄弟分になったんです、神戸の震災の一年前に幸博さんが亡くなり、神戸の三宮の文化会館であった葬儀の葬儀委員長を私が務めました。そのときはヤクザお断り、一人も来ていません。そんなことがありました。山口組とはきれいさっぱり縁を切ったわけですから、何の問題もありません」

藤木はいまも山口家とは親戚のような付き合いをしているという。

「それで、幸博の長男である一幸が大学を出たばかりのとき、まだ元気だった幸博がここへ来て、『うちのせがれを二年間預かって仕込んでくれないか』って言う。それで私が身元を引き受け、うちで働かせました。奴の神戸の家は御殿のようなエレベータ付きの屋敷だけど、うちの社員寮は木造平屋建てで、冷暖房なし。夏は扇風機で冬は寒風吹きすさぶすきま風の部屋で、私はわざと一幸に二年間生活させました。そうしていまは無事に神戸に帰って大きな運送会社をやっています。その弟の貴弘も同じように大学を卒業してうちへ来て、二年間仕事をやったあと会社を運営しています。トラックが三百～四百台ある大きな運送会社です」

幸博の孫も一時、藤木企業で預かったとも言う。山口組三代目組長の田岡もそれに倣《なら》ったのだろうか、自ら社長として興した甲陽運輸を息子の満に継がせた。すでに鬼籍に入っているが、満もまた、山口組とは縁を切っている。

「まあ、何て言いますか、山口幸博の墓参りに行くと、いつもきれいなんです。やっぱり組の人間が来て、きれいに掃除しているみたい。だから、組は陰ながら応援しているように思う。私たちはそんなことはわからない、知らないことになっていますから。たとえば懲役二十五年も食らった山健組組長の井上邦雄さん（現・神戸山口組組長）なんかは、会っても私には何も言わない。田岡のおじさんが死んだとき、私たちで葬式を出したのは間違いありません。でもヤクザとの縁はもともとないのです」

藤木の話が熱を帯びてきた。やはり、山口組との関係に触れるときは言葉を選んで神経を使っている。半面、藤木はかつて父親が足を踏み入れていたその世界については、一定の理解を示した。

「（美空）ひばりが、『弔辞を読ませてくれ』と言うから、『駄目だ、おじさんはおまえのことが嫌いだった』と止めました。嫌いのふりをしなきゃいけなかったんです。そうしなきゃひばりが世間に出られなかった。だから生前、新聞記者の前でわざと『口もきいてない』という態度を田岡のおじさんのほうから見せていたんです。ひばりもそれはわかっていた」

こう続ける。

「田岡のおじさんの葬式のときなんかは、元神戸市長が二人も来た。おじさんに『一日警察署長を三回やってもらいました』なんて言うおまわりも来た。だから戦後のあの混乱期、ずい分地域のためになったんですよ。私はよく神奈川県下に五十四カ所ある警察署の研修会に呼ばれて講演するんですけど、そこで田岡のおじさんの話をします。いっしょに行った私の息子が、『おじさんの話ばっかりしたらまずいよ』と言いますけど、おまわりは感心して聞いていた。俺は田岡さんを尊敬している。暴力団じゃないんですよ」

またしてもつい脱線してしまった。菅の話に戻そう。

「うちの菅に何をした」

「私はずっと神奈川県知事と横浜市長の会の会長をやってきました。古くは長洲一二知事とか飛鳥田一雄市長の時代。長洲はもともと藤木企業の顧問で、飛鳥田さんは革新と言われたけど、市長なのだから応援しなければならない。長洲の『長』と飛鳥田の『飛』から『長飛会』と名付けてね。賀詞交換会などもやってきた。だから歴代の横浜市長や神奈川県知事はみな知っています」

藤木は神奈川県政や横浜市政に絶大な影響力があるといわれる。実はかつて菅が奔走した横浜市長への高秀の担ぎ出しにも、ずい分かかわっている。

「高秀が市長になるときは、彦べぇ(小此木彦三郎)が、『市長候補がいない』と泣きついてきたんです。もともと高秀と私は、建設省の係長時代にベイブリッジの話をしていて、のちに高秀は『あれは私と藤木会長でつくったんですよね』と言ってたほど。だからよく知っていて、市長選の前に、ちょうど高秀が青葉区へ越してきたんです。たまたま南京町の（中華料理店）華正樓《かせいろう》が改装され、店から、あかつきの間という豪華な部屋の口開けの宴会をしてくれ、と頼まれたので、そこへ高秀を呼んだこともあった。で、小此木が、『市長候補がいねえ』と弱っていたから、『高秀がいるよ』って推薦したのです。そうして高級官僚だからいいだろう、って話になり、河村勝という民社党の代議士と小此木の二人で、高秀を口説きに行ったんだ」

――菅とは、長い付き合いだと聞いているが。

「もともと私は、（和歌山選出の自民党議員）玉置和郎の後援会長をやっていました。玉置はむやみやたらに秘書をおく癖があってね。五十人ぐらいいたんです。小此木のところもそれとは比べ物にならないけど、けっこういた。菅さんが事務所に入ったころは、上の二～三人の秘書が市会議員になっていなくなったけど、彼は一番下（の七番目）だったんだよ。第一印象は、秋田から出てきた地味な人。人前であまり口をきかなかったしね」

――秘書時代の菅は、どんなことをやったのか？

「菅さんは、小此木事務所で市民生活直結の細かい依頼を受ける窓口になり、飛び回っていましたね。それで、彼の魅力が発揮された。先輩秘書が五～六人いましたけど、なかでも菅はとても評判がよかった。たとえば全国の旅館業の大会が横浜であり、たまたま彦べえの手が空いてないとき、『藤木社長、ちょっと顔を出してくれませんか』と頼みに来る。小此木本人から頼まれたんだとね。『なんで俺が行かなきゃならないのか』とやり返すと、『実は藤木社長のほうが向こうが喜びますから』なんてことを平気で言うのです」

藤木は会話のなかで、菅について時に呼び捨てにすることもあれば、菅さんと敬称をつけることもあった。呼び捨てにしたのは、それだけ旧知の間柄で、親しい証《あかし》であろう。藤木は、菅が政治に足を踏み入れたときからずっと見守ってきた。

――高秀横浜市政の下、横浜市議時代の菅は影の市長とまで言われるほどの実力をつけたとされるが……。

「高秀さんとは港湾関係でいろんな話をしました。よくここへ来て、『菅先生が全部やってくれますから助かります』と菅のことを信頼していましたね。市政で困ったことがあると菅に相談していた。高秀さんは菅に自民党の横浜市議団をまとめてもらっていたようです。菅は一般の支持者に対するサービス面でも三重丸だけど、本当の値打ちは市長の優秀なアドバイザーとしての価値だと思います。いわば横浜市の市政コンサルタントのような役割を担っていた」

少し褒め過ぎのような気もするが、横浜市政に精通する藤木ならではの感触なのだろう。そんな藤木に対し、菅は国会議員になってからも、ことあるごとに会社を訪ね、官房長官になったあともしばらくは二人のホットラインを使ってきたという。

「国会議員になってからも変わらず、ちょくちょくここへ顔を出してきました。いつでもすぐに連絡をとれますよ」

藤木は、菅が衆院に初当選した九六年当時の記憶を呼び起こした。

「菅さんが国会議員になったばかりの昔話でいえば、自民党に富山出身の橘《たちばな》康太郎という議員がいましてね。その人とのやりとりを思い出します。ハマコー（浜田幸一）みたいなうるさ型の武闘派でした。それで、いつものように菅さんがここへきて、『会長、おかげさんで（自民党）総務会の一員になれたんです』と報告がてら、雑談していました。『よかったね菅君、じゃあこれからは、総務会でいろいろ発言できるんだね』という具合でした。ところが、しばらくするとまたやってきて『総務会へは出てるんですけど、私、しゃべれないんです』とこぼすのです。菅が秋田訛りで発言しようとすると、『黙れっ、そこの新人、百年早いっ』と一括する新人殺しがいた。それが橘だったんです」

一九三四年五月、富山県高岡市に生まれた橘康太郎は、家業の伏木海陸運送社長から衆議院議員に転じていた。いわば藤木の同業者であり、日本港運協会副会長を務めた経験もある。藤木とは旧知の間柄だ。

「うちの業界は、阪神や九州、沖縄、北海道といった具合にブロックがあって、信越のブロック長が橘でした。各ブロックの長が会議で横浜に集まるんですが、彼は私の早稲田の後輩で、先輩、先輩と言ってくれ、私もその気になっていました」

橘もさほど国会議員のキャリアがあるわけではないが、その経歴から衆院の国土交通委員長を務める運輸族として存在感があったという。

――自民党総務会に入ったばかりの菅が橘からやり込められたという話を聞いたとき、どのように対応したのか。

「菅を連れてすぐに自民党の橘のところに行ったんです。あのときは（小此木）八郎もいっしょに連れていったかな。すると、橘は『先輩、今日は何の御用ですか』なんてとぼける。だから、『何ですか、じゃないよおまえ、うちの菅に何をしてくれたんだよっ』とどやしつけてやったんです。そしたら、『えっ菅君、君は横浜だったな、ああそうだ横浜だ。小此木さんのところにいて……。いやいや悪かった』と謝り出したのです。それから、橘は菅の応援団になってくれましたね」

うるさ型の橘も、港湾業界のドンからどやしつけられては、ひとたまりもなかったのだろう。その橘自身は二〇〇五年九月に政界を引退して高岡市長をしていた長男の慶一郎が地盤を継いだ。一二年六月に他界した。

横浜の港湾荷役業界に君臨してきた藤木は、全国の陸海運関係者に睨みを利かせてきた。それだけに自民党運輸族議員たちや国交省の官僚も、一目置かざるをえない存在である。自民党運輸族のドンと呼ばれる二階と昵懇《じっこん》なのも、そうした背景がある。

運輸族議員でいえば、政界を引退した古賀誠と菅は一時期、同じ派閥に入っていたほど近い間柄だ。

――古賀と菅についてのエピソードは？

「古賀さんもよく知っていますよ。二階さんと並んで運輸関係の二大巨頭だった古賀さんは、菅をうんとひいきにしてくれましたね。古賀さんは小此木彦三郎とも仲がよく、古賀さんが幹事長のとき、菅が副幹事長になった。それでお祝いを言おうと私は自民党本部を訪ねました。そしたら菅は幹事長の部屋にいるという。不思議に思いながら、幹事長室に行ってみると、菅が一人で座っているではないですか。『古賀さんはどこかに行っちゃったのかよ』と聞いたら、『古賀先生から君はずっとここにいろと指示されたので、私、毎日ここにいるんです』と言う。『それじゃあ、まるでおまえが幹事長みたいじゃないか』と冗談を言ったものです。古賀さんが菅を大事にしろよと周りにサインを送ってくれているんだな、と思って、古賀さんにお礼を言ったことがありましたね」

菅は小此木彦三郎の秘書時代から横浜の大立者の懐深くに入り込んだ。菅と藤木の二人は、切っても切れない相即不離《そうそくふり》の関係を保ち続けてきた。しかし、第二次安倍内閣の長期政権で、二人の関係は変化した。ＩＲカジノ構想をめぐり、その対立があらわになる。

第四章

自民党の反乱分子

強いて言えば、為政者として取り立てて個性的だとも、独創性に富んでいるとも感じない。そんな菅義偉が、なぜこれほど永田町や霞が関で際立った評価をされているのか。取材のなかでしばしば聞こえてきた菅評の一つが、権威や権力に媚びない政治家としての覚悟だという。いまふうにいえば、ぶれない姿勢ということになろうか。

一九九六（平成八）年十月の総選挙では、自民党総裁の橋本龍太郎から自民党の公認を受け、衆院に初当選した。その前の九三年の総選挙で菅より先に当選した小此木八郎が、一回生のころの菅の思い出話をする。

「橋本政権から小渕（恵三）政権にかけてのころです。菅さんには、当時からすでに勢いを感じました。国鉄がJRに分割・民営化されたあと予想以上に増えた長期債務をどう処理するか、国が追加負担するかどうか、議論されていました。そのなかで、債務をJRにも負担させようとした法案が、政府・自民党内で出てきたんです。このとき『八ちゃん（小此木八郎）、それはおかしいだろう』と党の総務会で反対したのが、菅さんでした」

いわゆる国鉄清算事業団が抱える旧国鉄の債務問題は、NTTやJT、日本航空など、中曽根政権が取り組んだ公社や特殊法人の民営化事業における最大の懸案事項でもあった。

たとえば汐留など、旧国鉄の保有地は清算事業団に引き継がれ、バブル期に高騰して資産価値が上がった。が、売却時期を逃して塩漬けになったまま、バブル崩壊後に暴落して資産価値が下がり、債務が膨らんだ。そうした清算事業団の失策について、政府が穴埋めする。年金払いで足りなくなった債務などを、儲けているJRに負担させようという話だ。

その法案に反対したのが、菅と小此木のコンビだった。自民党総務会は党大会や両院議員総会に次ぐ党の最高意思決定機関である。国会提出する議案については、閣議決定の前に総務会で承認することが前提となっている。そこで菅たちは同期の自民党議員に呼びかけ、反対票をまとめようとした。小此木八郎の説明によれば、こうだ。

「僕の親父（元建設大臣の小此木彦三郎）が運輸族で、晩年国鉄担当として旧国鉄の民営化に取り組んだ。それだけに思い入れがありました。党の総務会は部外者の発言も認められているので、僕と菅さんで総務会に出向き、『民営化されたのだから、JRが負担するのはおかしい』と反対したのです。せっかく苦労して民営化したのに、債務を負担させては筋が通らないという政治論です」

だが、自民党の総務局長だった古賀誠がそれに待ったをかけた。JR東日本などは税金を使って民営化したおかげで儲かっている。なのに、これ以上、旧国鉄の負債を血税で穴埋めしていいのかという道理だ。

「たしかにJRに負担させないで税金でとなると、おかしな話になってしまうという理屈も成り立ちます。それに古賀さんは総務局長から、法律を成立させなければならない立場でもありました」

つまるところ、JR側に菅がつき、政府案に反対したということだ。小此木が続けた。

「われわれ一年生、二年生の議員にとって、古賀先生は大変な存在でした。一回目は『反対します』と菅さんと古賀先生に言いに行き、一蹴された。すると、菅さんは席を立っちゃった。まあ、けんかの見せどころみたいな感じです。ただ僕自身、それまでに党議違反を一度やらかしていたので、もう一度、党の決定に反したとなるとまずい。そこで、菅さんに相談したところ、法案の投票を棄権するのはどうか、と折衷案を考えたのです」

自民党総務会での反抗

むろん党の最高意思決定機関である総務会の決定に反すると党議違反となる。そこで、菅たちは国会で法案に賛成する白票を投じない代わり、反対の青票も出さない、退席もせず、自席についたまま投票をしないという作戦に出たという。

「そうして『みんなと話したので、もう一度お会いできませんか』と古賀さんを訪ねました。『落としどころを示したら、みなが同意してくれた』と（棄権を）伝えたわけです。本来なら、新人議員が自席に座ったままなんてとんでもない、となりそうなものでした。だけど、このとき古賀先生はわれわれの案を迎え入れてくれた。『よくぞそこまでやってくれた、ありがとう』という言葉までかけてくれました」

このエピソード、相手は古賀ではなく橘だったが、「議員になりたての一回生時代、菅が総務会で苛《いじ》められた」と言った藤木企業の藤木の話とも似ている。生意気盛りの菅をフォローしたのが、藤木だった。

もっともここにも裏話がある。この旧国鉄の債務をめぐり、自民党内は二つに割れた。推進派の旗頭が野中広務で、反対派のボスが梶山静六だった。つまり菅たちは梶山の後ろ盾を得て動いていたことになる。

少々いやらしい見方をすれば、菅や小此木はＪＲに肩入れしているだけのようにも受け取れる。少なくとも追加債務の負担を免れたいJR側にとっては、彼らが心強い味方に思えたに違いない。半面、運輸族議員のボスである古賀にとっても、JRを敵に回したくはない。なんとなく政界と業界との思惑で落としどころを探ったように見えなくもない。結果、菅はJR側についたおかげでJR東日本の信頼を得ていく。

自民党総務会や政務調査会では、国会議員個々の政策をめぐり、その裏で産業界の思惑や利権が錯綜《さくそう》する。実際、支援団体や企業の意向を受けたベテラン議員同士が衝突することも珍しくない。

「加藤紘一さんが幹事長のとき、総務会の4Kと呼ばれた人たちがいました。総務会長が森喜朗さん、幹事長代理が野中（広務）さん、参議院の幹事長が村上正邦さんでした。総務会の主流派が加藤、森、野中、村上といった顔触れで、それに対抗していたのが、梶山静六、粕谷茂、河野洋平、亀井静香の四人で、頭文字をとって総務会の4Kと呼んだわけです。派閥などもばらばらなんですけど、4Kはとにかく主流派に楯突き、違うことを言ってやろうという雰囲気でした。そこに真面目な小此木青年や菅さんみたいなのが飛び込むわけです。すると、梶山先生が『おう（森総務）会長よ、もう二時間も経っているんだから、あのへんにいる若いのに発言させてやれよ』なんて言ってくれましてね」

小此木八郎はそうも言った。梶山静六と小此木彦三郎は、同期当選の仲間でもあった。自民党議員たちは、それぞれ同期当選の会をつくり、定期的に懇親会を開くケースが多いが、とりわけ梶山と小此木は仲がよかった。竹下派と中曽根派と派閥こそ違うが、二人は朋友の交わりを結んできたといえる。その縁あって梶山は心腹の友、小此木の息子である八郎や元秘書の菅に目をかけた。

「何となく梶山先生は、小此木のせがれである僕や秘書だった菅さんに理解がありました。『おまえの理屈は同意ならぬが、なかなかいい発言をしたな』なんて褒めてくれていました。そんなことを偉い人に言われると、こっちもうれしいものじゃないですか」

いわば非主流派の梶山が若手の菅や小此木八郎を使って存在感を示したようにも見える。

小此木彦三郎自身は一九九一年十一月、衆議院第二議員会館七階にあった梶山事務所を訪ねた帰り、五階の事務所に戻ろうとして階段を踏み外し転落してしまう。このとき頭を強打した傷が六十三歳の小此木を死に至らしめたという。

「梶山先生は茨城の元県会議員で、うちの親父は横浜の市会議員あがりということもあって親しくなり、プライベートな話でいえば、お互い戦争体験者でお母ちゃん子で、意気投合したところもあったみたい。苦労話をする酒飲み友だちでした。家族ぐるみで付き合っていました」（小此木八郎）

橋本龍太郎内閣で官房長官を務めた梶山は、沖縄米軍基地返還に取り組み、政権を支えた。だが金融危機のあおりを食らい、九八年七月、自民党が参院選で大敗を喫してしまった。橋本が総理総裁から引きずりおろされると、女房役の梶山も求心力を失っていった。総務会で菅たちを後押しした梶山は、自民党の主流派から外れ、そこから総裁選出馬という奇策に打って出る。このとき梶山を神輿《みこし》に担いだのが、菅であり小此木八郎だった。

梶山担ぎ出し

梶山静六はずっと常に政局の中心にいた。小渕や橋本、小沢一郎などとともに竹下派七奉行と呼ばれ、最大派閥を支えてきた。一九九二年の東京佐川急便事件による竹下派会長金丸信の政界引退を機に、その七奉行が真っ二つに割れ、後継会長に小渕を推した梶山と羽田孜《つとむ》を立てようとした小沢とのあいだで「一六戦争」が勃発する。すると小沢のライルであり、若いころから首相候補の呼び声の高かった橋本は梶山に賛同し、小沢や羽田が自民党を離れる結果になって、竹下派の後継派閥として小渕派が誕生する。

梶山は自民党の下野や自民、社会、さきがけの自社さ連立の村山富市政権の樹立を経て、九五年九月の党の総裁選で小渕派のエース橋本を推し立てた。小渕自身も派閥の会長として総理総裁に意欲を見せたが、いったん橋本に譲った。そうして梶山は九六年一月、第一次橋本内閣の誕生とともに官房長官に就任した。

だが、ここから自民党最大派閥の小渕派はさらに離合集散を繰り返していく。その激しい政変の中心もまた梶山だったといえる。

第一次橋本内閣は、村山政権時代の自社さ連立を引き継いでスタートした。それが十月の総選挙を経て内閣改造の段になると、様相が一変、小沢の率いる新進党との連立構想が浮上する。自民党内でそれを主導したのが、かつて一六戦争を演じた梶山である。梶山は、中曽根康弘や亀井静香、平沼赳夫とともに「保保連合」と呼ばれた連立構想を推し進めた。

半面、これに自民党内で野中や加藤紘一が異を唱えた。野中はあくまで自社さ連立にこだわり、梶山と激しく対立した。

野中らの抵抗に遭った梶山の保保連立構想は成就せず、梶山はその責任をとって官房長官を辞した。野中とのあいだにわだかまりが残ったのは言うまでもない。そしてこの一連の梶山と野中の対立が、九八年七月の自民党総裁選に大きな影を落とすのである。

第一次橋本政権時の総裁選では野中が派閥の長である小渕を推したが、梶山は小渕にあがりポストの衆院議長就任を打診して拒否された。そんな遺恨もあった。

そうして橋本退陣後、野中たちは小渕に改めて白羽の矢を立て、小渕を擁立した。すると、梶山みずからが総裁選に立候補する。そこで菅とともに梶山擁立に一役買ったのが小此木八郎である。こう振り返った。

「(九八年の)参議院選挙で神奈川県選出の自民党現職が負け、菅さんと僕が負けた候補者の事務所で二人きりになってテレビを見ていたら、橋本龍太郎辞意というテロップが流れた。で、菅さんは『もうこうなったら梶山先生しかいねえな、八ちゃんもそう思わねぇか』となったんです。それで、僕が参院選の翌日か翌々日、梶山先生の議員会館の事務所へ駆けつけると、菅さんもそこに来ていた。そうして梶山さんを総裁選へ出るよう説得したわけです」

小此木はもともと中曽根・渡辺派だったが、菅は小渕派の平成研究会に所属していた。梶山を担ぐとなると、小渕派から離れる以外にない。こうして衆院一回生時代の菅が事実上、自民党総裁選で梶山擁立に動いたのである。

菅は総裁選で梶山選対の事務局次長に抜擢され、平成研会長の小渕と相まみえた。いかにも無鉄砲な武勇伝として、この一連の出来事がいまも永田町で語り継がれている。小渕内閣で官房長官を務めた野中広務などは、生意気な新入り議員に激怒する半面、菅の政治家としてのあり様を認めた瞬間でもあったと伝えられる。

事実、菅は梶山グループの番頭として、総裁選を戦ったようだ。それにしてもなぜ、梶山を担いだのか。菅と行動をともにした小此木八郎が言った。

「総裁選挙に出るというものすごい決断――もともと竹下派、小渕派をつくったのは梶山先生で、そこを抜けて総裁に出るというのは並の決意ではありません。梶山先生は、米軍の基地問題で橋本総理が何度も沖縄に足を運ぶための下ごしらえをしてきました。菅さんはやっぱり、そういうところを見てきたのでしょう。秘書時代に靴の底を減らしたときと同じではないかもしれないけど、とにかく会って話せばわかる、という梶山先生の行動が、しっかり菅さんの頭や胸の中に刻まれていたのだと思います。菅さんは親父の秘書として、梶山先生と親父の人間的な政治家的な付き合いを見てきた。菅さんは梶山先生からそういうところを学び取ったから、担ごうとしたんです」

つまり菅は、梶山は政治の師である小此木彦三郎の盟友であり、そうした人間関係から梶山を担いだように話す。もっとも、実際はそのような美しい話ではなく、単なる権力闘争のように感じる。このとき梶山陣営についた多くは、前述したJR問題で一緒だった面々でもあった。

自民党総裁選では、最大派閥の領袖《りょうしゅう》である小渕はとうぜんのごとく最右翼候補となる。一方、そこに反旗を翻《ひるがえ》した梶山もかなり善戦した。梶山擁立では、小渕派の先輩議員である佐藤栄作の次男、佐藤信二が大きな力を発揮した。佐藤も小渕派を離脱し、選対には麻生太郎や島村宜伸を引き入れた。宏池会・加藤派から河野洋平グループや清和会・三塚派から亀井静香グループ、旧渡辺派の議員たちがそれぞれ派閥の枠を越え、総裁選の推薦人に名を連ねた。

「僕自身、その前に派閥の長である渡辺美智雄先生を亡くしていたので、誰かを探さなければなりませんでしたからね。菅さんも小渕派ではあったけど、（小渕は）やっぱり出すべきじゃないよ、と言っていました」

小此木がそう言葉を足した。この総裁選では、金融機関の不良債権問題が焦点にもなった。

「梶山先生は橋本内閣の官房長官として例の住専（住宅金融専門会社）の不良債権処理をやった人です。そのために七千数百億円の公的資金を投じた。国民の税金でバブル処理するなんてとんでもない、と大騒ぎになったでしょう。ところが梶山先生はご自分で勉強されてそれをやりきった。あれは橋本内閣でなければできなかった。政治家にはいろんな手法があり、どこでどう汗をかくか、口では簡単に理屈を言えますけど、実際に政治家が動くとなると、ものすごく難儀なんです。そこをやりきれる人とやりきれない人、それは感覚的にわかる。それをできるのが梶山先生だ、とわれわれは立候補の要請をしたのです」

いまも語り草になっている梶山担ぎ出しについて、菅本人に聞いた。

――なぜ梶山だったのか。

「当時日本はまさに金融危機のど真ん中で、梶山さんは駄目な銀行をつぶすハードランディング論者でした。そんなことをしたら大恐慌になるとか、いろんな議論があったんですけど、銀行にはやはり大きな問題がありましたから、私も梶山理論に賛同していました。で、それを実行し世直しのために総裁選挙に出るべきだと、まだ当選一回でしたけど、小此木の八ちゃんといっしょに梶山さんを説得しました。結果的に敗れましたが、多分、二日ぐらい前に決断すれば、梶山総理大臣が誕生していたかもしれない、といまでも思っています」

——なぜか。

「実は初めは小渕さんが総裁選に出るという話はなかったんです。いったん梶山さんが出ないって言ったから、小渕さんが出るとなった。私の当選一期の仲間は四十五人おりました。そのうち経世会（平成研）は全盛期だったので、三十人くらいいました。梶山さんがもっと早く決断すれば、小渕さんは出られなかったのではないかと思っています」

——梶山を担いだせいで野中広務にはずい分にらまれたというが。

「自民党は加藤（紘一）さんが幹事長でしたが、実力者は野中先生でした。梶山さんが総裁選出馬を表明したとき、小渕派全体の選対会議で野中さんが『菅だけは許せない』と私の名前を出したらしいです。それを私の友だちが電話で伝えてきました。『菅ちゃん、すげえな、野中さんが……』と報告を頂きました。私自身は実はそんなに気にしてるわけではなく、私が梶山票の多数派工作をやってたから、野中さんはそう言って牽制していたんです。ただ、あの選挙をやって、私はすごく勉強になりましたし、永田町という政治の世界が見えてきました。いかに信念のない政治家が多いことか。勝ち馬に乗ろうとする。真剣勝負で戦ったのでいろんな風景が見えました」

平たくいえば、このときの自民党総裁選は、大手金融機関寄りの経世会主流派に対し、欧米流の金融ビッグバンをいとわない再編派との闘いだったのかもしれない。菅が梶山擁立で自信を深めたのはたしかだろう。泡沫候補と冷笑された総裁選で梶山は、のちにばらまき批判にさらされる積極財政派の小渕に敗れたが、二番手と目された小泉純一郎を抜いて二番手に付けた。二百二十五票の小渕に対し、梶山は百二票、小泉八十四票だった。梶山の大健闘ともいえ、菅たち応援団もまた面目を保った。

二〇〇〇年六月、梶山静六が息を引き取る前、菅や小此木に向けて最後に残したのが「破壊と創造」という言葉だった。自民党を壊すのだという。それを引き継いだのが小泉純一郎だった。菅は次に山崎拓、加藤紘一、小泉のＹＫＫの一人、加藤を担ぐ。

加藤の乱の結末

小渕派を離れた菅はしばらく無派閥議員として活動せざるをえなかったが、それを拾ったのが古賀誠だった。梶山の党国対委員長時代に古賀が副委員長だったことから、菅のことを頼んだとされる。古賀は菅を衆院運輸委員会の理事にし、その後、古賀の所属する宏池会・加藤派に迎え入れた。その宏池会で菅は二〇〇〇年十一月、「加藤の乱」に遭遇する。

小渕の急逝を受けたこの年の四月、森喜朗が無投票で自民党総裁になり、首相の座を射止めた。森政権を密室でつくったのが、小渕政権の官房長官だった衆院の野中や亀井、参院の青木幹雄と村上正邦の四人組である。当然のごとく四人組は密室政治と批判された。おまけにそこへ森自身の「神の国発言」や「中川秀直官房長官の女性スキャンダル」が飛び出し、森政権は戦後最低の内閣支持率を次々と更新していった。加藤たちはそこに乗じ、一挙に倒閣運動を展開したのである。

十一月二十日の衆院本会議で、野党が森政権に対する内閣不信任案提出を決定し、そこに加藤派が同調するというやり方だ。いわゆるＹＫＫの一人で、前年の総裁選に出馬した盟友山崎拓もそこに与《くみ》した。四百八十人の衆院議員定数に対し、自公の議席は二百七十二。過半数を三十一議席超えていたが、そこから四十五人の加藤派と十九人の山崎派が野党側に回ると、不信任決議案が可決される。そのため、自民党執行部は焦りまくった。

そんな加藤の乱に、菅も加わった。反乱の実績のある菅は、森追及の急先鋒として期待されたのだろうが、そこに立ちふさがったのが野中広務だ。森政権をつくった四人組の一人である野中は自民党幹事長でもあった。そしてもう一人、古賀誠も副幹事長として反乱軍の鎮火に当たった。

「古賀先生は加藤先生をずうっと支えてきた人だと僕は思っているんだけれど、あのときは、なぜかやめろって言うんだ。菅さんは菅さんで、総務会の席で『自民党は総理を誕生させる責任もあるけど、やめさせる責任もある』と突っぱねた。そう言って、新聞に書かせて煽《あお》っていきました。そのへんが菅さんのうまいところなんです」

再び小此木が振り返った。菅は加藤派で主戦論を唱えたが、古賀がそこにストップをかけた。さらに本会議当日、山崎と二人で不信任案に賛成しに行く、と言う加藤を谷垣禎一が泣きながら止めた。

「やりきるべきだというのが菅さんの立場でした。菅さんは、一人でも不信任案に賛成票を投じると言っていました。結局、加藤派の皆さんは本会議に来なかった。それで、加藤さんは政治生命を失っちゃったわけです」

しかし、実は菅自身も本会議には欠席し、不信任案に賛成票を投じたわけではない。そして宏池会・加藤派は親加藤の小里貞利派と反加藤の堀内光雄派に分かれ、菅は堀内派に合流する。小此木はあくまでこう菅を評する。

「梶山先生が亡くなって、加藤先生のところに行って、古賀先生のところに行って、麻生先生を支持したり、安倍先生を担いだりとなっていくから、菅さんのその一連の行動について、事情をあんまり知らない人はいろいろ言います。私はブレないと書いておきながら、おまえはあちこち行ってるじゃないか、と。ただしこれは、面と向かって言えない人たちの評価です。僕らは、菅さんの信念というのがわかる」

その信念とは何か。菅は国会議員として何をやりたいのだろうか。そこが見えない。

アクアラインの料金値下げ

加藤の乱から一年あまり経った二〇〇二（平成十四）年一月、菅義偉は国土交通政務官に就任する。運輸族議員だった小此木の薫陶《くんとう》を受けたせいか、やはり運輸行政には関心が高いようだ。

このときのちに千葉県知事に転身する森田健作が、衆院国土交通委員会で東京湾アクアラインの高速道路通行料金の値下げを提案した。二〇〇〇年に普通車のＥＴＣ割引通行料を四千円から三千円に値下げしているが、国交省にさらにもう一段の値下げを要求したのである。もとより森田にとっては千葉県知事選を睨んだ行動だろうが、菅もこれに同調した。自著『政治家の覚悟――官僚を動かせ』にも、アクアラインの料金値下げのことを書いており、菅本人のインタビューでこの件について質問した。

――アクアラインの値下げに反対したのが財務省の主計官だとか。

「私が国土交通省の大臣政務官を務めていたころ、最初に道路局と話をすると、『私も政務官の言うとおりだと思うんですが、財務省が了承しないんです』と言い訳をする。そこで財務省の主計官を呼んだんです。あの本の中に書いている相手は、財務次官になった香川さんです。私は彼をよく知っていましたので『通行料金を三千円から二千円にしても、通行量が一・三倍になれば、いままでと一緒だろ。あなたたちはみんなモノをつくるだけで、利用することを考えてない』と一時間ぐらい話し合ったのですが、なかなか言うことを聞かない。で、香川さんが最後に観念して言うのです。『実は私も政務官と同じ考えです。ここ（アクアライン）は首都圏だからいいと思うんですけど、それなら他の地域も下げろとなる。それだけは絶対勘弁してもらいたい』と財政上の話をするんです。財政規律を求める財務官僚らしい発言でした。日本全体のことを考えていると思いました」

最終的には実験的にアクアラインだけの値下げをするという結果に落ち着いた。現在のETC割引通行料はさらに下がって八百円になっている。香川は政財界に幅広い人脈を持ち、政策を実現していく稀有な官僚として知られたが、次官退任直後の二〇一五年八月に肝臓がんでこの世を去った。

――香川元次官といえば、国交省の港湾局長といっしょに藤木企業の藤木に彼を紹介したとか。何か意味があったのか。

「ああ、あれは彼が主計の次長のときだったかな。藤木さんは神奈川県の道路建設を推進する会長だったと思います。ですから予算陳情かなんかで来たときに紹介したという感じ。みんなそうやって紹介しますよ」

――藤木とはずい分古い付き合いで、いまでもホットラインがあるとか。

「藤木さんと付き合っていたのは、私ではなく小此木先生でした。私は秘書として外で待っているような存在でした。それ以来のお付き合いです」

あまり藤木との付き合いには触れられたくないような印象を受けた。

新自由主義

永田町には、東北の豪雪地帯に生まれ育った菅義偉について、新潟出身の田中角栄と同じ視線でとらえるきらいがある。日本列島改造論を引っ提げ、新幹線や高速道路、空港や原発を全国に網羅していった田中に対し、菅もふるさと納税などを提案し、地方の活性化を訴えてきた。鉄道や道路など運輸行政についても関心が高い点からも、田中とダブらせて語る向きもある。

だが、二人には決定的な違いがある。菅は小此木から政治手法や政策を学んだ。師である小此木は、中曽根康弘が欧米の政策に倣って導入した構造改革や民活路線の旗振り役でもあった。旧国鉄の民営化などがその最たる政策である。

つまるところ菅は東北の田舎臭いにおいを周囲に振りまきつつ、田中角栄のような公共工事重視の地方土着型の政治家ではない。中曽根民活路線時代から小此木彦三郎を支援してきた鉄道・運輸業者を自らの味方につけ、その後、小泉純一郎が進めた規制改革、いわゆる新自由主義路線のレールに乗ってきた。本人が意識していたかどうかは別として、そこでは旧田中派、つまり平成研の実力議員たちと衝突せざるをえなかったのだろう。

自民党をぶっ壊す——というキャッチフレーズがすっかり有名になった小泉と同じく、一時は自民党内で反乱分子ととらえられる。小渕派を飛び出した梶山を担いで、野中と衝突したのも、その一例にすぎない。その点を小此木八郎に尋ねてみた。

——菅の原点は中曽根民活にあるのか。

「それはたしかにあると思います。だからいわゆる昔のような族（議員）じゃないんだよね。この問題についておまえらは入れねえ、おれが専門家だ、という話にはしない。たとえば農協改革にしてもそう。農産物を内向きのものだけで済ませてしまえば、日本は終わってしまう。海外に手を伸ばし、流通を結べるような成長戦略を描かなければならない。菅さんの主張は、ぜんぶ理からきているんです。自分の理屈を通すというのは大切ですよね」

——その理屈は、中曽根以降の新自由主義の流れをくんでいるのか。

「新自由主義という言葉遣いは僕にはわからんけど、そこでいろんな知恵を出せ、ということだと思います。だからこの一つの政策は畑違いなので黙っているのではなく、ある政策に精通しているという専門家ではない。初めて話を聞いても、そこは違うんじゃないか、と思えば、そう判断する人だと僕は思います。それはおかしいでしょう、っていうのが口癖。それで確認するんだろうね。だから、いわゆる族議員じゃないんですよ」

族議員との呼称には、政官業のトライアングルに巣食う利権を貪《むさぼ》る悪徳政治家のイメージがつきまとうかもしれないが、本来は政策通の政治家という意味だ。議員が得意分野の政策を持つことは決して悪いことでもない。

自民党政務調査会では産業分野ごとに委員会や部会を設け、新人議員とベテラン議員が企業や霞が関の官僚とともに業界のことを学ぶシステムがある。そこに癒着が生じて金権政治の温床になってきた過去があった事実は否めない。半面、省益を優先し国の政策を歪めてしまう官僚に対抗するための政策研修という一面もあり、族議員が力を持ってきたのは、その結果でもある。もとより国会議員なら誰でもそのくらいの理屈は理解しているだろうが、メリットとデメリットのどちらも生じている。それが政治の現場といえる。

一方、必ずしも規制緩和路線が悪いわけでもない。が、競争原理を働かせるという旗の下、欧米から輸入した新自由主義が、国内における昨今の格差社会問題を引き起こした要因であることも、否定のしようがない。

日本でいえば、規制改革の代名詞となったのが、小泉政権でおこなった郵政民営化だろう。周知のように、郵便、銀行、保険という三事業を分割・民営化しようとした大改革である。小泉自身がずっとこだわり続けてきた政策であり、小泉内閣に規制緩和路線の要《かなめ》として経済財政政策担当大臣や金融担当大臣、さらには総務大臣を歴任してきた竹中平蔵がそれを実現させたとされる。

二〇〇五年十一月、菅は第三次小泉改造内閣で竹中が総務大臣ポストに就いたとき副大臣に就任した。そこで菅は、郵政民営化に向けた実務の現場で汗を流した。以来、現在にいたるまで、みずからの政策について竹中と定期的に会い、指南をあおいでいる。

菅の近親者たちは必ずと言っていいほど、政治家として菅が飛躍した転機の一つとして、この総務副大臣経験を挙げる。換言すれば、それまでの菅は大して注目されていなかったということだ。郵政民営化は小泉が方向を決め、竹中が指示し、菅が仕上げた。郵政民営化の実現により、実務に長《た》けた政治家として菅の評価が上がったのは間違いない。

二〇一二年十二月、自民党が民主党から政権を奪還し、第二次安倍晋三内閣がスタートすると、菅は民営化された日本郵政の社長人事に手をつけた。翌一三年六月、社長に就任して半年しか経っていない元財務次官の坂篤郎を顧問に棚上げし、東芝元会長の西室《にしむろ》泰三（故人）を後任に据えた。民主党寄りと見られた坂に対する露骨な人事介入だとも批判されたが、本人はそれを尻に聞かした。

安倍との出会い

言うまでもなく自民党内で一目置かれ始めたそんな菅をさらに政界中枢に引き立てた最

大の恩人は、安倍に違いない。安倍は二〇〇六（平成十八）年夏、六年におよんだ小泉長期政権の終わりが近づくにつれ、後継首相候補の最右翼と目されていた。そこで菅は安倍を担ぎ出した。安倍を首相にした功労者の一人でもある。

「安倍さんの初めての総裁選のとき、どうして安倍さんを担ぐのか、と菅さんに尋ねたことがありました。理由は理解しづらいかもしれませんが、菅さん独特の感覚とでもいえばいいのでしょうか。いつもそうです」

小此木八郎が安倍と菅との関係について、話した。

「小泉さんが初めて総裁になったとき、実は菅さんは橋本龍太郎を推していました。『八ちゃん、悪いな、橋本龍太郎が出ると言うから、仕方ない。俺はもともと橋本派だったから（義理もあるので）やらなきゃいけねえっ』と言うんです。（いまさら橋本でもないから）僕はそのとき麻生さんを担ごうとしたけど、麻生さん本人が出なかった。それで、何年か経って今度は安倍さんだと言い出した。それで改めて聞いてみたのです。すると菅さんは、『安倍さんが北朝鮮問題を真剣にやっていたからだ』というのです。党の拉致問題関連部会でいっしょだったみたい。ちょうど菅さん自身も、万景峰《マンギョンボン》号の入港問題に取り組んでいたころで、『この人を立てていこうと決めたんだ』という話をしていました」

安倍との出会いについて、菅本人のインタビューで尋ねた。

——そもそも付き合いはどこからか。

「もとをたどれば、私がまだ当選二回のときでした。自民党の総務会で私が『北朝鮮に対する制裁法をつくるべきだ』と発言した。拉致問題が判明した当時、九州に不審船が入ってきて大きな問題になっていた。で、日本人を拉致した国の船（万景峰号など）が、日本の港に自由にやってきていたわけです。なのに、それを止める法律がなかった。自立した国として、法律をつくるべきだと党の部会で強く主張したのです。それが新聞に載り始めて、安倍さんの目にとまったのだと思います。小泉内閣当時の安倍官房副長官のときでした。『一度会いたい』という話があったんです。そこが始まりです」

北朝鮮問題の専門家でもなく、それまで関心が高かったわけでもない菅が、北朝鮮に対する制裁を法制化すべきだと訴えたきっかけは、むろん小泉政権時代に北朝鮮が認めた日本人拉致問題だろう。国会議員として当然ではある。

——なぜそんなことを他の議員は考えなかったのか。

「拉致問題はおかしいというのは、政治家として誰もが思っていたと思います。しかし、それをどうやって解決するか、と考えたとき、制裁法がなかったのです。あの船が拉致の司令塔のような役割を果たしてきたという〝警告本〟も出ていたのに、何もしなかった。当時日本は、北朝鮮に援助するか援助しないか、という選択しかなく、制裁の方法は何もなかったんです。それに対して安倍さんが『菅さんの発言は正しい。だから私も実現できるよう菅さんのことを応援する』と助言していただきました。そういう付き合いのなかで、『この人の国家観はすごいな』と思いました。（安倍の）政治家としての懐の深さというか、そこに感服しました。いつか総理大臣になる人だと思いました」

万景峰号入港の制裁については前提となる事実に基づいた異論もあろうが、少なくとも時流に即してはいるし、理屈も通っている。菅は議員立法として制裁法を国会に提出し、成立させている。それもまた菅の国会議員としてのアピールになっている。何より拉致問題で名を売った安倍にとって同志を得た思いだったのはたしかだろう。

菅は〇六年九月に発足した第一次安倍晋三内閣で総務大臣に就いた。当選四回目の初入閣であり、しかも新設された総務省という主要閣僚就任だ。それはやはり安倍の強力な後押しがあったからだろう。

総務省は奇しくも第一次小泉政権のスタートした二〇〇一（平成十三）年の中央省庁再編により、自治省、総務庁、郵政省を統合して設置された。それまで調査やデータの取り集めが主業務だった総務庁とは異なり、旧内務省の流れをくむスーパー官庁と呼ばれる。発足した総務省が担う役割は、むろん郵政民営化だけではない。総務省は地方分権など地方自治体のあり方や放送事業など幅広い行政分野を網羅している。

たとえば放送事業を所管する総務大臣は、放送法に縛られたＮＨＫや民放各局に対する絶大な権限を握っている。

〈総務大臣は、協会に対し、放送区域、放送事項その他必要な事項を指定して国際放送を行うべきことを命ずることができる〉

放送法三十三条一項〈国際放送等の実施の命令等〉では、こう規定している（〇七年に改正）。安倍政権発足と同時に総務大臣になった菅は〇六年十月、すぐさまこれを使ってＮＨＫに命じた。

「北朝鮮による日本人拉致問題にとくに留意すること」

北朝鮮まで届くNHK短波ラジオ国際放送で、日本政府が救出に向けて頑張っているという内容を拉致被害者向けに流せという命令だ。とうぜんのごとく報道の自由の侵害だと非難が湧き起こったが、菅自身はこれも馬耳東風の態だった。

「放送法という法に則《のっと》った行為であり、番組内容を指示したわけではない」

〈NHKは国際放送の放送番組の編集に当たっては、海外同胞に適切な慰安を与えるようにしなければならない〉という放送法四十四条に即した放送命令（同じく〇七年に改正）だと、菅は得意の原理原則論を曲げない。しかしその腹の底からは、公共放送に対する政治介入の意図が見え隠れしていた。

安倍と菅の連合軍は、やがてNHKの運営にも介入するようになる。

第五章
メディア支配

鰓《えら》の張ったいかつい顔の元エリート商社マンがヘッドハンティングされ、三顧の礼をもってＮＨＫに迎え入れられた。ところが公共放送の会長に就任して早々、立て続けに大騒ぎを引き起こし、国会に参考人招致される羽目に陥ってしまう。驚いたことに、当人はそれをまるで意に介さない。

「弱ったなぁ、また菅さんから電話がかかってきちゃったよ」

秘書や幹部たちに自慢げに笑いながら話した。三井物産副社長や日本ユニシス社長を歴任し、二〇一四年一月に二十一代目のＮＨＫ会長になった籾井勝人は、官房長官からの忠告もどこ吹く風、というより、むしろ電話がかかってくることが嬉しくてたまらないふうだった。そんな特異なキャラクターを持っている籾井会長を間近で見てきたＮＨＫの幹部職員は、なかばあきらめ顔で話した。

「会長に就任して間もない（衆院）予算委員会の答弁にあたっては、官邸の菅（義偉）官房長官から直接電話がかかってきて、細かい指示を受けていたみたいです。籾井さんはそれを能天気に吹聴してしまう。周囲のＮＨＫ職員は心配し、『会長、そういうことはお話ししないほうがいいと思います』と注意する一幕までありました」

当の菅本人も、まさかこれほど軽い人物だとは思ってもみなかったのではないだろうか。菅はこの稀有なNHK会長の生みの親だとされ、会長に就任して以来、官邸から籾井をバックアップしてきた。

籾井自身は、菅をはじめ安倍政権に対する気遣いのつもりであったに違いない。それが裏目に出て問題になった。

「政府が右と言っているものを、左と言うわけにはいかない」

一四年一月二十五日の会長就任早々、NHKの国際放送の方針について、記者会見でみずからそう発言し、物議を醸《かも》した。あるいは、「従軍慰安婦なんてどこの国でもあった」と暴言を吐いた。そこを記者に突っ込まれると、マスメディアのトップの意見ではなく、個人的な見解だとの苦しい言い逃れをした。それが通用するわけもなく、衆院の予算委員会や総務委員会でことごとく発言を追及され、そのあり様がNHKの国会中継で放映されるたびに、ますます評判を落とした。先のNHK職員もこう嘆いた。

「国会では、総務省担当記者から新たに経営企画室に異動になった秘書役が後ろに付きっきり。〝業務指定〟と称される記者以外の仕事として籾井会長にアドバイスしてきました。

二人羽織のように後ろからペーパーを差し出し、『（興奮せず）落ち着いてください』なんてやっている。政府の右向け右や従軍慰安婦発言など、問題の五項目について、官邸からは『撤回するものとしないものを報告しろ』と指示があった。秘書役はその指示を国会で正確に反映させなければならない。どれを撤回するかで揉めた挙げ句、安全運転第一だと、結局すべての発言を取り消さざるを得なくなりました。そこまで細かい指示が官邸から下りてくるので、ＮＨＫの内部は大変でした」

当の籾井は生来、細かいことが苦手の大雑把な性格に違いない。ＮＨＫ内部の経営委員会の席上では、せっかくすべての発言を撤回したにもかかわらず、こう開き直ってしまった。

「発言を取り消しているし、どこが悪いのか」

それがまた国会で問題視され、集中審議で民主党（現・立憲民主党）の大串博志に突っ込まれる始末だ。こう誤魔化すのが精いっぱいだった。

「まだ議事録が公表されていないので、コメントできない」

籾井の会長就任以来、ＮＨＫ内部は、過去類を見ない政治介入を招いた、という危機感に満ちていた。混乱の元凶が首相官邸人事であり、菅だともいえる。

菅は小泉内閣で総務副大臣、第一次安倍内閣で総務大臣を歴任してきた。以来、ことのほか放送局のあり方に関心を抱き、さまざまな場面で口を挟んできた。第一次安倍内閣のときには、関西テレビのバラエティ「発掘！　あるある大事典」（フジテレビ系）が引き起こした納豆ダイエットやらせ問題を機に、放送法の改正を訴えた。そこから次に手をつけたのが、ＮＨＫ改革である。

〈私は国会の（総務）委員会において、

「ＮＨＫの内部の改革をまず徹底して行ってもらう。そして、（受信）料金の義務化、値下げを行う。政府・与党合意の中に書かれている三つがセットにならなければならない」

と「三点セット」を強調しました〉

自著『政治家の覚悟』にも、そう書いている。

権力中枢に翻弄されるＮＨＫ

ＮＨＫは放送法と国会の予算承認という強靭な鎖で縛られている特殊法人である。視聴者から徴収する年間七千億円に上る受信料収入で運営されてはいるが、その七千億円の事業予算は国会の総務委員会で可決されなければならない。また国際放送については、放送設備などの関係から年三十五億円ほどの補助金が総務省の予算として投じられている。もともと政治介入を招きやすい土壌があるのはたしかだ。

政治と密接なNHKの実力会長といえば、古くは島桂次の名前が思い浮かぶ。島は、放送衛星の打ち上げ失敗時に愛人といっしょだったところを運悪くマスコミにキャッチされた。挙げ句、国会の虚偽答弁をやらかし、一九九一年七月、会長の座を追われた。

その島の子飼いだったのが、海老沢勝二だ。海老沢は局内で、北朝鮮の独裁者の姓名を捩《もじ》ってエビジョンイルとあだ名されたほどのワンマン会長だったが、海老沢もまたスキャンダルに見舞われ、会長を追われた。

歴代のNHKトップ人事は、常に不祥事と政治介入の影を引きずってきたといえる。河本・三木派の番記者だった島は、自民党最大派閥だった竹下派によって引きずりおろされた。その竹下派の番記者だった海老沢は、他派の中曽根康弘や安倍晋三らとの広い交友を使い、権勢を誇った。

換言すればＮＨＫは、常に政治とのしがらみのなかでトップ人事がおこなわれ、挙げ句に安倍や菅という権力中枢やその周囲によって翻弄されるようになったといえる。

安倍や菅とＮＨＫのあいだには、しがらみがある。発端は二〇〇一年一月三十日、ＮＨＫの教育テレビで放送された「問われる戦時性暴力」という番組を巡る政治圧力騒動だ。従軍慰安婦の模擬裁判「女性国際戦犯法廷」を題材にした四回シリーズのうちの第二回の放送時間が、予定より四分短縮された。番組の放送から四年以上経過した〇五年になって、それを問題視したのが朝日新聞だ。「小泉政権の官房長官だった安倍が番組時間を削るよう圧力をかけた」と報じ、一大論争に発展したのである。

むろん安倍本人はみずからの政治圧力を否定し、ＮＨＫも朝日の記事を「虚偽報道だ」と非難してきた。論争はいまだ決着がついていないが、安倍はこれ以来、ＮＨＫと朝日新聞を目の敵《かたき》にしてきた。

折しもちょうどこのころ、ＮＨＫ内部が大揺れに揺れていた。紅白歌合戦担当プロデューサーの経費使い込みが発覚し、受信料の不払い騒動が巻き起こった時期と重なる。そのせいで〇五年一月、天皇と呼ばれた海老沢が会長を辞任する羽目になった。ＮＨＫはそれまでの殿様商売が批判にさらされ、後任の会長に就いたプロパーの橋本元一が、経営改革の必要性に迫られていく。

第一次安倍政権が発足した〇六年九月は、そんなタイミングだった。そこで総務大臣に抜擢され、NHK改革の急先鋒となったのが、ほかでもない、菅だったのである。

実は菅とNHKの因縁はけっこう深い。あるNHK関連会社の社長が打ち明けた。

「菅さんがまだ国会議員になりたてのころ、『奇跡の詩人』というNHKスペシャルの障害者を扱った番組に対し、横浜の市民団体を連れて抗議に来たことがありました。ところが当時の渉外担当役員が菅さんをぞんざいに扱ってしまったらしいのです。そこで菅さん本人がえらくご立腹で、のちのちまで根に持ってそれを語っていました」

そして第一次安倍政権発足から間もなく、安倍・菅のコンビが、NHKに対する政治姿勢を露わにしていった。前述したように菅の自著『政治家の覚悟』にも、菅は総務大臣として当時の橋本会長にNHK改革を突きつけた、とこう書く。

〈この段階でもNHKの橋本会長は、

「(受信料の)義務化は必要だが増収の目途《めど》が立たないので、〇八年度からの二割程度の値下げはできない。料金体系の見直しの方向性は（〇七年）九月末に発表する」

とあくまでも値下げには反対という主張を変える様子は見られませんでした〉

後述するが、ＮＨＫ改革における菅の悲願は、受信料の義務化を通じた事実上の国営放送化である。菅は受信料の義務化を受け入れやすくするために値下げが必要だと主張してきた。『政治家の覚悟』にはこうも記されている。

〈ＮＨＫ改革を進めるためには、ＮＨＫ出身の橋本会長では無理だと判断しました。そこで、近く半数の委員が改選されることになっていた（ＮＨＫ）経営委員会に、改革意欲のある民間人に入ってもらわなければならないと考えました。（中略）委員の任命権は内閣にあり、最終的には衆参両院の同意が必要になります。

私は安倍総理と相談し、委員の一人として富士フイルム社長の古森重隆さんにお願いすることにしました〉

そうして菅は古森をＮＨＫ経営委員長に据える。その上で菅はＮＨＫに対し、受信料の値下げやコスト削減といった経営改善を突きつけた。先の関連会社の社長が述懐する。

「海老沢会長から橋本体制に移ったあと、安倍さんと菅さんの肝いりで経営委員長として

ＮＨＫに乗り込んできたのが、富士フイルム会長の古森さんでした。菅さんと組んだ古森さんは、受信料の二割という大幅値下げを強硬に迫ってきた。それでは経営が成り立たなくなる、と我々は反発しました。だが、それなら受信料を義務化すればいい、と菅さんと同じことを言う。義務化となれば、納税と同じだから国営放送です。菅さんたちの本当の狙いはそこだったのです」

ＮＨＫ支配のカラクリ

第一次安倍政権下でＮＨＫ経営委員長の椅子に座った富士フイルムの古森は、デジタルカメラの普及に伴う業績の落ち込みをＶ字回復させた経営者として名高い。思想的には保守タカ派の論客として知られる。

そんな互いの保守思想が共鳴し合うのだろう。財界のなかでも大の安倍シンパで通っている。昨今では、安倍・菅政権で富士フイルムのアビガンを新型コロナ肺炎薬として承認しようと推し進めてきた。ＮＨＫのときは逆に安倍や菅がみずからの応援団である古森に力を借り、公共放送支配を目論んだ、と先の関連会社社長が警戒していた。

「従来の経営委員は、NHK職員のつくった事業計画にノーとは言いませんでしたが、古森さんは五カ年計画の承認を拒否しました。そのうえで国際放送について、菅さんとともに『もっと国威を発揚すべきだ』と主張してきた。また安倍さんは安倍さんで、自分の顧問弁護士を経営委員会に入れてきた。局内にはれっきとした法務部があるのに、局の顧問弁護士にしたい、とまで言い出す始末でした」

本来、政治介入など許されない公共放送において、なぜこれほどまで官邸の力が働くのか。むろんそこにはカラクリがある。官邸サイドにとって便利な存在が、NHKの経営委員会だ。

NHK経営委員会は、月に二度会議が開かれ、非常勤委員の年収は五百万円ほどだ。いわば有識者で構成される政府の諮問機関のような第三者委員会のイメージがある。だがその実、権限は世間で思われているよりずっと大きい。委員には送迎の車まで手配される。

これまでNHK経営委員会に他の第三者機関と似たイメージがあったのは、単に権限を振るう機会がなかったからに過ぎない。十二人からなる経営委員会は、NHKの年間予算や事業計画、番組の基本計画を決定し、理事（役員）の職務執行を監督する機関と位置付けられている。おまけに会長を人選して任命し、理事の人事にも拒否権を持つ。つまり首脳人事から経営方針、予算づくりにいたるまで、経営委員会が承認しなければ、NHKは動かない。衆・参両院の同意を得てその経営委員を任命するのが、内閣総理大臣である。

そんな重大な権限を持つ経営委員に政権寄りの民間人を据えたらどうなるか。それは自明だろう。官邸主導で会長の人事を動かせる背景には、そんなカラクリがある。

そして第一次安倍政権において菅は、古森を経営委員長に据えた。それはまさしくNHKを思うままにするためだったに違いない。

だが、このとき安倍・菅のコンビがNHKを思いどおりに操ることは叶わなかった。総務大臣として初入閣した菅が、NHK短波ラジオ国際放送に対し、北朝鮮に関する放送命令を発した件は前に述べた。これが逆に政治の横やりだと政権批判を呼び、安倍政権そのものが窮地に立たされてしまう。

結果、第一次安倍政権では菅にとって不本意な方向に放送法の改正を余儀なくされた。それまで総務大臣は、放送区域などについて実施命令を出せるとされてきたが、〇七年十二月施行の改正放送法により、「命令」から「要請」に改正された。命令と要請では、ずい分強制力が異なる。第一次安倍政権の小さな躓《つまず》きの一つともいえる。

しかもそうこうしているあいだに、閣僚の相次ぐ不祥事と安倍自身の持病悪化というダブルパンチが、政権を直撃した。〇七年八月、参院選に大敗した安倍は、難病の潰瘍性大腸炎で公務の執行すらできなくなり、唐突に政権を投げ出した。第一次安倍政権は自らの持病と参議院選挙の惨敗により、〇六年から〇七年までわずか一年という短命に終わってしまう。

一方、盟友の菅は参院選後の内閣改造で官房長官に就任するのではないか、とも囁かれたが、さすがに幻に終わった。それでもしぶとく生き残った。

菅は急きょおこなわれた自由民主党総裁選挙で、福田康夫を擁立した所属派閥の宏池会の意に反し、麻生太郎の推薦人に名を連ねた。結果は裏目に出て福田政権が誕生する。菅は干されるかと思えば、そうではなかった。古賀誠が選挙対策委員長に就くと、菅は古賀に推されて選対副委員長となる。選対委員長は党内で選対総局長から格上げされたポストであり、古賀のバックアップのおかげで、菅は党の選挙対策という要職を占めるようになった。

安倍から福田、麻生へと一年ごとに政権が猫の目のようにコロコロ変わったこの間、NHKでも変化が起きた。皮肉にも古森をNHK経営委員長に担ぎ上げた安倍政権は崩壊したが、その古森はNHKプロパーの会長、橋本を外そうと、アサヒビール元会長の福地茂雄を新会長に推した。そして思惑どおり〇八年一月二十五日、福地がNHK会長となる。古森の提案により、民間の財界からNHKの会長が二十年ぶりに誕生することになったのである。

ただし安倍という後ろ盾を失った古森は、その強引な手法が仇《あだ》となってNHK内部から反発を食らい、〇八年十二月の任期を迎えて経営委員長の続投をあきらめざるをえなかった。もともと任期途中で経営委員に就任した古森は、在任期間わずか一年半でNHKを去る羽目になる。とどのつまり、第一次政権の安倍、菅、古森のラインで目論んだNHK支配は頓挫《とんざ》する。それが第二次安倍政権で復活するのである。

財界人の思惑

実は経済界の重鎮たちにとって、NHKの会長はさほど魅力のあるポストには映っていないようだ。公共放送のトップという責任の重さの割に、役員報酬は三千百万円ほどしかない。一般のサラリーマンからすれば決して低くはないが、出身企業の会長職などのそれと比べると、さほど高くはない。そのせいでもないだろうが、富士フイルムの古森の要請で会長になったアサヒビールの福地は、一一年一月までの一期三年の任期を迎えるにあたり、高齢を理由に再任を断った。

それを見越した一〇年十一月以降、新たなＮＨＫの会長選びが始まった。そこで真っ先に日本経済新聞が候補者として名前を挙げたのが、ＪＲ東海副会長だった松本正之（現・特別顧問）だ。

下野した自民党に代わり、政権を握った民主党の鳩山由紀夫内閣の任命により二〇一一年一月、ＪＲ東海副会長の松本がＮＨＫ会長となる。

このとき松本をＮＨＫ会長に推したのが、富士フイルムの古森だともいわれたが、それは古森の盟友として知られるＪＲ東海元会長葛西敬之《よしゆき》（現・名誉会長）の了解なしにはあり得ない。

国鉄民営化三羽ガラスと呼ばれた葛西は、民営化後のＪＲ東海を急成長させてきた財界の重鎮であり、古森らとともに安倍晋三を支援する財界人の「四季の会」を結成している。松本以来、この四季の会がＮＨＫの会長人事を牛耳ってきたともいわれる。

実際、会長に就任した松本は、国鉄時代から葛西を支え、尖鋭的な労働組合に手を焼いてきた国鉄の労務対策などで手腕を発揮してきた。葛西の腹心中の腹心であり、松本をＮＨＫに送り込むにあたっては、民主党政権下にあってなお、保守タカ派の財界人の思惑が働いた。

とうぜんのごとくＮＨＫ局内では、葛西や古森の肝いりで乗り込んできた松本の会長就任を警戒した。だが、このときは結果的に古森や葛西たちの目算が狂ったというほかない。松本はかつての上司である葛西の思いどおりには動かなかった。その一例がＮＨＫの副会長人事だった。

「諸星（衛《まもる》）を副会長にどうか」

複数のＮＨＫ関係者によれば、ＮＨＫ会長に就任した早々の松本にそう打診してきたのが、ＪＲ東海元会長の葛西だった。諸星は天皇と呼ばれた海老沢勝二の最側近の元理事であり、政界遊泳術には定評があった。

茨城県出身の諸星は、早稲田大学政治経済学部からNHK入りした。出身県、大学の学部、赴任地いずれも海老沢と同じだ。まるで海老沢のあとを追うように、政治部長や理事を歴任している。海老沢の後継会長確実といわれながら〇五年、ボスの海老沢失脚とともに同じ憂き目に遭う。関連会社のNHKインターナショナルに異動させられた。

左遷された諸星にとっては、葛西たちの政治介入が復権のチャンスに映ったのかもしれない。NHK改革という旗印の下《もと》、財界から会長が抜擢されるなか、諸星は副会長としてカムバックしようと猟官運動を繰り返した。政界における諸星のパイプは、政治部時代に番記者を務めてきた中曽根ルートだ。NHKの中枢幹部が明かす。

「諸星さんの頼ったのが、杉田和博さんでした。安倍政権で官房副長官を務める杉田さんは、中曽根内閣の後藤田（正晴）官房長官の秘書官であり、そのころからの付き合いだったのでしょう」

結果、杉田官房副長官の意向を受け、葛西が諸星を副会長に打診したのだという。だが、皮肉にもそれが葛西と松本の亀裂を生む羽目になる。

松本は政界工作による猟官運動を快く思わなかった。そのため、葛西の意に反して副会長にＮＨＫエンタープライズの小野直路を選んだ。小野は一九六〇年からＮＨＫ総合テレビで二十五年間放送されてきた教養番組「自然のアルバム」を担当し、制作畑で政治色のない無色透明な人物だ。

松本は公共放送のトップとしての覚悟を決め、人事に臨んだともいえる。この副会長人事を巡り、松本は葛西の言いなりにならなかった、とＮＨＫ内部ではむしろ松本の株が上がった。半面、葛西にとっては腹立たしい出来事だ。葛西からの指示を嫌がった松本は、やがて葛西からかかってくる電話にも出なくなったという。

そしてこの二人の亀裂が、のちのＮＨＫ会長人事に影を落とすことになる。自民党政権の奪還を目指す安倍や菅は、そのかたわら、ＮＨＫ介入のシナリオを書き変えていった。

安倍・菅のリベンジマッチ

ＮＨＫという事業予算七千億円の巨大メディアを支配するのは、権力者の目指すところではあろう。ＮＨＫがいかに放送メディアとして突出しているか――ちなみに民放ナンバーワンの売上げを誇るフジテレビグループでさえ、イベント収入に支えられて事業売上げは六千三百億円ほどあるが、放送局収入だけでいえば、二千五百億円ほどしかない。放送局売上げトップの日本テレビでも三千百億円に届かない。テレビ朝日で二千二百億円、TBS二千百億円、テレビ東京にいたっては千百億円に満たない。

後に会長になった籾井自身勘違いしている向きがなきにしもあらずだが、NHKは国営ではなく、あくまで公平中立を旨とする公共放送である。それがゆえ、政府や自民党も表向きには自由にしたいとは言えないし、言わない。

しかし、本音は異なる。これほどの巨大メディアを操れれば、世論も簡単に動かせる。まさに安倍政権におけるNHKに対する官邸のあり様や、官邸主導によるトップ人事は、それを如実に物語っているかのようだった。

葛西の懐刀としてJR東海からNHKに送り込まれた松本は、NHK会長に就任すると、公共放送という本来の使命を重んじた。やや問題のある従来のNHKの反権力報道とも異なるが、かといって政府に阿《おもね》った番組づくりはせず、中立を心掛けていると内部では評価が高かった。

だが、それがJR東海の実力者、葛西にはおもしろくない。先の諸星の副会長人事の一件も手伝い、葛西はやがて、NHKの会長交代を周囲に仄《ほの》めかすようになっていった。奇しくもそれが自民党政権の復活と時期を重ねた。

第一次安倍政権の崩壊から五年三カ月のときを経た二〇一二年十二月、第二次安倍政権がスタートした。その直後にNHK会長に抜擢されたのが、三井物産出身の籾井勝人、その人なのである。

つまるところ自民党の安倍や菅、さらに富士フイルムの古森や葛西にとって、NHK支配は第一次政権時代の積み残しといえた。そうして第二次政権の発足と相前後し、会長人事がリベンジの場と化した――。それが籾井会長誕生に関するNHK内部でのもっぱらの見方である。事実、取材をすると、一連の会長人事の裏では、安倍や菅の深謀が巡らされていったように強く感じる。

「NHKに対する安倍政権の介入は、因縁めいた執念のように思えるのです。その執念は、最初の政権時代から感じてきましたが、今度もまた、安倍・菅のコンビ。いよいよ本気でNHKを支配しようとしているんだな、と鳥肌が立つような恐怖を感じます」

先のNHK関連会社の社長もそう恐れていた。実際、NHK内部にとっては、危惧した以上の混乱が起きた。

松本は籾井と正反対のタイプだとNHKの関係者たちは口をそろえる。旧国鉄時代に労務対策で苦労したせいか、非常に慎重で口数が少ない。生来の仏頂面に加え、会長就任当初の記者会見でも「公共放送としての使命を果たしていく」という紋切り発言に終始し、記者たちの評判も芳《かんば》しくなかった。

だが、いざ会長になると、次第に経営トップとしての力量を発揮していく。わけてもNHKの幹部職員たちが驚いたのが、正確な人事評定だったという。古巣の上司である葛西に逆らう気概もある。NHKにおける松本の求心力は高まった。おかげでNHK改革は順調に進んだ。会長就任直後、東日本大震災に見舞われたが、受信料を七％値下げし、国鉄時代の労務対策の手腕を発揮して職員の賃金を一〇％カットした。

松本に対する経営の評価は上がり、NHK経営委員会はもとより、社内でも二期目の続投を求めるようになった。一四年一月の会長任期三年を迎えるにあたり、当人もやる気を出し、それが既定路線のように考えられてきたのである。

ところが、その続投の雲行きが怪しくなっていった。

〈私が10年以上委員をつとめる財務省の「財政制度等審議会」の控室で、新たに委員に就任されたJR東海会長の葛西敬之さんにお会いし、お茶を飲みながら軽い気持ちで「ご挨拶」した時のことです〉

そう書かれた「ナミねぇのブログ」というインターネットサイトがある。ナミねぇとは二〇一四年六月までNHK経営委員を務めていた社会福祉法人「プロップ・ステーション」理事長の竹中ナミだ。

ブログの出来事は、JR東海の葛西が新たに財政審の委員に加わったときのやりとりだというから、第二次安倍政権誕生後の一三年一月のことだろう。

〈松本さんが「JR東海の現役副社長（注＝副会長）」という職責を投げ打ってNHK会長に就任され、受信料を払うに値するNHK改革を進めておられることに対し「松本さん、ようやってはりますわ、ありがとうございました。」と、元上司である葛西さんに御礼を申し上げたところ「今のNHKは、税金を使って国益に適わない放送を垂れ流している！」と怒り出された〉

竹中本人に尋ねた。

「もともと私は葛西さんと面識もなかった。財政審で初めてお会いしました。財政審で葛西さんは、自衛隊予算の話を張り切ってされていました。NHKに関しては、自分の貴重な腹心であった方を出してくれはったわけだから、お世辞というか、軽い気持ちでお礼を言ったんです。そしたら『税金でやっている放送局のくせに国の方針に沿う放送をせん！』っておっしゃる。初めて会ったのに言い返したらいかんって思いながらも、『税金とちゃいます。受信料で運営しているんです。だからNHKは公平公正ってことになってる』と言いかけたら、プイっと怒って向こうへ行ってしまったんです」

この一月の出来事と前後し、実際に松本下ろしの動きが始まっていった。その手段が、官邸主導によるNHK経営委員会の人事である。

最後に残った候補

〈委員は、公共の福祉に関し公正な判断をすることができ、広い経験と知識を有する者〉

NHK経営委員会を規定した放送法第三十一条には、そう明記されている。続いて三十二条では、個別の番組に介入できない規定が盛り込まれている。

〈委員は、この法律又はこの法律に基づく命令に別段の定めがある場合を除き、個別の放送番組の編集その他の協会の業務を執行することができない〉

番組介入の規制は裏を返せば、その危険性をはらんでいることの証左にほかならない。これまで述べてきたとおり、会長や理事の人事権を握っているため、ときの政権が経営委員を使ってNHKを間接支配することもできる。あるいは経営委員と政権が一体になれば、公共放送を思うがままに操れるのである。

過去、自民党ではそこまで露骨な政治介入はなく、短命に終わった第一次安倍政権ではNHK経営委員長に就任した富士フイルムの古森もさほど活躍できなかった。第二次安倍政権には、その悔いが根強く残っているように感じる。二〇一二年十二月の政権発足後、安倍・菅ラインで民主党時代の政府人事をひっくり返してきた。NHKの人事も、その一環と見ることができる。そうしてまず官邸はNHK経営委員会に手をつけようとした。

民主党政権だった二〇一〇年六月、NHKの経営委員長にはANA総合研究所元会長の浜田健一郎が就任した。折しも、任期三年を迎えた一三年六月を前に、後任の委員長候補として名前が挙がったのが、日本たばこ産業（JT）元社長の本田勝彦だ。本田は東京大学の学生時代、安倍晋三の家庭教師を務めてきたことで知られる。財界の安倍応援団の一人にして、JR東海の葛西や古森の主宰する四季の会メンバーでもある。

その一連のNHK経営委員会人事については、新聞をはじめとしたマスメディアが一役買っている。委員長任期を控えた五月、本田委員長説をすっぱ抜いたのが日経新聞だ。本田はいったん委員長就任を快諾していた。それをどのルートで日経がつかんだかは定かでないが、官邸の安倍・菅ラインにとって記事にすれば世論の反応を見る観測気球になる。

結果は、野党が「NHKの政権支配だ」と敏感に反発した。安倍政権にとっては、まだ衆参の捻れが解消されていない参院選前のことだ。選挙で野党に攻撃材料を提供することになりかねない、と判断したのは、参謀役の菅だった。そこで、経営委員長ポストを手に入れることをいったん見送った。

一三年六月、先の竹中たち三人が経営委員を退任したが、NHK会長人事は、まだ松本続投という流れに変わりがなかった。再び竹中が振り返る。

「送別会のときなんかも、私たちは経営委員長の浜田さんをはじめ、残った九人のメンバーに『松本さんを支えていってね』と言って別れたんです。だから、少なくとも経営委員のなかは、松本会長続投で固まっていました。本人も続投の意欲はありましたから、安心していたのですが……」

しかし、その流れが急激に変わっていった。一三年の夏以降のことだ。交代した経営委員の新メンバー三人が、会長選任に関する指名部会の内規変更を申し出た。前出のNHK中枢幹部が説明する。

「会長選任に関するそれまでの経営委員会指名部会の内規は、現在の会長に続投の意思があるかどうかを尋ねて了解すれば、ほぼOKというもの。そこへ新メンバーから、『国会の予算承認を受ける放送局の会長選任なのに、その程度のチェックでいいのか』という疑問があがったのです。で、弁護士と法学者の経営委員が中心になり、三カ月ほどかけて指名部会の内規を変更した。で、『会長の選任については新たな会長候補を加えた複数の候補者から選ぶ』と取り決めました」

この内規の変更により、次期会長選びの方向が一変した。経営委員会では松本続投に絞ることができず、複数の候補者を挙げなければならなくなった。それが、官房長官の菅や財界で安倍を支援する四季の会のメンバーたちにとって好都合だったのは言うまでもない。

官邸サイドはここから、次期会長を誰にしようか、と候補者探しに奔走していった。まず官房長官の菅や四季の会のメンバーたちが松本に代わる会長として声をかけた財界人は、石油・天然ガス事業開発大手「JXホールディングス」相談役で日本石油元社長の渡文明（故人）、次が重機メーカー「コマツ」相談役（現・顧問）の坂根正弘などだ。さらにかつて経営委員長を務めた富士フイルムの古森にまで会長を打診した。しかし、いずれも断られた。

菅たちにとっては、そのまま候補者が出ず放っておくと、松本続投が決まってしまうという危惧がある。そうして候補者選びが難航するなか、十一月に入って最後に挙がった候補が、元三井物産副社長で日本ユニシス特別顧問の籾井勝人だったのである。

福岡県出身の籾井は富士フイルムの古森とも九州経済界のなかで接点があるという。実際に会長候補になるためには、NHK経営委員の推薦が必要で、その任を担ったのは古森ではなく、JR九州相談役の石原進だった。

こうして当初会長続投の意思を持っていたはずの松本は、徐々に外堀を埋められていった。むろんこの間、官邸をはじめとした関係者から相当なプレッシャーがかかる。圧力を感じた一つが〈NHK会長交代へ〉と題した十一月九日付の読売新聞だったと見るNHK関係者は少なくない。

記事は、前日の八日におこなわれたNHK経営委員の改選を踏まえた観測だった。先のJT元社長本田勝彦をはじめ、過激な右翼発言で評判になった作家の百田尚樹や埼玉大名誉教授の長谷川三千子、海陽中等教育学校長の中島尚正ら四人が新たに経営委員に加わった。いずれも安倍シンパとして知られるメンバーであり、露骨な官邸人事と評判になった。その記事にこう書いてある。

〈菅長官は記者会見で、会長の選出について「経営委員の皆さんに判断を委ねる」と語ったが、首相側近は「首相はNHKの体制を刷新すべきだとの意向だ」と話している。経営委員の中からも「松本氏は交代だろう」との声が出ている〉

首相周辺が露骨に会長の交代を希望しているという記事だ。それを読んだ松本の心中は想像に難くない。松本は追い詰められ、ついに続投を断念した。読売の記事からひと月後の十二月五日、松本自身が定例記者会見で辞意を表明した。

定例の記者会見の席上、唐突に続投の意思があるかどうかと尋ねた記者に対し、力なく任期に伴い退任すると話したのである。日本ユニシス特別顧問の籾井勝人が次期会長候補として浮上したのは一三年十一月、まさに読売の記事が出た直後だ。

菅の信奉者

実はこのとき経営委員会に推薦された会長候補は、籾井以外にも三人いた。しかし不思議なことに、その他三人については、いまだその姓名すら明らかになっていない。ある政府関係者が明かす。

「他の候補たちも形の上では経営委員がそれぞれ推薦しています。ですが、実際は官邸が動いて名前の挙がった人たちでしょう。つまり、複数の候補者を用意しなければならないので、籾井さん以外はみなアテ馬だった。なかには本人の了解も得ていないまま、候補になった人までいました。案の定、経営委員会は全会一致で籾井さんの会長に賛成しました」

このとき任期を迎えた経営委員は五人いた。四人が入れ替わったのだが、一人、籾井の推薦人となったＪＲ九州の石原だけは再任された。

経営委員会による公式な会長選任は、この年の十二月二十日におこなわれた指名部会の投票まで待たなければならなかったが、すでに松本は続投を諦め、会長レースの勝敗は決していた。籾井の推薦人である石原は、指名部会の十日前の十日夜、南麻布の料亭で開かれた四季の会に招かれ、JR東海の葛西たちとともに祝いの杯を交わした。

繰り返すまでもなく籾井の会長選任は、松本下ろしがあって初めて成り立つ。事実上、続投断念を表明した十二月五日の松本の定例会見後、NHK経営委員会では奇妙な出来事が起きた。

「続投の意思がないのだから、投票の必要はない」という意見を押し切り、委員長の浜田を中心に松本が会長として適任かどうか、経営委員会のメンバーに尋ねたのである。その結果、委員たちは満場一致で松本の会長選任に賛成した。JTの本田は積極的に賛成し、百田や長谷川らも異議を唱えなかった。当人にその意思がないのだから、無駄となる選任作業ではある。三年間松本を支えてきた浜田たちにとっては、菅を中心とする政治介入人事に一矢報いる思いでこんな行動に出たのかもしれない。

その後、経営委員会は正式に松本の会長推薦を見送り、十二月二十日の指名部会で籾井が会長に選任された。それからひと月の準備期間を経た二〇一四年一月二十五日、籾井勝人が第二十一代ＮＨＫ会長の椅子に座った。そこから先の会長就任会見をはじめとする混乱ぶりは公知のとおりである。

特殊法人日本放送協会の会長は、組織を動かし、人事権を行使する絶大な権力を握っている。その会長が就任早々、国会対策に追われ、存在感を失っていった。軽量級のトップの後ろでＮＨＫを動かそうとしてきたのが、官邸の菅や財界応援団たちである。

もとより菅の行動は表立った目立つ動きではなく、新聞やテレビではそれを報じない。したがって極めて動きが見えにくい。換言すれば、影の総理といわれた菅の強みがそこにあった。

経営委員長経験のある古森は、籾井の最大のアドバイザーといわれた。また籾井の推薦人になったＪＲ九州の石原はこのあと浜田のあとの経営委員長の座に就いた。そうした動きの裏には、経営委員会の人選を通じた第一次安倍政権から続く怨念めいたＮＨＫ支配の構図が見え隠れする。菅みずから書いているように、ＮＨＫ改革の目的は、まず受信料を義務化することだろう。その究極の狙いはＮＨＫを国営放送とし、思いどおりに操ることではないか。そんな危機感を覚える。

これといった政治理念や才覚を感じない菅の強みの一つが、マスコミ人脈である。新聞やテレビの政治記者はもとより、週刊誌や月刊誌の幹部やフリージャーナリストにいたるまで、菅の信奉者は少なくない。

「また菅さんに呼び出され、政権中枢の極秘情報を教えてもらった」

嬉々として話すマスコミの同業者たちは、軽量級のＮＨＫの会長と似ていなくもない。決して菅批判をしない。メディア操作という陥穽《かんせい》にはまり、いつしか権力批判の牙が抜けてしまう恐れすら抱いてもいない。

第六章
橋下徹の生みの親

自民、公明が政権を奪還してから七年八カ月、ひとり勝ちといわれ続けてきた安倍晋三政権の内部は、首相を中心に結束しているように見せていた。が、その実、一枚岩ではなかった。絶大な権力を振るう首相官邸に対し、ときおり自公や閣内の実力者、官邸官僚同士のさや当てが表面化してきた。とりわけ消費増税や衆院の解散をめぐる三度の重大局面で、それが顕著になったといえる。

閣内でいえば、初めは二〇一四年十一月の消費税一〇%先送り、次は一五年秋から年末にかけて議論された増税時の軽減税率導入、そして一六年五月に決めた消費増税再延期と衆参ダブル選挙の見送りだ。そこで取り沙汰されてきたのが、官房長官の菅義偉と副総理兼財務大臣の麻生太郎との対立である。

財務官僚たちと親しく、財政健全化のための消費増税を唱える麻生や自民党幹事長（当時）の谷垣禎一に対し、経済成長を訴える構造改革派の菅は、できるかぎり増税を先に延ばしたい。三度の対立のうち、まず一回目の一四年は菅の主張が通り、消費税一〇%実現を一七年四月に先送りし、同時に衆院の解散、総選挙に踏み切った。

二回目は一五年、消費増税時の軽減税率品目を巡る暗闘だ。文字どおり税収を減らす軽減税率品目を絞り込みたい麻生・谷垣らに対し、すべての食料品を軽減税率品目にしたい公明党、さらに公明党と太いパイプを築いている菅が激しくせめぎ合った。軽減税率の議論はいったん自公の与党協議へ預かりとなり、自民幹事長の谷垣と公明の井上義久が膝を突き合わせて話し合った。が、そこに菅が割って入る。

一五年十二月九日、首相の安倍から呼び出された谷垣は官邸に向かった。そこで待っていたのが菅だ。

「来年夏の参議院選を考えてください。公明の協力を得なければ勝てないでしょう」

首相の控えるその場で、消費増税先送りを諭された谷垣は、もはや抵抗できなかった。事実上の官房長官裁定といえる。それを知った麻生は腹の虫がおさまらない。

「今回は一線を越えたぞ」

電話で菅を怒鳴りつけた。麻生にとっては二度目の屈伏だ。だが、それ以上、ことを荒立てることはできなかった。

そして一六年五月、消費増税再延期問題を巡り、三たび政権中枢の対立が表面化する。

「予定どおり一七年四月の消費税一〇%は、実施すべきだ。仮にそれができなければ、解散総選挙に踏み切らないと筋が通らない」

麻生は安倍にそう直談判した。衆院解散、衆参同日のダブル選挙については、首相筆頭秘書官だった今井尚哉もまた、主戦論を唱え続けてきた。

しかしそこに真っ向から反対したのが、菅と公明党の連合軍だ。公明にとって選挙部隊の創価学会がダブル選の態勢を整えていない。

「消費増税延期は参院で信を問えばいいでしょう」

菅がそう安倍を説き伏せた。

これもまた、菅の思いどおりにことが運んだ。麻生は安倍政権誕生以来、重要閣僚として処遇されたが、政権ナンバーツーに三度も煮え湯を飲まされたことになる。

安倍政権において、影の総理と菅義偉が畏怖される所以《ゆえん》がこのあたりにあった。

大阪都構想の住民投票前夜

二〇一五年五月十六日、大阪の伊丹空港に降り立った首相の安倍晋三は、午前中に兵庫県知事（当時）の井戸敏三との面談を終え、公用車で難波に急いだ。午後一時発の南海電鉄高野線の特急列車に乗るためだ。

この日の安倍には、真言宗高野山開創千二百年大法会の記念イベントに出席するスケジュールが組まれていた。そのために公用車ではなく、わざわざ難波から電車で高野山に向かおうとした。表向きのスケジュールはそうだった。

が、そこには別の目的があるのではないか、と自民党大阪府支部連合会（大阪府連）の国会議員たちは訝《いぶか》った。それは、奇しくも安倍の大阪入りが、大阪都構想の住民投票の前の日だったからだ。

大阪府と大阪市をなくして東京都と同じような大阪都にする——。言うまでもなく大阪都構想は、かつて大阪維新の会（現・日本維新の会）を率いた橋下徹がぶち上げた史上まれにみる都市再編計画である。

その大阪都構想に対し、自民党はあまりに計画に無理があると党をあげて反対してきた。ところが維新の会の橋下と通じている総裁の安倍や菅は違った。そこが自民党大阪府連の議員たちにとって、不安の種だった。

大阪都構想の住民投票を目前に控え、維新の会の橋下は劣勢に立たされていた。そこで橋下が何かを仕掛けてくるのではないか、という噂が広まった。

　橋下が南海電鉄に乗車する前の安倍を出迎え、二人が仲良く握手を交わす、というサプライズだ。そこを見逃すまいとミナミの髙島屋に隣接する南海電車の始発・難波駅には、新聞やテレビの橋下番記者が駆けつけ、安倍の到着を待ったのである。

　結果的には何事もなかった。難波駅に公用車で乗り付けた安倍は、そのまま特急に乗り込み、高野山に向かっただけだ。だが、この手の臆測が飛び交うほど、維新の会の橋下徹と首相官邸は近しい間柄といえた。

　そして、そんな維新の会との強い絆を保ち、橋下たちと連絡を取り合ってきたのが、菅義偉だ。一五年の住民投票の少し前、大阪都構想反対の急先鋒だった自民党大阪府連会長（当時）の竹本直一《なおかず》に聞いた。

「我々は（反対派に）ごりごりに肩入れしているわけじゃありません。ただ、自民党大阪府連の責任者として大阪都構想の賛否を尋ねると、地元はもとより周辺近畿ブロックの党の六府県連が全部反対している。そのなかで動いているのですから」

　こう微妙な言い回しをした。

「これは大阪の問題だから任せてほしい、と政府や官邸、官房長官の菅さんにはそう伝えてあります。菅さんたちもそれを納得していただいているはずです。仮に、住民投票で都構想が否決されても、維新の国会議員の数が変わるわけではないし、むしろ向こうは弱気になるから、こちらに取り込みやすい。（政府の国会運営が）やりやすくなるんじゃないでしょうか」

谷垣のあとに幹事長に就いた二階俊博をはじめ、自民党内には橋下アレルギーが強い。維新の政策など受けつけない議員も少なくないが、竹本は官邸の安倍や菅にも気遣っていた。憲法改正などで維新の勢力を与党に取り込みたい菅たちにとって、いったん叩いたほうが言うことを聞きやすいのではないか。竹本はそう歩み寄り、菅や安倍と折り合おうとしたのである。

だが、そんな気遣いなど歯牙にもかけず、菅は公然と維新の会にエールを送り、橋下をバックアップしてきた。

「二重行政を解消するのは当然だ。大阪市は（横浜市よりも）人口が百万人も少ないのに、職員の数は一万五千人多い。無駄をなくすには、大なたを振るう必要がある」

菅は定例記者会見を通じ、ことあるごとに橋下の進める大阪都構想を後押ししてきた。憲法改正を悲願とする安倍政権で、菅の描いた国会運営には、大阪維新の会との連携が大きなウエイトを占めてきた。仮に大阪都構想の住民投票が可決され、実現に向けて走り出せば、のちの国政選挙で維新議席の勢力が一挙に膨らみ、憲法改正陣営として計算ができる。その想定の下《もと》、住民投票では、自民党内だけではなく公明党や創価学会のなかでも深謀・知謀が駆け巡った。

衆院選出馬騒動

話は二〇一四年秋、最初に安倍晋三が消費税一〇%への見送りを言い出し、衆院の解散、総選挙の風が吹き始めた前後にさかのぼる。

橋下徹の打ち出した大阪都構想は、大阪市を解体し、東京二十三区と同じような大阪都として五つ（のちの案では四つ）の特別区に再編する都市計画だ。それを実現する第一歩が大阪市の住民投票であり、そのためには大阪府と大阪市の議会で住民投票の承認を得なければならない。しかし十月二十七日、大阪都構想を住民投票にかける際の協定書議案が、府と市ともに議会の本会議で否決されたのである。

議会で反対票を投じたのは自民、民主、共産、公明という大阪のオール野党だ。これにより、議案そのものが、時間切れ廃案の危機に瀕した。このとき維新の会の橋下は絶体絶命に追い込まれたといえる。

橋下にしてみたら、反対票を入れた公明党に対し、それまでの選挙で協力してきたという思いもあった。橋下は怒り心頭に発し、公明党に攻撃の矛先を向ける。

「人の道に外れた行為だ」

そう怒りを露わにした。そうして近く想定された総選挙で、みずから公明党議員の刺客として出馬すると言い出したのである。

橋下は選挙に絶対の自信を持つ。自分自身が大阪三区から立候補し、記者会見などで常に橋下に寄り添って頷いている凸凹コンビの相方、大阪府知事の松井一郎（現・大阪市長）も十六区から出馬させる、とブラフをかけた。橋下の対抗馬として標的にされたのが、公明党代議士の佐藤茂樹だった。

佐藤は京都大学法学部を卒業後、日本ＩＢＭの勤務を経て一九九三年七月に衆院選に立候補し、初当選した。一四年十二月の総選挙まで、比例を含めて連続八回当選してきた公明党のエリート議員である。中選挙区時代には大阪六区を地盤にしていたが、小選挙区制で西成、住吉、住之江、大正が含まれる三区に区割りが見直された。その大阪三区に橋下が出馬すると言い出したものだから、心中穏やかでなかったに違いない。佐藤は慌てた。

ただし、さしもの橋下にとっても、いざ国政選挙となると、当選八回の佐藤は手強い。そこでこの際、公明党と和解したらどうか、といったん折り合いをつけようとした。

一四年十一月十日、日本維新の会副代表の今井豊が、大阪府知事の松井一郎と公明党の佐藤茂樹の会談を大阪でセッティングした。貝塚市出身の今井は維新の最古参幹部の一人だ。同市の市議から大阪府議会議員に転身し、松井たちと橋下徹を担いで自民党会派を飛び出してつくったのが、地域政党「大阪維新の会」で、それが国政政党「おおさか維新の会」やのちの「日本維新の会」となる。今井は文字どおり維新の会中核の古参議員だ。

ところが、その今井の和解策は不発に終わった。肝心の佐藤が会談場所に現れず、ドタキャンしてしまったのである。そうしていよいよ維新との対決ムードが高まっていった。

「公明党に裏切られた。許せないっ。戦争だ」

橋下は以前にも増してボルテージを上げ、十二月の衆院選の対決モードに突入していった。府知事の松井もまた、公明党の副代表である大阪十六区の北側一雄に挑むべく、戦闘準備に入った。関係者の誰もが対決必至と緊張した。

しかし、結果はそうはならなかった。ドタキャンされた佐藤・松井会談からわずか二週間後の十一月二十三日、とつぜん橋下、松井が衆院選の出馬を取りやめてしまうのである。

この日の夜、大阪市内で開かれた国政政党維新の党の会合の席上、橋下が切り出した。

「どうすれば、大阪がよくなるか考えた。それで今回は（衆院選に）出馬せず、（一五年四月の）統一地方選を戦おうという結論になりました」

そばに寄り添う府知事の松井もまた、いつものオウム返しよろしく橋下に続いた。

「国政で勝負するより、地道にこつこつと来年の統一地方選で勝負したい。橋下市長とともに決意しました」

だが、統一地方選のスケジュールなどは、初めからわかり切っていたことだ。二人の言い訳を額面通りに受け取る関係者はまずいなかった。

「のちのち、いい結果を生むと思いますよ」

すでに衆院の解散が決まった十二月初め、自らの衆院選の出馬断念の理由を問われた維新の党の橋下徹は、そう思わせぶりに言い、報道陣を煙《けむ》に巻いた。

いったいなぜ橋下、松井は出馬を取りやめたのか、衆院選出馬に待ったをかけたのは誰か、後ろで糸を引いた人物が詮索された。それがほかならない官房長官の菅義偉である。

橋下たちの衆院選出馬断念は、東京・信濃町の創価学会本部との連携による成果だった。公明党だけでなく、維新の会への根回しもできていたのだろう。総選挙は橋下らにも邪魔されず、予定どおり大阪三区で佐藤茂樹、十六区の北側一雄が議席を守った。橋下の出馬断念で、対抗馬の佐藤や北側が胸をなでおろしたのは言うまでもないが、これらは自民党と官邸、さらには公明党と創価学会内部の権力構造の変化がもたらした果実ともいえた。

創価学会の変化

五五年体制の下、中道を謳ってきた公明党が、政権与党入りすべく自民党と連立を組むよう舵を切ったきっかけは、一九九八年七月の小渕恵三内閣の発足だった。以来、二十年以上の長きにわたり、自民党内で公明党や創価学会との窓口になってきたのが、二階俊博や大島理森《ただもり》、引退した古賀誠といった古手の自民党の重鎮たちである。ある創価学会幹部職員が解説する。

「なかでも創価学会に最も太いパイプを築いてきたのが、二階さんでした。自自公連立のとき、自由党の小沢（一郎）さんの側近として汗をかき、連立に奔走した立役者です。自自公連立では公明党の市川雄一元書記長と小沢さんの一一ラインがクローズアップされましたが、もとはといえば創価学会の西口良三副会長（故人）が小沢さんや二階さんに協力してきた経緯があります。二階さんは西口副会長とのパイプを通じて創価学会との信頼関係を築き、そこから小沢さんと袂《たもと》を分かって自民党に出戻った。自民党内で右に出る者のいない学会通となっていったのです」

二階のカウンターパートである西口は、大阪出身の創価学会幹部だ。名誉会長の池田大作の運転手から引きたてられ、創価学会副会長に昇りつめる。七七年以降、関西長や総関西長という肩書を得て、国政、地方の選挙を問わず、関西の学会・公明組織を動かしてきた。常勝関西の「西口王国」を築いて関西創価学会のドンと呼ばれ、池田大作の揺るぎない信任を得てきたともいわれる。

西口は、〇九年八月の総選挙で北側一雄や冬柴鉄三といった現職の六議員が相次いで落選した責任をとって、総関西長の座を退き、創価学会の副理事長に就く。西口王国凋落《ちょうらく》の最大の要因が、池田大作の不在だ。折しも〇九年の総選挙と同時に、名誉会長の重病説が流れ始めた。これまでも何度か死亡説などがあったが、実際にこれ以降、池田は表舞台に登場しなくなる。名誉会長の不在が、創価学会内部の権力構造を変え、自民党との関係も再構築されていった、と先の創価学会幹部が続ける。

「学会本部の権力構造の変化におけるキーマンが、秋谷《あきや》栄之助前会長であり、佐藤浩副会長でしょう。これまで秋谷前会長は池田名誉会長に嫌われて組織運営から外され、実権を失っていました。そのため現在の原田稔会長や正木正明理事長（現・参議会副議長）、西口総関西長が、自民党の二階さんや古賀さん、大島さんたちと選挙の協力態勢を構築し、国政選挙をいっしょに戦ってきました。しかし池田名誉会長の不在で、秋谷前会長が復活していった。そうして秋谷前会長を中心に、顧問弁護士の八尋頼雄副会長、自民党の菅官房長官に近い谷川佳樹、佐藤浩という学会の実力副会長のラインが主流を占めるようになっていったのです」

谷川は次期会長の呼び声が高く、近ごろメキメキと頭角を現してきた創価学会のホープだ。その谷川の腹心が佐藤であり、新たな政界担当として台頭してきたのだという。佐藤は官房長官の菅とのパイプを築いてきた。これを自民党側から見れば、それまでの創価学会の窓口だった二階や大島だけでなく、菅というもう一つの学会窓口が生まれたことになる。その菅・佐藤ラインが大阪都構想でも機能するようになる。

創価学会内部の権力構造の変化は、さらに鉄の結束を誇ってきた関西の「西口王国」にもおよんだ。学会幹部が補足説明した。

「信濃町の学会本部では、関西の責任者として新たに池田名誉会長の長男、博正さんを関西最高参与という要職に就け、西口さんを外して組織をつくりなおそうとしたのです。谷川さんや佐藤さんがこれまで手が出せなかった関西の西口王国に切り込んできたともいえます」

こうした創価学会組織の変貌が、大阪都構想を巡る自民、公明の駆け引きに反映されているのだという。

もともと西口は反維新の急先鋒として知られてきた。とうぜん橋下の唱える大阪都構想にも反対してきた。大阪府議会や市議会における公明党議員団の反維新の方針も、そんな西口の意向を受けてきたといっても過言ではないが、そこに異を唱えたのが、東京・信濃町の新たな創価学会主流ラインである。

「創価学会のなかで、維新の橋下、松井と公明の北側、佐藤の選挙戦を最も心配したのが、学会本部の秋谷前会長たちでした。その大阪の選挙のことで、新たに永田町の担当者になった佐藤副会長が、菅官房長官に泣きついたといわれています。維新の橋下たちと気脈を通じる官房長官に、このままでは、大阪三区と十六区が危ない、どうにかしてほしい、と頼み込んだのだと聞いています」

創価学会幹部（前出）が明かした。

「選挙における橋下の勢いを恐れたことも否定できませんが、それだけではありません。学会内部でもともと維新に対して主戦論を唱える原田会長・正木理事長ラインと秋谷前会長・谷川副会長ラインの対立は、そっくり自民党内の権力構造を反映しているともいえます。秋谷、谷川、佐藤の側に立っているのが菅官房長官であり、彼らは菅さんがいるからこそここまでできたともいえます。そうして橋下・松井の衆院選出馬断念を交換条件に、住民投票の賛成に転じさせたのでしょう」

橋下徹たちが一四年十二月の衆院選出馬を断念すると同時に、公明党は大阪府議会や大阪市議会で大阪都構想に関する住民投票の実施を容認した。それもまた、裏に菅・佐藤ラインの思惑が働いたとみるのが妥当だ。

公明党の方針転換は、維新の会の橋下はもとより、菅にとっても悪い話ではない。仮に、住民投票を実施できなければ、都構想そのものが雲散霧消してしまうが、もし橋下人気で住民投票を可決できれば、一挙に計画が進む。おまけに安倍政権と維新との連携に拍車がかかる。菅はそう睨んだからこそ、維新にエールを送ってきたのだろう。

公明党の大阪府議団が大阪都構想の住民投票賛成に舵を切った直後の十二月二十三日、橋下と松井がそろって信濃町の創価学会本部を表敬訪問した。そこには、菅のサジェスチョンがあったのかもしれない。

将来の総理候補

「大阪都構想を全面的にバックアップする」

自民党総裁という立場を忘れ、二〇一五年の住民投票では安倍自身もそう露骨に維新へ秋波を送った。いくら大阪が全国屈指の大都市とはいえ、一介の自治体の首長に首相官邸がそこまで肩入れするのは、異例の事態だ。

安倍と橋下との出会いは、「新しい歴史教科書をつくる会」の分派組織である日本教育再生機構の八木秀次理事長が大阪で開いたシンポジウムからだとされる。自民党の野党時代だ。そこで安倍は橋下と意気投合したという。シンポジウムには、第二次安倍政権で文部科学大臣を務めることになる下村博文や元拉致担当大臣の山谷えり子なども参加した。そこから維新が憲法改正に賛同し、首相になった安倍が都構想を後押しすることになったといわれる。

維新の会の橋下徹は一五年が明けると、いよいよ五月十七日の住民投票に挑んだ。序盤は悪くない戦いだったに違いない。菅もエールを送り、逆に当時取材した自民党大阪府連の国会議員は嘆いた。

「菅さんなどは『橋下さんは総理候補だ』と公言する始末です。住民投票だけでなく、国家戦略特区構想などでも大阪を支援している」

反維新で結束しているかのように見えた自民党の大阪府連も、実は一枚岩ではなかった。二階や古賀のような実力者ならいざ知らず、官邸の独り勝ち状態である自民党内では、地元大阪の国会議員たちが安倍や菅の顔色をうかがい、反維新の色を鮮明に打ち出せない。それどころか府連の副会長だった中山泰秀などはあからさまに維新に秋波を送った。

「実は都構想はもともと俺が考えた政策なんだ」

中山はそう発言し、地元の府議や市議の顰蹙《ひんしゅく》を買う。一五年にシリアで起きたイスラム国による日本人人質事件において、官邸に現地対応を一任されたときの外務副大臣だ。首相と官房長官という強力な後ろ盾を得た気分の維新の会は、住民投票に向けて新聞の折り込みチラシに安倍と菅の顔をイラストにし、次のような二人のコメントを入れてPRした。

「私たちも都構想の意義を認めています」

一方の自民党府連のビラには、安倍本人の顔写真入りで、都構想反対を表明している。とうぜん大阪府連では維新のチラシを問題にした。

「後ろからピストルの弾を後頭部に撃つのだけはやめてほしい」

大阪府連副会長だった中山は、チラシの件でそう取り繕ったが、官邸サイドの顔色をうかがい、それ以上は本気で追及しない。当の安倍はといえば「これはひどいね」と一言漏らしただけで済ませた。表向き自民党大阪府連として、維新の会にどのような経緯でイラストを使ったのか、抗議した。だが維新側は無視し、官邸と自民党大阪府連の板挟みになった党本部の幹事長の谷垣禎一なども、ことを荒立てなかった。

史上最大の住民投票は、通常の選挙なら違反になるようなひどいビラやチラシが乱舞し、情勢が微妙に変化した。当初、優勢が伝えられたのは維新の会だったが、終盤の世論調査では八～一六ポイントの差で反対意見が上回った。メディアでさえどちらに転ぶか判断のつかない情勢のなか、勝敗を分けるいくつかの転機があった。

「一つは三月十五日の西口元総関西長の急逝でしょう。反維新のシンボルだった西口さんの死で、学会員が動揺した。西口さんの密葬に駆けつけた自民党の国会議員は、二階さんと古賀さんだけでした。だが、学会内では逆に西口さんの弔いムードが高まっていきました」

そう学会幹部が明かした。

「それともう一つの転機が、四月十八日の佐藤浩副会長の大阪入りです。東京から公明党と関西創価学会との連絡会議に出席し、学会本部としては大阪都構想に反対せず自主投票を求める、という意志を改めて伝えに来たのです。自主投票は事前に学会で機関決定されてはいましたけど、選挙直前になってわざわざ東京から来て念押しされ、むしろ地元大阪の学会員は反発した。とくに婦人部が怒って、反維新の意識が高まっていきました。結果的に年配の女性に都構想に対する反対票が多かったのはそのせいでしょう」

自主投票を額面どおりにとらえれば、投票行動は自由意思に任せるという意味だが、事実上、反維新には回るな、ということを示唆している。繰り返すまでもなく、それを伝えに来た佐藤は永田町担当の副会長であり、菅のカウンターパートとして創価学会をまとめてきた。だが、東京から口出しをされることには反発もある。佐藤は反維新の意識の強い大阪の創価学会婦人部の空気が読み切れなかった。

そうして住民投票の結果、大阪都構想は反対が七十万五千五百八十五票と賛成を一万七百四十一票上回り、否決された。得票率にすると、わずか〇・八ポイントの差で都構想は廃案となったのである。

菅にとってこれは誤算だったに違いない。住民投票で都構想が否決され、橋下が政界の引退を表明すると、肩を落とした。

「私は橋下氏が政界に出ることを説得した一人なので、非常に感慨深い」

私のインタビューでも菅は、率直にそう答えた。菅にとって橋下が住民投票に敗れた痛手は、小さくなかった。

しかし半面、政治の世界から身を引くと会見した大阪の風雲児は、潔さを演じ、好感度を上げた。それも生き残りの道を探ったパフォーマンスだったかもしれないが、菅はそんな橋下に対し、こう漏らすようになる。

「橋下市長は、間違いなく将来の総理候補の一人だと思う」

単なる思い付きではなく、意識して言った言葉だろう。案の定、永田町では橋下を持ちあげる菅のこの発言が瞬く間に広まった。

大阪都構想が否決されてなお、首の皮一枚つながった橋下と安倍一強の官房長官がタッグを組んだリベンジマッチが始まるのではないか。二階をはじめとする自民党の反橋下陣営は、そう固唾《かたず》を呑んだ。

橋下・菅のリベンジマッチ

実際、橋下のリベンジマッチはすぐに始まった。初めに半年後の一五年十一月二十二日に実現した大阪府知事と大阪市長のダブル選挙である。住民投票で都構想を否決された橋下は、大阪市長から退いた。その代わり、一回生代議士の吉村洋文《ひろふみ》（現・大阪府知事）を市長選に擁立し、府知事選の松井とともに選挙を戦った。驚いたことに二人の選挙公約が「大阪都構想の復活」である。

これではいったい何のための住民投票だったのか、と大方は首を捻ったが、当の橋下徹はどこ吹く風だ。とうぜん自民党をはじめ民主や共産などオール野党も、反維新に回り、共闘した。だが、安倍や菅など官邸サイドはまたしても維新の候補を後押しした。まさしく菅と橋下のリベンジマッチだ。

橋下の率いた政党は、江田憲司らといっしょになって立ちあげた国政政党「維新の党」と地域政党の「大阪維新の会」の二つがあったが、ダブル選挙を前に、橋下たちは「維新の党」から離れ、新たに国政政党「おおさか維新の会」の旗を揚げた。そしてこの維新の分裂騒動にも、菅がかかわっているとされた。

「維新の分裂では、まず大阪府知事の松井一郎が党を割って出ました。それは菅官房長官の仕掛けでしょう。菅官房長官が橋下さんや松井さんに知恵を授けているのは間違いないと思いますよ」

ある自民党大阪府議がそう解説してくれたが、根拠の薄い話ではない。分裂騒動の端緒は、維新の党の幹事長だった柿沢未途《みと》の解任問題だった。山形市長選で共産党とともに街頭演説した柿沢に対し、府知事の松井が、けしからんと幹事長の解任を要求したのである。

松井は返す刀で八月二十七日、みずから維新の党からの離党を表明した。そこに菅の影がちらついた。松井は離党を表明する二日前の二十五日、急きょ上京して官邸の菅と面談していたのである。先の大阪府議が補足説明をする。

「松井さんは、菅さんから柿沢追及の狼煙《のろし》を上げるよう指示されたはずです。その発想は大阪都構想のときのそれと同じ。前のときも都構想を支持していた菅さんは、自民党大阪府連が共産党と共闘して合同で街頭演説したことにけしからん、と党内で批判し、府連の責任者を追及していました。それとまったく同じことを松井さんにやらせたのです」

そして自民党内は事実上、大阪都構想のときと同様、ダブル選挙で官邸サイドと党執行部のあいだにねじれ現象が起きた。維新をバックアップする官邸に気遣い、自民党執行部から大阪府連に対する党の公認候補の決定が下りず、府知事候補がなかなか決まらなかった。そこにも菅の影がちらついた。

「なぜ自民党の府知事選候補はいまだに決まっていないのか」

九月に入ってなお府知事候補を決めない自民党大阪府連に対し、地元の後援者の一人が会合で地元選出の衆院議員、長尾敬にそう詰め寄った。すると長尾が思わず漏らした。

「党本部のほうで松井一郎を推薦しようとしているようなのです。で、府連からそれは困ると止めている最中なんです」

党本部とは言っているが、その後ろに菅がいるのは自明だった。菅に気遣い、自民党の府知事候補者選びは難航を極めた。ようやく自民党大阪府連として府議団政調会長の栗原貴子の擁立を決めたのは、十月五日のことだった。この自民党内の混乱が、維新の会の候補に有利に働いたのは、言うまでもない。

捨て身の政治

十月二十日、安倍晋三が総裁としてようやく大阪知事候補に決めた栗原と大阪市長候補の柳本顕に推薦状を党本部で手渡し、表向き応援姿勢を示した。だが、その裏で二十八日には、官房長官の菅が大阪府知事の松井を東京に呼んで会談している。そこで何が話し合われたのかは想像に難くない。意識して官邸とおおさか維新の会の蜜月ぶりを見せつけたとも考えられる。

いったい安倍や菅はどっちの味方なのか。事実、府連幹部たちはあからさまに不満を口にし、不信感を募らせていった。安倍に近い自民党の中堅幹部代議士が指摘した。

「安倍総理は党で決めた栗原、柳本両候補者を党本部に呼んでおきながら、『頑張ってください』という激励の言葉もないのです。それが総理の真意を如実に物語っています。形式上は党本部が両人を推すことになったが、裏では維新を応援する。そんな総理を気遣い、谷垣禎一幹事長なども『府知事と市長候補の棲み分けという話も確かにあった』などと記者に漏らす始末でした。つまり官邸の意向を汲んで松井を府知事に擁立しようとしたと認めているのです」

ダブル選では当時、党選挙対策委員長の茂木敏充をはじめ、政調会長の稲田朋美や官房副長官の萩生田光一などの安倍チルドレン、幹事長の谷垣や地方創生担当大臣の石破茂といった大物議員が栗原や柳本の応援に馳せ参じた。だが、これでは応援に身が入るわけがない。

おまけに、従前より大阪都構想に反対してきた公明党や創価学会の組織も揺れた。その揺れ方は、大阪都構想の住民投票のときより大きく、今度は公明党や学会員の動きが橋下たちのほうに傾いた。

そもそもダブル選における反維新・反都構想陣営は、自公が中心で、そこに民主党や共産党が加わって共闘してきた。普通に考えれば、公明党は自民党の府知事候補である栗原や市長候補の柳本を推薦するはずで、むしろそうしないほうが、不自然だった。

だが、都構想の住民投票のときと同じく、創価学会と公明党は自主投票に決めた。そこにはよりいっそう官邸の意向が色濃く反映された。

その年の三月に鬼籍に入った西口良三総関西長に代わり、すでに創価学会では、関西長の山内洋一が大阪の選挙を取り仕切るようになっていた。

「維新の議員と対立構造にならないよう、調整していく方針だから自主投票にした」

選挙戦が始まると、山内たちは大阪の公明党議員や学会員たちにそう説明して回るようになる。大阪の公明党関係者はこう嘆いた。

「山内さんは、ポスト西口の座を狙い、公明党側で選挙対策をしてきた白浜一良前参議院議員と連携しながら、党の議員たちの自主投票を決めた。官邸の菅義偉官房長官や東京信濃町の学会本部の意向を汲んでいるのは明らかでした。学会・公明の内部では、二度も続けて自主投票というのはあまりにも優柔不断だという声があがりましたけど、もはやなす術《すべ》はありませんでした」

自主投票の決定を喜んだおおさか維新の会幹部たちは選挙戦のさなかの十一月一日、関西創価学会本部を訪ねた。表敬訪問したのは、大阪府知事の松井一郎や維新の会幹事長の今井豊たち三人だ。

「このたびは自主投票を決めていただき、ありがとうございました」

関西長の山内に向かってそう頭を下げたという。維新の会に対する公明・創価学会の自主投票の前回は、学会本部の佐藤が東京から乗り込んできて顰蹙を買ったが、このときはまがりなりにも地元の創価学会責任者による決定であり、東京アレルギーも少ない。自主投票が維新側にとって相当な追い風になったのは間違いない。

大阪都構想の住民投票では、一万票という僅差で維新が敗れただけに、府知事、市長のダブル選も、当初は接戦を予想する関係者が少なくなかった。選挙公示前は、「自民と維新の一勝一敗の痛み分け」あるいは「下手をすると現職知事の松井も危うい」とまで言われた。おまけに反維新の二階や近畿地方の国会議員、大阪府連の要請により、自民党本部が府知事候補の栗原と市長候補の柳本を正式に推薦したのだから、そう見えた。

ところが、選挙戦の終盤になると、雲行きが怪しくなっていく。世論調査の支持率は軒並み維新優勢と伝えられ、「維新の二連勝濃厚」という声が大きくなった。

そして二〇一五年十一月二十二日、投開票されると、そのとおりの維新圧勝に終わる。大阪市長選は、落下傘部隊である維新候補の吉村でさえ、五十九万六千四十五票と自民の柳本におよそ二十万票の大差で完勝し、府知事選にいたっては、松井が二百二万五千三百八十七票もとって自民の栗原にダブルスコアーで大勝ちしたのである。

私は一五年の大阪ダブル選の少し前、菅本人にインタビューした。こう率直に尋ねた。

――都構想をはじめ維新の党の橋下徹の政策をずいぶん買っているようだが、そのきっかけは？

「そもそも橋下さんを紹介されたのは、大阪の国会・市会議員の人たちからです。（二〇〇七年）当時、自民党の選対副委員長であった私から、橋下さんの大阪市長選挙への出馬を説得してほしいということでした。それ以来ですから、大阪都構想の住民投票には感慨深いものがありました」

このとき橋下は大阪市長選ではなく府知事選に回ったが、もとはといえば政界の舞台に担ぎ上げようとした張本人が、菅義偉である。菅はいわば政治家橋下徹の生みの親であり、菅本人もそう自負している。

――安倍晋三以外で、この先政界で期待する人物はいるか。それが橋下か。

「橋下徹と松井一郎という政治家は、捨て身で政治を行っていますから、二人を信頼しています。私自身、総務副大臣時代から、大阪市の問題を考えてきました。横浜市のほうが大阪市より人口が百万人も多いのに、逆に職員は大阪市が一万五千人も多かったのです。

その意味で、改革は必要だ、と問題提起してきました」

橋下との付き合いでいえば、下野していたころに橋下とシンポジウムで出会ったという首相の安倍よりも、菅のほうがずっと古い。もともと橋下に大阪市や大阪府の職員削減政策を授けたのが菅である。

菅にこの質問をしたのは、安倍内閣が安保法制で国会審議の大詰めを迎えつつある時期でもあった。安倍政権の究極の目標である憲法改正に向け、菅は橋下との連携をますます強めていった。

そして強力な後ろ盾となってきた菅が首相に昇りつめた矢先の二〇二〇年十一月、松井・吉村の新たな維新コンビは再び大阪都構想の住民投票に挑んだ。菅と維新にとって二度目のリベンジマッチである。

二度目の都構想否決

「地域の判断なので政府としてコメントは控えるが、大都市制度の議論において一石を投じることだったのではないか」

大阪都構想の住民投票結果について、首相になったばかりの菅は記者団に問われてそう感想を述べた。コメントしないと言いながら、日本維新の会を擁護する。それ自体が矛盾しているが、菅にとって都構想の否決が大きな痛手になったのは間違いない。なにしろ二度目の敗戦だ。

都構想の住民投票に敗れた維新の会代表の松井は、二〇二三年四月の大阪市長任期満了をもって政界を引退すると表明した。後任を大阪府知事の吉村洋文に任せたい意向のようだ。松井の政界引退は橋下代表時代の前回の住民投票に倣い、責任をとったつもりなのかもしれない。だが、むろん大阪府や大阪市の行政は都構想だけではない。自ら誘致した大阪万博やIRカジノ構想、リニア新幹線の延伸計画もある。つまり、花火だけ打ち上げておいてそれらを投げ出すという引退宣言にほかならない。

そもそも住民投票は必要だったのか。大阪市が計上した今回の投票経費は十億七千二百万円、一五年五月の前回経費は九億三千二百万円だ。あれだけ行政の無駄遣い解消を強調していながら、実に二回で二十億円の税金を投じている。おまけにヒョウ柄のラッピングカー八台を走らせ、地下鉄やバスなどにもけばけばしいポスターをべたべたと張ってきた。

それらは個人のポケットマネーでもなく、選挙管理委員会の公金で賄っているのである。だが、維新の松井は住民投票の検証もなく、首長を辞めたらそれでお終いだといわんばかりなのだ。

首相の菅はずっとその維新と政策の歩調を合わせてきた。安倍政権時代から彼らと会食を繰り返し、大都市地域特別区設置法の成立をぶち上げている。まさに都構想の法的根拠をバックアップしてきた関係にある。最近のコロナ対策では、松井に厚労省の担当者を紹介し、大阪の政策を後押ししてきた。

政権とタッグを組んで進めてきたはずのそんな都構想の敗因はどこにあるのか。実は、自民党幹事長の二階俊博の存在が、そこに微妙な影を落としている。二階は中央政界で菅政権を誕生させた立役者である。しかし一方で、地元和歌山県でカジノ構想を進める二階は長年反維新に回ってきた。元来、自民党大阪府連が都構想に反対してきたのも、二階の意向が大きい。

が、それだけではない。菅は創価学会の佐藤浩副会長と気脈を通じてきたが、二階は関西創価学会のドンと呼ばれた故・西口総関西長と昵懇の間柄だった。西口が一五年三月に物故すると、森川繁副関西長が代わって二階とのパイプ役を担ってきたとされる。創価学会幹部の説明。

「今度の維新の失敗は、松井さんが菅さんの佐藤副会長ルートで学会を説得し、公明党の山口那津男代表を応援に頼んだこと。それで関西の創価学会はむしろ反発し、逆効果だった。挙げ句、松井さんは公明の支持は五割でいい、とまで譲歩し、学会の反対票が増えたのです」

菅政権は二階に支えられている。だが、必ずしも二人が盟友関係にあるわけではなく、ある部分で利害が一致しているだけに過ぎない。今度の都構想の住民投票は「菅対二階のミニバトル」（同幹部）であり、結果は二階の勝利に終わったことになる。

第七章

出口の見えない沖縄

年の瀬の忘年会のせいだろう、その日は千鳥足の帰宅だった。那覇市中心部の高台に建つ豪邸の玄関先で待っていると、國場《こくば》組社長（二〇一五年取材当時、現・会長）の國場幸一が自宅のかなり手前で車から降り、ゆっくりと歩いてきた。不審者を見るような目でこちらを一瞥《いちべつ》し、首を捻りながら門に手をかけて敷地内に入ろうとした。

「國場さんですよね」

そう声をかけると、ゆっくりと振り向いた。

「どういうご用件ですかな」

赤みを帯びたその顔は、古希を超えているとは思えないほど若々しく、声にも張りがあった。亡くなった俳優の蟹江敬三によく似ている。

「このあいだ、菅（義偉）官房長官とグアムで落ち合ったそうですね。何を打ち合わせされたのですか」

そうストレートに尋ねると、國場は面食らったようだ。のけぞるように後ずさりして言った。

「いやいや、あれはいっしょに行ったというよりね。向こうでね」

國場幸一が率いる國場組は、日本軍や米軍の基地工事で成長してきた沖縄県内最大手の建設会社だ。戦前に創業した國場幸太郎は沖縄財界四天王の筆頭格に位置づけられ、幸一も、創業者一族の社長として沖縄経済界に君臨し、沖縄県防衛協会の会長を務めている。二〇一二年十二月の第二次安倍晋三政権の発足以来、政府は米海兵隊普天間飛行場移設問題に頭を抱えてきた。官房長官とともに沖縄基地問題の担当大臣を兼ねていた菅義偉にとって國場は、キーパーソンの一人といえる。

辺野古の新基地建設で揺れるさなかの二〇一五年十月、菅は唐突にグアムを訪れた。グアムは沖縄の海兵隊基地縮小のため、辺野古と同じく新たな訓練基地候補地として、想定されてきた。そこで菅が國場と会っていたという情報を得て、当人にぶつけてみたわけだ。

「ひょっとして、海兵隊基地のグアム移転工事の関連で、向こうで菅さんと会ったのではないですか」

そう畳みかけると、國場は少し頭を揺さぶりながら、冷静さを取り戻そうとするかのように一呼吸を置いて応えた。

「いやいや、そんな。それは、まだ決まってもいない話でしょ。あくまで民間工事のために向こうへ行っただけですよ」

だが、そうとは思えなかった。

沖縄経済界を束ねる地元ゼネコンと基地問題を担当している官房長官。二人は海兵隊の普天間飛行場返還後を睨んで、利害が一致している。水面下で手を取り合って動いているといってもいい。

だが、複雑で微妙な立ち位置で歴史を刻んできた沖縄の基地問題は、菅にとってもそう容易《たやす》く解決できる話ではない。

「沖縄のためにできることはすべてやる」

菅はことあるごとにそう県民にメッセージを送ってきた。だが、その実、県との交渉は誤算続きというほかない。

立ち往生

二〇一五年四月五日、久方ぶりに沖縄を訪れた菅は、九時四十分から那覇市のANAクラウンプラザホテル沖縄ハーバービューで当時県知事だった翁長雄志《おながたけし》（故人）と対峙した。

この前年の一四年十一月、仲井真弘多《なかいまひろかず》を圧倒して知事選を制した翁長は、首相の安倍や官房長官の菅との会談を熱望してきたが、この日、ようやくそれが実現したといえる。菅にとっては初顔合わせだ。

恐らくある程度の反発は覚悟した上でのことだろうが、菅はこれまでと変わらぬ常套句で、こう話し合いの口火を切った。

「日米同盟の抑止力の維持と、そして危険除去、こうしたことを考えたときにですね、辺野古移設というのは、唯一の解決策であるというふうに、政府は考えています」

強硬な姿勢を世間にアピールすることを優先したのだろう。米軍普天間基地の辺野古移設は、政府として譲れないという意志を表した。案の定、翁長はすぐさま反論した。

「辺野古の新基地は、絶対に建設することはできない、というですね、私は確信を持っております」

いわばそれまで公言してきた互いの主張を言葉にしたに過ぎない。したがってここまでは菅にとって、予想できた反応だった。菅はいつものようにポーカーフェースで余計な言葉を極力ひかえ、ただ政府の姿勢を伝えることに専念しているかのようにも見えた。翁長も興奮する様子はない。

普天間基地の辺野古移設を推進する政府と県内移設を拒否する沖縄県知事のあいだで、がんじがらめにこじれた糸がそう簡単にほどけるわけもない。それは互いに承知の上だろう。このときの会談では、どれだけ自分たちの立場や言い分を世間にアピールできるか、それが互いの主眼だった。

そして、タイミングを見計らい、翁長が話題を切り替えた。

「官房長官が、『粛々』という言葉を何回も使われるんですよね」

唐突にこう話し出した。

「僕からすると、『問答無用』という姿勢が、上から目線のように感じられ……」

翁長にしてみたら、メディア受けするよう計算ずくで使った言葉だった。翁長は、菅の態度がかつて米軍統治下の沖縄で圧政を敷いたキャラウェイ高等弁務官の姿と重なる、とまで非難した。その計算通り、「粛々」という言葉がマスメディアでクローズアップされ、まるで権力を振り回す横暴な為政者のイメージを残した。

翁長との会談の席上、菅は沖縄に対するある種の気遣いを見せた。米海兵隊の使う垂直離着陸輸送機「MV22オスプレイ」訓練の県外移転に加え、さらに米国の映画テーマパーク「ユニバーサル・スタジオ・ジャパン」（USJ）が沖縄にやってくるよう協力する、とまで言った。しかし、それも翁長にはまったく通じなかった。

沖縄の基地問題解決を担っている菅義偉は、初対決で翁長雄志にしてやられた。第二次安倍政権発足以降、霞が関の官僚や産業界に睨みをきかせ、官邸を差配してきた切れ者は形無しだ。ここから基地問題は、国と県が互いに争う裁判にまで発展し、膠着《こうちゃく》状態に陥っていく。「影の総理」とまで呼ばれ、最強の官房長官と絶賛する声もあった菅が、沖縄問題では立ち往生する場面がしばしば見られた。

菅の計算が最初に狂ったのは、やはり二〇一四年十一月の沖縄県知事選である。

沖縄へのこだわり

「内閣官房長官というより、沖縄基地負担軽減担当大臣を務める菅義偉です」

菅は知事選の投票日が迫る一四年十一月、急きょ沖縄へ飛んで応援演説に駆けつけた。そこで、こう第一声をあげて自民党の推す仲井真弘多陣営の士気を鼓舞した。日ごろは裏方に回って目立たないよう努めてきた菅にしては珍しい。菅は官房長官に就任して以来、ずっと沖縄の基地問題にかかわってきた。二〇一四年九月の第二次安倍内閣改造では新設された沖縄基地負担軽減担当大臣をみずから買って出て兼務した。官房長官が沖縄関係の閣僚を兼ねるのは、一九九八年一月に発足した小渕恵三改造内閣で野中広務が沖縄問題担当大臣を兼務して以来、自民党史上二人目である。

そもそも普天間飛行場の移設は、第一次橋本龍太郎政権時代にさかのぼる。このときの官房長官が梶山静六だった。梶山は九五年九月、橋本龍太郎を自民党総裁選に擁立し、翌九六年一月の橋本内閣発足の立役者となる。そして橋本が、九六年四月に米国から普天間飛行場の返還合意を取り付け、そこから基地の移設交渉がスタートした。

橋本首相の女房役である官房長官として、梶山はたびたび沖縄入りし、当時の革新系知事だった大田昌秀（故人）と相まみえた。沖縄の基地問題担当大臣ではなかったが、沖縄に大きな足跡を残した数少ない自民党政治家といえる。沖縄の政財界に好印象をもって受け入れられ、取材で沖縄を訪れても、梶山のことを悪く言う県民に出会ったためしがないほどだ。

菅はその梶山を政治の師と仰いでいる、と公言してはばからない。梶山と菅との、野中をめぐる関係についてはすでに述べたとおりだ。

その梶山のあとを引き継いで沖縄の基地問題に取り組んだのが、小渕恵三政権時代に官房長官を務めた野中広務だ。先のJR問題などもあり、決して菅と野中の折り合いはよくなかったが、菅自身は野中を理想の官房長官と崇《あが》めてきた。第二次安倍改造内閣で基地問題の担当大臣に就いたのは、菅にとってある意味、そこに一歩近づいたことにもなる。菅の同期当選である自民党元代議士の大野松茂は、菅の沖縄に対する思い入れについてこう話した。

「(梶山や野中以外でいえば)自民党には仲村(正治)さんという地元選出の代議士がいて、沖縄の基地問題に取り組んできました。菅さんは仲村さんに負けず、ずっと前から熱心でしたね。それは野中さんというより、梶山さんの影響が大きいのではないでしょうか。梶山さんは官房長官として沖縄の基地問題に大変尽力されていた方でしたのでね」

そんな因縁もあって、菅本人には沖縄の基地問題に格別の思い入れがあるとされてきたが、地元に対する接し方は、梶山や野中のそれとは大きく異なる。

「ユニバーサル・スタジオ（・ジャパン）を誘致してほしいと（県が）私どもに働きかけています。政府として応援したいと思い、私も会社の責任者と会ってきました」

一四年十一月の県知事選で菅は街宣車上で仲井真のそばに立ち、そうアピールした。政府の中枢閣僚が、自ら民間企業の誘致を働きかけたと街頭で演説する異例の力の入れようだ。

実は、このUSJの一件は、単なるテーマパークの誘致計画ではない。そこには、安倍政権で成長戦略と位置付けて推進してきたカジノ構想が下敷きになっていた。沖縄県が作成したレポート「統合リゾートに関する検討について」には、カジノ構想を立案したときの経緯が記されている。

〈沖縄県は、平成19（二〇〇七）年度から26（二〇一四）年度までの間に、当初予算ベースで８６４４３千円（八千六百四十四万三千円）を措置し、統合リゾートの導入可能性等について調査・研究を行ってきました〉（一五年三月作成、丸カッコ内は筆者の注釈）

統合リゾートはＩＲ（Integrated Resort）と英訳され、永田町にはＩＲ議員連盟なるカジノ推進議員の集まりもある。首相に就任する前まで、安倍がそのカジノ議連の最高顧問を務めてきた。沖縄県は仲井真県政下でカジノ構想を二〇一四年まで推進してきた。県のレポートはこうも記している。

〈平成26（二〇一四）年度は、平成22年度に再構築した「沖縄統合リゾートモデル」の先行事例であり、海洋性リゾート型とMICE型の2施設を設置したシンガポールにおいて、MICE誘致型とアミューズメント・リゾート型それぞれのコンセプト、導入機能、ギャンブル依存問題対策等について、事業者及び政府関係機関から情報収集等を行うとともに、世界有数のカジノ市場であるマカオにおいて、事業者から経営動向や今後の事業展開等について情報収集等を行いました〉

MICEとは、Meeting（会議）、Incentive（報奨旅行）、Convention（学会）、Exhibition（展示会）の総称で、いわゆるシンガポールのような都市型のカジノリゾートを指す。一方、アミューズメント・リゾート型とは、テーマパークを備えた海洋型カジノリゾートだ。仲井真知事時代、沖縄県ではこの二つのカジノ構想を進めてきた、と県の観光政策課が説明してくれた。

「（仲井真）前県政のときまではたしかにカジノ構想を検討してきました。沖縄の場合は、やはりテーマパークを想定したアミューズメント型リゾートが適しているのかな、という段階までできていました。しかし、二〇一四年の知事選挙の結果を受け、基本方針を変更しました。ＩＲの導入に関する検討をおこなわないこととしたのです」

繰り返すまでもなく菅の強調したＵＳＪは、仲井真県政で進められてきたアミューズメント型のカジノ構想の中核施設だったのである。それが実現に向け、着々と進行していたのも間違いない。言うなれば、沖縄の米軍基地移設容認と引き換えに想定されたアミューズメント型カジノリゾートだった。

しかし知事選の結果、仲井真が対立候補の翁長雄志に十万票の大差をつけられて惨敗してしまう。いきおいカジノ構想そのものが、水泡に帰した。〝最強〟の官房長官の構想は、ここでも大きく崩れたと言わざるをえない。

夏季休暇の密会

そもそも菅は、沖縄の基地問題にどうコミットし、何をしてきたのか。官房長官就任以来、ときおり沖縄県知事の翁長や米国の政府関係者との会談が報じられてきた。しかし、基地問題担当大臣でありながら、具体的にどのように動いてきたのか、ほとんど伝えられていない。

菅自身が沖縄の基地問題に首を突っ込むようになったのは、第二次安倍政権発足間もないころからだ。まだ仲井真が県知事だった時期である。

保守、革新を問わず、沖縄の歴代知事たちは基地問題について微妙に立ち位置を変えてきた。それゆえ米軍普天間飛行場の移設問題が浮上して以降、知事たちの発言や行動の意図をつかみづらい。

通産官僚から沖縄電力の理事として天下り、そこから副知事、沖縄電力会長を経て二〇〇六年十一月、革新系の糸数《いとかず》慶子を僅差で破って知事に当選した仲井真は、辺野古新基地への移設容認派だった。だが、基地問題に関しては妙に含みのある発言が目立ち、本人の真意を読みづらい。

元来、仲井真は地元への経済支援を要請してきた手前、政府の方針にも一定の理解を示してきた。かと思えば、知事に初当選したときは、政府のやり方にもくぎを刺し、こう皮肉を言った。

「防衛省のやり方は、デリカシーに欠ける」

基地の県外移設を訴えて民主党代表の鳩山由紀夫が政権をとったあとの一〇年十一月の知事選では、辺野古への基地移設に反対の公約を掲げた。そこから一二年十二月、自民党が政権を奪還すると、仲井真は揺れ動いた。そんな沖縄県知事に対する説得の任を担ったのが、官房長官の菅である。

政権誕生から四カ月後の一三年四月、菅は官房長官として初めて沖縄県を訪ねた。そこから仲井真とのパイプを築いていった。それが実ったのが、この年の夏のことだ。

一三年八月下旬、官房長官として多忙を極める菅は、盆過ぎになってようやく夏季休暇を許された。官房長官の激務から解放され、夫婦で沖縄旅行を楽しむ——。表向き、そう言って東京の官邸を離れた。

だが、それはいわゆる夏のバカンスではなかった。四日間の夏季休暇のちょうど中日にあたる八月二十三日、菅は唐突に沖縄県北部のホテルへ向かう。目的は仲井真知事との会談だった。那覇市から遠く離れた名護市で開かれた夜の会合は、むろん単なる懇親ではない。

非公開でおこなわれた会談の場所は、県内最高級のリゾートホテルであるザ・ブセナテラスだ。二〇〇〇年七月、日本の首相、森喜朗がホストとして先進各国を招いた沖縄サミットの会場である。

官房長官の菅と沖縄県知事の仲井真のその会合には、二人の財界の重鎮も同席した。一人は地元ローカルテレビ「琉球放送」元会長の小禄邦男だ。地元では、メディア界に睨みを利かし、「沖縄のナベツネ」の異名をとる。小禄と仲井真は、ともに通信会社「沖縄セルラー」の役員やPHS事業の「ウィルコム沖縄」の名誉顧問を務めてきた間柄だ。

小禄は菅にとっても縁が深い。菅は第一次安倍政権でテレビ局を所管する総務大臣を務め、アナログからデジタルへの放送技術の転換を推進してきた。そのとき、真っ先に沖縄の離島放送の地デジ化に尽力したのが、琉球放送の小禄だ。総務大臣時代の恩人でもあった。

そして、菅が名護市のホテルで面会を求めたもう一人、それが県内最大のゼネコン「國場組」社長の國場幸一である。ほかでもない四者会談の場所となるザ・ブセナテラスは國場組の建設したホテルであり、國場がその場を提供した。國場もまた、沖縄における熱心な菅の支持者である。

前述したように、沖縄基地問題におけるキーパーソンの一人であり、米海兵隊基地のグアム移転を進めてきた。県商工会議所連合会会長でもあった國場は、永田町でも沖縄県政に絶大な影響力を持つ人物として聞こえる。

國場と小禄がともに自民党系知事の仲井真県政を支えてきたのは、言うまでもない。菅にとっても仲井真を説得するにあたり、援護射撃をしてくれる頼もしい協力者だ。そうして菅が夏休みの四者会談を呼びかけた。

表向き四者会談のテーマは沖縄の振興予算問題だ。むろん、それが米軍普天間飛行場の名護市辺野古移設と密接に絡む。

「安倍政権は、二〇一四年度の振興予算に全力で取り組む」

菅は開口一番、沖縄の実力者たちを前にそう宣言した。民主党時代の膠着状態を脱し、基地移転にこぎつけるための条件、すなわち〝好餌〟が、振興予算の大盤振る舞いだった。そこから辺野古の新基地建設に向け、事態が大きく動いていった。

仲井真が沖縄県知事としていつどのようにして普天間飛行場の辺野古移設を容認したの

か。実はその詳しい経緯については、県内の関係者たちも把握していなかった。琉球国際大学元教授の野里洋はこう話す。

「二〇〇六年の知事初当選のときは、経産官僚出身の仲井真さんは稲嶺惠一前知事のあとを引き継いで、辺野古移設を苦渋の選択だと受け入れる姿勢を示していました。ところが民主党政権時代の知事任期二期目に突入する一〇年の選挙に立候補したときは、翁長さんが選対本部長となり、辺野古移設反対を表明、県内移設反対と言い続けていた。そこから二〇一三年の暮れになると、またしても態度がころっと変わった。安倍首相から沖縄県側の要求した振興予算を上回る金額を示され、『これでいい正月になる。われわれは安倍首相を応援する』と、その直後に辺野古移設を容認したわけです。で、それをきっかけに沖縄はぐっと変わっていくんです」

経産官僚だった仲井真はどちらかといえば政府寄りの政治家とみられてきたが、少なくとも民主党政権時代までは、新基地建設反対の旗を掲げていた。しかし、その後一二年末に自民党が政権を奪還したのちの動きが、いまひとつはっきりしない。少なくとも自民党が政権に返り咲いて一年が経過した一三年十二月には基地容認派に変貌している。その前段階として、基地推進派が集った先の四者会談が開かれた。そう見たほうが腑に落ちる。

野里もこう話す。

「國場組は戦後の沖縄復興期、基地建設で潤ってきた。また先代の國場組社長は那覇空港の第二滑走路建設を訴え続けてきた。ここでも國場組は大きな仕事を請け負っています。そういう関係からすると、常に裏で政府と絡んできた。それは間違いない。今度の動きもそうでしょう」

この國場組をはじめ、沖縄県の重鎮たちが集った先の四者会談で、官房長官の菅は格別の沖縄振興策予算を約束した。そしてそれから四カ月後の一三年十二月十六日、仲井真に約束を果たし、政府は沖縄県から要求された三千四百八億円という二〇一四年度の振興予算に対し、それを上回る三千四百六十億円で応えた。

「有史以来の予算。基地関係も前へ進む実感があって、いい正月になる」

上京した仲井真は十二月二十五日、首相の安倍晋三と直接会い、そう顔をほころばせた。菅はまさしく札束を積んで賛成を買ったのである。

沖縄の三点セット

仲井真は普天間飛行場の辺野古移転を了承する裏で、沖縄の振興策を進めた。仲井真の打ち出した産業振興策の一つが、基地跡地の国際先端医療拠点の整備であり、県内の南北縦貫鉄道の建設や那覇空港の拡張などだ。

ただし、菅が名護市辺野古への米軍基地移設のために用意した振興予算三千四百六十億円の意味はそれだけではない。政府の提示した沖縄への予算のポイントは、千六百七十一億円に上る沖縄振興一括交付金と千四百十七億円の公共工事予算だ。

一括交付金は文字通り沖縄県が自由に使える予算である。そのほかに公共事業として、観光客誘致のために計画された三百億円の那覇空港第二滑走路整備事業も含まれていた。

「公共事業を中心とした沖縄の振興予算が増え、箱モノができれば、建設会社が潤うのは自明です。しかし、それだけではいったん基地の県外移設に傾きかけた地元の民意をひっくり返せない。そこで菅さんは、普天間基地移転跡地の利用をはじめとした新しい産業振興の支援を仲井真さんに約束した。それがＵＳＪの誘致協力であり、カジノ構想の実現だったと思います」

沖縄県のリゾート開発業者がそう指摘した。また自民・公明・民主・維新の超党派で結成されているＩＲ議員連盟、通称カジノ議連メンバーの一人はこう話す。

「つまるところ、予算の大半がＩＲ（カジノ構想）のためでもあった。菅さんの約束した空港拡張や南北鉄道の敷設は、カジノ構想において、海外の大手業者が求めてきたもの。海外からのカジノ客を呼び込むためには、今の那覇空港では狭すぎるため、二本目の滑走路を建設し、さらに道路整備をしなければならない。振興予算の満額回答は、カジノ構想に向けた予算でもあったわけです」

ＩＲ法案（通称カジノ法案）の成立を見越し、日本国中の自治体が候補地として名乗りをあげてきたが、なかでも沖縄は地域振興リゾート型カジノとして、最有力候補の一つに数えられてきた。

遊休地の多い沖縄は、地域活性化という大義名分にピタリと当てはまるうえ、最大の集客ターゲットである中国人観光客にも人気が高い。外国人専用の賭博場にしたらどうか、という案まで関係者の間で具体化していたという。

「沖縄のカジノ構想と米軍基地移転、さらに空港の拡張という三点セットが、菅・仲井真ラインで進められてきたのは間違いありません。そこに相乗りしようとしたのが、地元最大の建設会社である國場組なのでしょう」

地元の革新系県議がそう話す。先に記した一三年夏の四者会談は、そのためだったのではないか、とも言う。

「國場組は二〇〇〇年の沖縄サミットに先立ち、森喜朗首相をはじめ各国首脳の宿泊先となった広大なホテル『ザ・ブセナテラス』を名護市に建設し、運営してきました。しかし宿泊費が高く、サミット後はさっぱり客足が遠のいて赤字続きでした。で、ホテル周辺にカジノを持ってこよう。それが國場組の悲願となり、実際、そのために政府や知事に働きかけてきた。菅さんを招いた四者会談の目的も、その一環とみていいでしょう」

ところが、三千四百億円の大盤振る舞いを政府が決め、辺野古移設を仲井真が正式表明した途端、仲井真の支持率が急落する。知事選を前に慌てたのは、官房長官の菅だ。

一四年に入って投票日が近づくにつれ、知事選の敗色が濃くなっていく。対抗馬の翁長は自民党の県連幹事長として、地元の選挙を取り仕切ってきただけに、「金秀グループ」

や「かりゆしリゾート」といった県内の大手企業経営者たちとも旧知の間柄で、彼らからバックアップをとりつけた。金秀グループは、國場組に次ぐ建設会社として事業を多角化し、スーパーマーケットまでチェーン展開している。翁長にとっては心強い味方だ。そして何より、基地移設反対の浮動票が翁長についた。もはや仲井真陣営の劣勢は動かしがたくなっていく。

そこで慌てたのが、政府・自民党だ。七月に入ると、自民党は仲井真支持から方向転換し、代わりの候補者を立てようと動くようになる。なかでも積極的だったのが、選挙責任者である幹事長（当時）の石破茂だ。

仲井真に知事選出馬を断念するよう、沖縄県連の西銘《にしめ》恒三郎に働きかけた。だが、仲井真はそれを受け入れず、物別れに終わった。すると菅は不戦敗の選択肢を唱え、石破とともに仲井真を呼び出し、説得を試みた。

しかし、それも失敗に終わり、いよいよ時間切れとなる。安倍政権の改造内閣二週間後の九月には、菅が自ら沖縄に乗り込み、「この先五年以内の普天間基地停止」をぶち上げたが、移転先の新基地建設が難航している以上、その実現性についても疑問の声があがる始末だった。

この間、仲井真陣営は運にも見放された。自民党は、二〇〇〇年の沖縄サミットを実現させ、沖縄県民に人気のあった小渕恵三の愛娘である優子に、仲井真の応援を頼もうとした。小渕は第二次安倍内閣で女性初の経産大臣に抜擢され、近い将来の首相候補とまで持て囃《はや》されてきただけに、起死回生の一手として菅たちが期待したのも無理はない。だがその矢先、優子自身に金銭スキャンダルが発覚し、大臣ポストの座から滑り落ちてしまった。

そうこうしながら十一月に入り、いよいよ選挙戦に突入すると、中央政界では衆院の解散風が吹き始め、幹部たちも沖縄の知事選どころではなくなる。自民党の代議士たちはそれぞれ選挙区の対応に追われた。そこで再び菅が沖縄に乗り込んでぶち上げたのが、大阪で成功したＵＳＪの誘致である。

「仲井真弘多知事が取り組むユニバーサル・スタジオ・ジャパンの誘致を沖縄振興の要として政府も応援したい」

八日、那覇市内で沖縄経済界の四百人が集結して仲井真支持の決起大会を開き、そこで菅がそうぶち上げた。さらに佐賀空港などを使ったオスプレイの本土訓練移転なども強調した。しかし、それらの効果はほとんどなく、自民党首脳はもはや勝利をあきらめざるをえなかった。知事選は次第に、いかに翁長に迫れるか、という敗戦を前提としたレベルの話になっていった。

そして迎えた投票日の十一月十六日——。翁長雄志の三十六万八百二十票に対し、仲井真弘多は二十六万千七十六票と惨敗する。そのまま衆院選になだれ込むと、基地移設反対派の勢いが衰えず、十二月の衆院総選挙でも四つの小選挙区すべてで野党議員が勝利した。沖縄における菅の誤算は、新基地建設反対の旗を掲げて新しく県知事の椅子に座った翁長雄志の想像以上の勢いに違いない。

知事選後も衰えない基地反対の声で窮地に陥った菅は「沖縄県にできることはなんでもやる」と言い続けた。USJの誘致もその一つだった。が、カジノ構想とともにそれも立ち消えになる。

海兵隊のグアム移転利権

沖縄の基地対策のなかで、菅が力を入れてきた残りの手段の一つに、グアムへの海兵隊移転計画の再開がある。

米ソ冷戦の終結後、いったん軍備縮小に転じた米政府は、そこから中国や北朝鮮の台頭に備えて方向変換。改めて太平洋の軍事基地再編を進めていった。そこには沖縄の米軍基地の移転も含まれている。米国は沖縄の駐留部隊について、グアム周辺のマリアナ諸島への陸海空軍ならびに海兵隊の配備を検討してきた。

なかでもベトナム戦争やアフガン紛争の対ゲリラ戦に投入されてきた特殊訓練部隊である海兵隊は、一万九千人が沖縄に在籍し、うち戦闘地に派遣中の六千人あまりを除く一万二千五百人が常駐している。海兵隊は駐留沖縄米軍の五六％を占めてきた。

海兵隊はキャンプハンセンやキャンプシュワブなど将軍の名から付けられた沖縄県内の基地に駐留し、もっぱら普天間飛行場で飛行訓練を繰り返してきた。住宅地に隣接する普天間飛行場は、そのせいで世界で最も危険な訓練場と化し、実際、事故や事件が絶えない。沖縄で普天間飛行場の返還が基地負担軽減における象徴的な課題として語られてきたのはそのせいである。

そうして普天間飛行場の辺野古移設案が日米双方で浮上するのだが、と同時に、沖縄の基地負担軽減という旗印の下、海兵隊基地の米国領移転も計画された。その移転先が、グアムをはじめとする太平洋に浮かぶ米国領のマリアナ諸島である。グアムはマリアナ諸島最大の島であり、米国が統治している。

日米両政府は二〇〇六年、沖縄の海兵隊一万九千人のうち、九千人の国外分散配置で合意した。そのなかで最も大きな配置先がグアムだ。移転人数は九千人から七千人、さらに四千人と紆余曲折したが、少なくとも二〇二〇年代前半から四千人がグアムに移転を開始するとした。

移転費総額は八十六億ドル、日本円で一兆円近くにのぼり、うち日本政府が二十八億ドル、三千億円を上限に資金負担する。グアム移転費用の五九%を日本政府が負担する約束になっていた。

もとより海兵隊のグアム移転は、沖縄にとっても悪い話ではない。だが、辺野古移設がセットでとらえられていたため、民主党政権下では計画が進まなくなる。民主党の鳩山由紀夫が政権交代選挙で公約に掲げた米普天間飛行場の「国外移設、最低でも県外移転」発言を契機に、グアムへの移転計画そのものが中断された。グアムの現地住民の反対もあって米政府の予算が凍結され、とうぜんのごとく日本側の予算も計上できなかった。

ところが自民党が政権を奪還すると、グアムへの海兵隊計画が再び動き出す。沖縄の基地担当大臣を兼務する官房長官の菅が米国政府に働きかけ、グアムへの移転予算が復活し、にわかに計画が進みそうな雲行きになってきたのである。

グアムには海兵隊宿舎などの居留施設が想定され、周辺の離島を訓練の場とする計画が立てられてきた。二〇一四年八月十二日付毎日新聞朝刊には、「菅官房長官　グアム移転費の予算確保を要求」と題した次のような小さなベタ記事が載った。

〈菅義偉官房長官は11日、来日中のマッキーオン米下院軍事委員長（共和党）と東京都内で会談した。菅氏は、米軍普天間飛行場（沖縄県宜野湾市）の名護市辺野古への移設について「引き続き強い決意を持って進めていく」と強調したうえで、米議会側に在沖縄海兵隊のグアム移転費予算を確保するよう強く求めた。また菅氏は、集団的自衛権の行使を容認するための閣議決定など政府の一連の安全保障政策の改革について説明。これに対し、マッキーオン氏は「強く支持する」と表明した〉

グアムへの米海兵隊移転計画は、辺野古移設に反対する沖縄県民の懐柔策でもある。菅はそれを大きくアピールした。

二〇一五年十月二十九日、菅は報道陣を引き連れ、意気揚々とグアムの視察に旅立った。政府の危機管理を担う官房長官の海外訪問は異例中の異例ともいえる。小泉純一郎政権時代に官房長官だった福田康夫の訪中以来、実に十二年ぶりと話題になった。

菅は最初に、グアム選出のボルダリオ下院準議員（民主党）と現地のホテルで会談する予定を立てていた。そのため空港に降り立つとすぐにホテルに向かった。同行した記者団も慌ててそれを追った。

そこには全国紙や大手通信社、民放キー局のテレビ記者だけではなく、沖縄タイムスや琉球新報といった地元記者もいる。ホテルに到着すると、沖縄の記者が見慣れた財界人を見つけた。

「國場社長、なぜこんなところにいるのですか？」

そう声をかけると、当人はそれを無視するかのように慌てて走り去った。沖縄建設業界に君臨する國場組社長の國場幸一である。國場はまるで菅を出迎えるかのようにロビーに立っていたという。

二〇一五年の年の瀬、自宅の玄関先で國場本人にそのときのことを改めて尋ねてみた。

――グアム入りしたのは、海兵隊移転に伴う施設工事を請け負うため、菅に根回しする目的だったのではないか。現地で菅官房長官と落ち合い、どんな話をしたのか。

「いや、そうではなく、（菅とは）たまたま向こうで会っただけです。私がグアムに行ったのは、民間工事のためですから。向こうには昔から現地法人を持っています。純然たる民間事業ですよ」

――といっても、グアムの海兵隊施設の移転事業は、國場組にとっても大きなビジネスチャンスではないか。もともとそのために現地に法人をつくり、動いてきたのでは。

「（今回のグアム行きは）そんなこととは関係なしの純然たるホテル工事のためです。グアムは韓国や中国からの観光客が伸びてるんです。菅さんと民間工事とどう関係しますか？　たまたまですってば……」

國場は言葉を慎重に選びながら、菅と会ったこと自体は否定しなかったが、さすがに米軍ビジネスの件だとは言わない。

菅のグアム訪問は、当地に出向き海兵隊の移転を働きかけているんだ、という沖縄に対するデモンストレーションなのは繰り返すまでもない。奇しくも菅がグアム入りした十月二十九日は、新辺野古基地本体工事の着工日でもあった。

一方、國場組は、橋本龍太郎政権当時に移転計画が浮上して以来、ずっと辺野古基地とかかわってきた。当時、國場組の事業パートナーでもあった不動産コンサルタントの小村新市が打ち明ける。

「辺野古基地計画は陸上案と海上案の二つがありましたが、國場組はそのころから具体的な計画づくりに参加していました。米国側の要望もあり、当時は米大手建設のベクテルが工事を受注することがほぼ決まっていました。そこに伊藤忠商事などの日本商社も一枚噛んで、計画が進められていたのですが、沖縄からは國場組がベクテルと共同事業体を組むことになっていた。國場組はベクテルのためにオフィスまで提供していたほど。ただ結局、地元の対応が定まらず、計画は消えてしまいました」

過去、米軍基地関連工事を受注し、現在も沖縄県防衛協会会長を務める國場組にとって、マリアナ諸島の米軍再編計画をみすみす見逃す手はない。

――海兵隊のグアム移転について、どこまで進んでいるのか。米国では自民党政権の復権による辺野古の新基地計画にタイミングを合わせ、これまで議会で凍結されていたグアムの海兵隊移転予算が再編成されたが……。

「それはしかし、沖縄と同じような格好で、まだはっきりしてないんじゃないですか。向こうにはグアムだけじゃなく、マリアナ諸島に米軍の訓練場計画もあるし、それをどうするかいまもはっきりしていません」

國場はさすがに米軍事情に精通している。こう続けた。

「海兵隊はグアムじゃ訓練できないのです。だから、テニアンほか離島の訓練場がなければ、グアムに海兵隊の施設が移転しても仕方がない。訓練は北マリアナ諸島のサイパンとか、テニアンとか、パラオとか、まったく違うところでやる必要がある。けど、とくにテニアンなどは住民の反対が強い。というのは、テニアンでは中国資本がカジノをやっています。訓練基地ができると、カジノを含めた観光産業が駄目になると……」

沖縄にとってグアム移転が実現すれば、けっこうな基地負担の軽減にはなる。が、グアムなど太平洋の米軍事拠点もまた沖縄と同じで、一筋縄にはいかない。知事の翁長は菅のグアム訪問について、記者団に問われ、こう冷たく感想を述べた。

「（沖縄基地負担軽減と同じように）グアム移転も十年前から言われているが、進まなかった。米軍オスプレイも佐賀空港には行かない。国と政府が法廷闘争を含め厳しい環境に陥っているときにグアム移転をいま発表すること自体、目くらまし戦法ではないか」

さりとて國場組のような米軍基地の関連工事で潤ってきた民間の営利企業としては、黙って指をくわえているわけにもいかない。やはり水面下では、複雑な政官業の攻防が見え隠れする。その中心が、沖縄基地問題の担当大臣を兼務する官房長官なのは繰り返すまでもない。さらに國場に尋ねた。

――普天間飛行場の辺野古移設については、どう考えるか。

「基地の整理統合という意味で、私は辺野古移転に賛成です。最終的に普天間のみならず、ほかの地域も含め、返還されて整理統合につながる。米軍基地が固定化されるといっても縮小されるわけで、海兵隊の数も半分以下になるのです。普天間を返還されると、沖縄の郷土、街づくりがかなり変わってくる。そのへんまで念頭において、大きな今後の振興と観光を考えていただきたい、というようなことを私は思って考えています。整理統合のため、辺野古に普天間を移すのはその第一歩です」

國場組は先代社長の國場幸一郎のときからカジノ計画の青写真を描き、検討を重ねてきた。知事が仲井真から翁長に代わり、カジノ構想は白紙撤回された。

――やはり知事交代は痛手か。カジノを含めた沖縄の観光については、どう考えるか。

「（知事の交代は）大きいですね。私はシンガポールやマカオに何度も行き、カジノのオペレーター（運営会社）にも何度も会いました。地元がやろうとしても、オペレーターが投資しなきゃどうしようもないわけですから、そこは。カジノは沖縄だけが先にできるというわけでもないし、有力候補としては大阪もあり、横浜もあり、北海道もあり、長崎のハウステンボスもある。県も研究をしてきましたけど、（変わってしまった）いまは沖縄に興味があるというオペレーターはいません」

――カジノ推進という点でも菅と連携してきたのでは？

「いや、菅さんが頑張るのは、まず法案を通すことが一つでしょう。観光地としての沖縄は、冬は温泉もないし、雨も風も強くなる。だから、このままうまくいくとは思いません。そこは（翁長）知事さんにも考えていただきたいと思いますが、お互い話はあまりしません。カジノに関しては、自治体の計画ですから何も県全体でなくともいい。もしかしたら市町村で自治体として単独で手をあげる可能性もあるんじゃないでしょうか。いまの知事さんがあれほど強硬だとはこっちも予期してなかったものですから」

仲井真時代に計画したカジノ構想は白紙撤回されてしまったが、翁長はＵＳＪに関しては歓迎すると表明してきた。菅もＵＳＪの幹部と会い、熱心に沖縄誘致を働き掛けてきたが、折しも知事の交代とともにＵＳＪの資本構成が米国に移り、先行きが危ぶまれていた。

――ＵＳＪは実現できると思うか。

「私はＵＳＪに関しては悲観的です。オーナーも替わったし、いろいろ検討して反対している方々もいるし、まだまとまってないわけです。つまるところ辺野古以外の案件に対して、何もしてないっていうことですね。それは困りますな。辺野古反対ありきだけじゃ、この先の沖縄が心配だということです」

沖縄基地負担軽減担当大臣でもある官房長官の菅義偉は二〇一五年八月十一日から沖縄入りした。いったん沖縄県側に譲る形で辺野古の移設工事を中断し、沖縄関係者と集中審議するとしたが、このときＵＳＪの建設予定地を視察し、県民にアピールした。

ＵＳＪの建設候補地として、県北部に位置する本部町国営公園「海洋博公園」を想定し、都市公園法で定められている敷地内の施設建ぺい率の上限二%を引きあげるため、そこを「国家戦略特区」に指定するとぶち上げた。そのために海洋博公園を視察しに来た、とばかりにＵＳＪを誘致する意欲を見せたのである。

だが國場の案じた通り、年が明けると、肝心のＵＳＪが逃げ出してしまった。沖縄進出計画断念の理由は、菅の沖縄訪問直後の一五年九月、ＵＳＪそのものが米ケーブルテレビの「コムキャスト」によって買収されたことによる。新たな経営陣が採算を弾いたところ、進出をあきらめたという。沖縄進出を決めたＵＳＪ社長のグレン・ガンペルが退任し、本国のユニバーサル・パークス＆リゾーツから送り込まれた後任のジャン・ルイ・ボニエが計画を白紙に戻してしまった。

——翁長対策やカジノなどの件で菅と対策を練ったりするのか。

「いやあ、小さい企業ですよ、われわれは。ワンノブゼムですから」

そう笑いながら、國場はまんざら菅との連携を否定するふうでもなかった。

第八章

消えたカジノとＵＳＪ

菅義偉は橋本龍太郎政権で普天間基地返還が決まって以降、四半世紀にわたってほどけなかった沖縄の米軍基地問題の複雑な隘路《あいろ》にはまり込んだ。記者会見などではいつものようにぶっきらぼうに答え、弱みは見せないが、当人の計算はことごとく外れているように感じる。それほど沖縄問題は難解で、答えを見いだせていない。

いまでこそ、基地不要論を唱える金秀グループも、かつては基地推進派の國場組グループ「國和会」のメンバーだった。國和会とはその名のとおり沖縄県内最大手の建設会社である國場組と和を結んだ企業集団のことで、かつては金秀グループでも事実上の傘下企業として米軍の基地建設を担ってきた。そんな國場組と菅義偉を結びつけた人物とされるのが、元知事の仲井真弘多である。

二〇一六年三月、当の仲井真に会うことができたので、ストレートに尋ねてみた。

──沖縄基地負担軽減担当大臣に就任した菅はずい分、困っているようだが、どのように評価しているか。

「基地問題で菅さんは、他の大臣をしのぐ権限をもってあたっています。官房長官という極めて多忙な職にありながら、沖縄に何度も入っている。よくやられている」

さすがにそう際どいことは話さない。仲井真は基地容認に舵を切った知事だが、翁長自身もかつてはそうだったという。

「翁長さんは少なくとも大田（昌秀）知事時代の終わりごろには辺野古基地を容認していたのです。それで稲嶺さんを知事候補に担いだ張本人。そこから稲嶺県政の二期目に入るかどうか、というところから（基地反対の）妙な動きになっていったように感じました。まだ表面には出ていなかったけど、辺野古移設反対はすでにあのあたりからではなかったかな」

前述したように、第二次安倍政権が発足した翌二〇一三年八月、仲井真は夏季休暇に基地負担軽減担当大臣として沖縄入りした菅と会談した。その場所が、國場組の建設した名護市のザ・ブセナテラスであり、國場幸一もそこに同席し、琉球放送元会長の小禄邦男を交えて四者会談を開いた。

――四者会談でいったい何を話し合ったのか。

「菅さんは担当大臣になったものの、沖縄のことをあまりよく知らないということでした。だから一度、皆で会ってお話ししましょう、と誘ったんです。実際に夏季休暇で、奥さまもいらしていましたよ」

もっとも菅自身の沖縄政策はうまくいっていない。仲井真知事時代にはカジノ計画やUSJ誘致が奏功しかけたように見えるが、結局、USJも白紙撤回されてしまった。

──菅とともにカジノ計画やUSJ誘致を進めてきた知事として、それをどう見るか。

「たしかに菅さんは横浜でもやろうとして熱心ですが、沖縄の振興策としてカジノが絶対に必要というわけではないでしょう。USJも振興策の一つとして、取り組んでこられた。USJの話は、大きな権力のある官房長官なので向こうから挨拶に来たと聞いています。日本全国いろんなところを回っているなかで沖縄はどうかという話もあり、向こうも乗り気だった。もともと国立海浜公園のなかにつくろうとしたので、旧建設省（国交省）との兼ね合いがあって難しかった面もあります。ただ菅さんにしてみたら、いろんな策の一つであり、次も用意しているのではないでしょうかね」

仲井真の菅評は揺るがない。その後、菅は普天間飛行場跡地にディズニーリゾートを誘致するとまで言い出した。これが仲井真の言う「次の一手」だったのかもしれない。が、そもそも辺野古の建設そのものの目途が立っていない。基地完成までどのくらいかかるかわからないのに、ディズニーがやって来るだろうか。現実には菅はかなり苦しい立場に追い込まれている。

合意した二人の知事

辺野古移設工事をめぐる政府と沖縄県の対立は、問題解決の出口が見えない。基地建設工事の中止を決めた知事の翁長雄志に対し、政府が福岡高裁に知事の命令の執行停止を求めて提訴し、代執行手続きを巡る訴訟になる。そこから二〇一六年に入ると、見るに見かねた福岡高裁が割って入り、和解勧告をする事態にまで発展した。行政手続き訴訟に関するここまで詳細な裁判所の和解提示は前代未聞だ。菅はそれほど問題をこじらせてしまったといえる。

最強の官房長官と呼ばれた菅がなぜここまで立ち往生してしまったのか。その原点からひも解いてみようと、歴代知事を取材した。

「基地問題は、変な感情論に陥っている部分もあるが、点で捉えるとわからなくなってしまう。過去から連なる線であり、面として捉えなければならない。私は過去の背景を含め、いまが基地問題を整理するいいチャンスだと思っています。最低でも県外移設と言いながら、前言を撤回した鳩山（由紀夫元首相）さんをけしからんと言うが、問題提起したという点で一定の評価もできる。これまで基地問題はアンタッチャブルだった。それを検証する必要もあるでしょうから」

稲嶺惠一はそう語る。取材時にはすでに八十を超えていた。翁長雄志からさかのぼること二代前の保守系知事である。

稲嶺の指摘するとおり、普天間飛行場の辺野古移設問題には、長い歴史がある。革新知事の大田昌秀時代の一九九五年、米兵による少女暴行事件をきっかけに、反基地運動に火がつき、日米両政府が普天間基地の返還で合意。移転先として浮上したのが、辺野古周辺だった。

が、知事の大田はのちに基地移設反対を表明し、そこから事態が混とんとする。そのあと登場したのが稲嶺だ。九八年、県内屈指の大企業「琉球石油」（現りゅうせき）会長から知事選に出馬し、基地容認派として地元財界の票を取りまとめ、革新系の大田を破って当選した。大田、稲嶺県政時代は、仲井真弘多から翁長県政と基地問題で二転三転してきたその後の状況とよく似ている。

「まさにあの当時を対比したら、非常にわかりやすいと思います。もともと私も経済人として大田県政をバックアップしてきました。原点はやはり少女暴行事件であり、そこで普天間の返還が決まった。このとき大田さんと橋本（龍太郎元首相）さんは合計十七回も会っているんです。それもほぼ一対一。大田さんは会談内容について、官邸とのパイプ役になり、返還計画を取り仕切ってきた腹心の吉元（政矩《まさのり》）副知事にさえも話さなかった。だから橋本・大田会談の中身については、いまもって誰も知らないんです」

普天間飛行場の返還については、九六年二月から始まった橋本龍太郎とクリントン大統領との日米交渉の結果、合意に達した。同年四月、首相の橋本が米駐日大使のモンデールと異例の合同記者会見をして評判を呼んだものだ。

――そもそも普天間基地返還の日米合意当時、知事の大田は県内移転に同意していたのか。

そこでさえ曖昧だが。

「あのころは防衛庁や外務省などが、普天間の返還でさえ無理だと交渉そのものに反対していた。だが、橋本さんが強引にモンデールに話を持っていき、クリントンに伝わって話が進んだのです。だから橋本さんにすれば、俺はそこまでやったんだから、大田さんも地元を説得してくれよ、という思いがあった。少女暴行事件のあと、政府は、沖縄政策協議会という特別機関を設置しました。そこに総理が出て、北海道開発庁長官を除く全大臣が出席して沖縄県知事と話し合ってきた。そうして沖縄の重要政策が決められ、大きなプロジェクトを推進していったわけです」

移設の計画は大田知事時代にも進んでいたという。

「私は当時まだ財界から見ていただけですが、県庁から地元の産業界に対しては『フローティング案に反対しないでほしい』と要請がありました。フローティング案とは、ボートのような滑走路を沖合に浮かべるやり方。移動が可能だし、固定化されないので、いちばん手っ取り早い。それで、(将来的に)中東にまで基地を引っ張っていって基地を移動できるなどと言われていたものです。大田さんにしても、橋本さんに恩があるので、それに対してはっきりとノーとは言えなかった。ところが当時の名護市長選の二日前になって突然、すべての県内移設反対と言い出した。以来、昔から移設に賛成とは一度も言っていないと言い張っているのです」

稲嶺は基地問題を巡る政府と沖縄のすれ違いがそこから始まっているという。

「橋本総理はものすごくプライドの高い人ですから、泣き言は言わないが、私の知っている範囲で泣き言は三回だけ。突然ノーと言った大田さんに対し、『騙《だま》された俺が馬鹿だったのか』と一言。それから大田さんが知事を辞めたとき、『あなたには貸しがありますよ』とも言っている。それに私にも『大田さんが最初からノーと言ってくれたほうがよかった』と。少なくとも橋本さん自身は大田さんが基地政策にノーとは捉えてなかったのです。だが、結果として政府は沖縄政策協議会を一切開かなくなった。すると、どんどん沖縄経済が厳しくなりました。失業率が九・二％に跳ね上がってしまいました」

――そこで地元経済界の要請を受け、基地移設容認を掲げて知事選に出馬した？

「それはそうですよ。基地は北部に持っていきます、と訴えて当選しました。ただ、条件はつけたんです。一つは新たな基地は米軍の財産ではなく、沖縄県の財産にするため軍民共用にすること。それから基地の固定化を避けるため、使用期限を設けた。いったん十五年としたが、実はそれは譬《たと》え話のようなもので、はっきり決めたわけじゃない。だから政府の閣議決定でも、基地の使用期間は国際情勢を勘案して弾力的に協議したいとしている。

十五年で返せと言っても無理だし、それはこちらも了解しているわけです。使用期限を設けてあとは交渉です。二十五年、三十年という話も受け入れるつもりでしたが、スタートのたたき台として基地の使用期限を言い出しただけの話です」

案の定、基地の使用期限についてはうやむやになり、いまにいたっている。つまるところ、物事をファジーにしたまま、基地問題に対処するというやり方だ。ただしそれはそれで話し合いは進んだ。

とりわけ沖縄との交渉で橋本政権時代に活躍したのが、沖縄問題担当の官房長官だった梶山静六だ。梶山は自らの私的諮問機関として「沖縄懇話会」を設置。「梶山懇」とも、座長の島田晴雄慶應大教授の姓をとって「島田懇」とも呼ばれた。それは小渕恵三政権の野中広務官房長官にも引き継がれ、一九九七年から二〇〇〇年まで政府側が地元の有識者や経済人と意見交換する場となった。いわばこのころが最も政府と沖縄が近い関係だった。「島田懇のメンバーでは、私が沖縄側で副座長を務め、琉球大の名誉学長や連合沖縄の会長、それから沖縄タイムスや琉球新報の社長も加わっていました。いまは沖縄のマスコミ二紙は左寄りで偏向していると批判する人もいるが、当時は政府に協力する姿勢でやっていたんです。タイムスも琉球新報も社長が梶山さんといっしょにあぐらをかいて泡盛を飲んだり、東京で日本酒を飲んだりしながら、わいわいやっていたものです」

後退している基地問題

普天間返還の日米合意の当事者である稲嶺の前の沖縄県知事、大田昌秀は取材当時すでに卒寿を迎えていた（一七年に逝去）。

「九六年一月、我々は基地返還アクションプログラムを作成し、日米両政府に提出しました。〇一年までに十基地、一〇年までに十四基地、一五年に嘉手納を含めた残り十七基地の返還を要求しました。そこで橋本総理が秩父セメント（現・太平洋セメント）の諸井虔《けん》会長を密使に立て、私のところに派遣してきたのです。で、最優先で返してほしいところはどこか、ときたものだから、普天間を挙げたのです」

〇一年までに普天間を加えた十一基地の返還を伝えたのが、ことの始まりだ。

「それで日米が合意し、すごく喜んだわけです。ところが、総理は十一基地を返すけれど、そのうちの七つまでは県内に移設し、新たに基地をつくるという。コンクリートで基地をつくられたら、耐用年数の尽きるまで米軍が勝手に使える。だから、拒否した。それが今日にいたっているわけです」

――いったい首相の橋本や官房長官の梶山とのあいだでどんなやり取りをしたのか。

「橋本総理と梶山官房長官は非常に沖縄に対する理解がありました。総理は慶大生時代から（衆院議員だった）お父さんの龍伍さんの秘書をされていて、学童疎開船が米国の潜水艦に撃沈された対馬丸事件の遺族たちが厚生大臣のお父さんへ（賠償を）訴えているのをそばで聞いていたそうです。また陸軍士官学校を卒業して国会議員になった梶山官房長官は、沖縄で石材貿易をしていたお兄さんに選挙資金を出してもらっていたといいます。だから沖縄には思い入れがあり、私は二人が政府にいるあいだに基地問題を解決しないといけない、と繰り返し言い続けてきました」

――十七回も会ったという橋本とは、どのような付き合いだったのか。

「たとえば橋本総理の行きつけの中華料理店が千駄ヶ谷にありましてね。そこに行くと、『沖縄県知事バンザイ』と拍手で出迎えてくれる。官邸に行くと、『上着を脱いでネクタイを外してざっくばらんに話しましょう』と言ってくれた。そうして十七回お会いしたんです。梶山官房長官とは、那覇のハーバービューホテルの地下の店で会ったり……。梶山さんは泡盛が好きで、二人だけでいろいろ話をしました」

話の中心はやはり神経を使う基地問題にならざるをえない。稲嶺元知事によれば、海上基地のフローティング案が進んでいたという。

――橋本たちは、大田が県内移設を容認していると思ったのではないか。

「海上基地計画はたしかにありました。防衛庁（現・防衛省）がそれを計画していたのですが、沖縄にいた砲兵隊のロバート・ハミルトン中隊長が、海兵隊の機関新聞『マリンコー・ガゼット』の反対論文を僕のところへ送ってきた。そこに、沖合の軍施設は韓国に追い抜かれた日本の鉄鋼業界を救うための政治的な計画だから、日米安保条約とは何の関係もないと書いてある。何万本もの鉄の杭を立て、厚い鉄板の滑走路をつくっても沖縄の暴風に耐えられないので海底に沈むとまで。だからすぐに計画は消えました。総理からは、アメリカとの関係もあるので、県内移設を認めてほしいとしょっちゅう言われました。自分たちも経済振興で親身になっているから、と。だが、絶対に基地だけは引き受けることはできない、そう言ってきたのです」

――もっとも稲嶺によれば、名護市長選までは基地を容認していたといい、橋本は大田に騙されたと恨み節を漏らしたともいう。

「とんでもない、それは全然違います。（橋本の言葉を聞いた）本土のマスコミは、総理との十六回目の会談まで私がいかにも基地を引き受けると容認し、十七回目に反旗を翻したかのように書いています。しかし私は、基地を引き受けるとは一回も言ったことはない」

そこだけは頑《かたく》なだ。学徒出陣経験のある戦中派の大田は、やはり基地容認とは言えない。

「私が一番心配しているのは、血が流れる事件です。政府が強行に基地を移すと、何が起こるかわからない。七〇年に県民が立て続けに米軍車両に轢《ひ》き殺され、住民が憲兵の車八十三台を焼き払ったコザ騒動みたいな歴史もある。あのときは五千人のコザ市民でしたけど、いまは沖縄じゅうが政府のやり方に怒っている。沖縄の人は普段権力に抵抗せず、百姓一揆のない唯一の県だと言われていますが、強行したら、命を懸けても阻止するっていう連中もいる。そんな事態が起きなければいいが」

大田にしろ、稲嶺にしろ、橋本や梶山と膝を突き合わせ、繰り返し議論してきたという自負がある。一方、菅と翁長は互いに距離を縮めないまま、角を突き合わせているだけにしか見えない。つまるところ基地問題の解決は、大田や稲嶺の知事時代より後退しているのではないだろうか。

アメとムチで躓いた沖縄懐柔

菅本人が基地負担軽減担当大臣として普天間飛行場の辺野古移設のため、沖縄に対してアメとムチを使い分けながら接してきたそのやり方は、基本的には敬愛する橋本政権時代の官房長官だった梶山静六のそれと変わりはないだろう。だが、当時といまでは沖縄側の受けとめ方がかなり違う。それはなぜか。

私はかつて梶山とともに基地問題に取り組んできた元防衛次官の守屋武昌に、日本政府の沖縄対応を取材したことがある。そこで守屋はこう言った。

「梶山官房長官といっしょに那覇空港のロビーで秘書の到着を待っていました。すると、秘書がそこに大きな紙袋を二つ下げ、『お待たせしました』と私のところに駆け寄ってきたのです。紙袋の中身を見ると、そこには千円札がびっしり詰まっていました。あれは官房機密費だったのでしょう」

九六年当時のことだという。千円札は野口英世が描かれている現在のE号券ではなく、夏目漱石が載っているその前のD号券だった、と守屋はかなり鮮明に記憶していた。もっとも、梶山からは現金の出所はおろか、秘書がそれを運んでくることさえ聞かされていなかったと言葉を濁した。

「官房機密費だったかどうか、確かめたわけでもありませんので、そこは定かではありません」

守屋はみずから話しておきながら、そこは官僚らしく、言質《げんち》をとられないように警戒した。いずれにせよ、現地対策費というアメであることに変わりはないだろう。一万円札ではなく、わざわざ千円札を運んだのは細かく配るためだったに違いない。デパートにあるような大きな紙袋二つにぎっしり札束が詰まっていたというから、一億～二億円ほどはあったのではないだろうか。

これは私がたまたま知った沖縄対策のほんの一部であり、水面下では年間数十億円の工作費が使われてきた。それは知事だった大田も認めている。

そうして梶山や野中など、歴代官房長官は首相の名代として沖縄に日参し、米軍基地の返還という大きなアメとともに、新基地の建設というムチの受け入れを飲ませてきた。その基本姿勢は菅も同じだ。

意外なことに、横浜市議会議長を務めた藤代耕一も沖縄の基地問題にかかわったことがある、と次のように打ち明けてくれた。

「普天間飛行場は二〇二〇年に返還される予定でしたが（その後二〇三〇年代以降にずれ込む見込みに）、その前に先に西普天間に建てられている米軍の住宅地五十二ヘクタールが返されるんです。それで跡地に、国立琉球大学のキャンパスだとか、付属病院だとかを持ってくる計画がある。そこは政府の医療特区に指定してもらい、経産省を動かして新薬の治験や実験期間を従来の十年じゃなく、五年ぐらいにしてもらうとか、大学のキャンパスを文科省にお願いして設置する。それから、何十回も放射線治療を繰り返さなくて済む癌治療に有望な重粒子線の装置についてはすでに予算が決まっていると思います。以前、それらの提案を沖縄の人が僕のところへ持ってきて、官邸にいる菅さんにつないだことがあります。菅さんは沖縄の基地を軽減させるための担当大臣でもありますし、仲井真さんとも親しかったですからね」

菅は常々、沖縄基地の負担軽減につながることなら何でもやる、と公言してきたが、これもアメの一つなのだろう。カジノ計画しかり、USJ誘致しかり、普天間飛行場の跡地に誘致するというディズニーリゾートしかりだ。

だが、そうしたアメをちらつかせても、急逝した翁長の跡を継いだ現知事の玉城デニーはもとより、財界の反発も根強い。しかも、運悪く、大きな目玉になるはずだったカジノやUSJは立ち消えになり、ディズニーリゾートにも疑問符がついている。なぜこうまでこじれているのか。

「菅さんの対応を見ていると、あまりにも杓子定規にことを進めすぎているように感じます。沖縄に対する思い入れとか、寄り添う気持ちだとか、そういう感情が感じられない。梶山さんや野中さん、さらに山中貞則さんなどは沖縄のために、と少なくとも何度も足を運んでくれましたけど、菅さんはいつも翁長さんを呼びつけるだけ。それでは感情的なわだかまりが解消できないのではないでしょうか」

翁長を支援する沖縄のある財界人はそう手厳しい。浪花節に聞こえるかもしれないが、沖縄にはそうした感情的な側面が、基地問題を左右することも否定できない。

浮上した横浜のカジノ構想

本来、菅は自分自身が先頭に立って動くわけではなく、誰か別の人間を前面に立て、水面下で政策を進めていく。そこが参謀タイプと呼ばれる所以でもある。自覚してはいないのだろうが、みずから築いてきた広く深い人脈が、本人の存在を大きく見せ、自民党の実力者や霞が関のエリート官僚、財界の重鎮たちも従ってきた。が、こと沖縄に関しては、様子が異なる。地元財界の実力者や元知事とのパイプがあっても、そこからさして人脈が広がらず、いつもの菅のやり方が通用しない。そう思えてならない。

たとえば図らずも沖縄で頓挫したカジノ構想について、菅は横浜や大阪でも計画を進めてきた。大阪では、菅と親交の深いおおさか維新の会の橋下徹や松井一郎が、陣頭指揮を振るってカジノ特区構想を進めてきた。また膝元の横浜では、市長の林文子が、ＩＲ統合型カジノリゾート構想に着手し、全国最有力候補地と位置付けられている。

横浜市会議員時代、影の市長と称された菅には、菅軍団といわれる支援者がいる。市議や県議ら政界関係者だけでなく、民間企業経営者なども選挙をバックアップしてくれる。

現横浜市長の林は、もともと菅一門の市長でなかった。再建中のダイエー会長兼最高経営責任者から日産自動車の執行役員、日産自動車販売社長を経て〇九年八月、スキャンダルに見舞われた中田宏に代わり、横浜市長に就任した。民間の女性実業家として林を担ぎ上げたのが、民主党政権時代の小沢一郎だったとされる。そこから一転、自民党が政権を奪い返したあと二期目の一三年八月におこなわれた市長選では、自民党の菅に頼った。元菅の秘書で横浜市議の渋谷健（前出）が解説する。

「いま横浜で国政とつながり、市政の面倒を見てくれるのは菅さんしかいない。林さんはそれがわかっているので、すでに市長一期目の途中から菅さんとのパイプを徹底してつくりあげていきました。で、二回目の選挙は極端にいえば、菅さん丸抱えみたいな感じでした。菅さんに指示され、私も選挙を手伝いましたが、一カ月ぐらい林市長の選対事務所に毎日通いました。選挙スタッフから運動資金にいたるまで、誰をどこに配置しろとか、パーティで資金を集めることまで、ぜんぶ菅さんの指示で動きました。まあ横浜には民間企業経営者の菅軍団がいますから、彼らに任せればあとは大丈夫ですけどね」

いまや市長の林も、地元政界における菅軍団の一人といえるだろう。その林はやがて、中央政界で推進するカジノ・IR統合型リゾート構想にも積極的に取り組むようになった。よくよく目を凝らすと、その後方には菅の姿がくっきりと浮かぶ。

「臨海部の観光都市として、魅力を向上させる計画のなかで、IRはカジノを含めなければとても成立しません。税収不足のなか、（シンガポールやマカオのように）カジノで経済効果を狙っていきたい。きわめて健全で、品格のあるカジノを目指す」

二〇一四年の松の内が明けた一月九日の定例記者会見で横浜市長の林は、高らかにそうカジノ推進宣言をした。そのうえで四月、横浜市に調査プロジェクトチームを立ち上げ、翌年度のIR調査費用として一千万円の予算を計上した。このあたりから横浜市長によるカジノ構想の発言が目立つようになる。

その三カ月後の七月十八日、今度は菅が官房長官会見で唐突にぶち上げた。

「国会のIR推進法案の状況を踏まえながら、諸外国の事例や法制を調査し、課題を整理したい」

そして内閣官房にIRカジノ推進チームを結成した。以来、チームを束ねる内閣審議官として元気象庁次長の渡辺一洋（現・西武バス社長）を抜擢し、国交省や財務省、経済産業省、警察庁など各省庁から総勢二十人ほどの官僚を出向させ、カジノの研究を進めてきたのである。渋谷が続ける。

「林市長は議会でも『ＩＲを一生懸命誘致したい』と言っています。（カジノ構想の調査費用としての）一五年度予算はたかだか一千万円ですけど、横浜市として真剣にＩＲに取り組むという意思表示であり、自民党とも連携しています。ＩＲカジノを誘致したい自民党と横浜側の思惑が合致したっていうことでしょうね。当初のＩＲは石原・猪瀬都政で、東京のお台場あたりで進めるのではないか、というイメージがありましたけど、オリンピックが決まって東京がお腹いっぱいになった。ならば横浜にも勝ち目が出てきたな、と一気に盛り上がってきました」

石原の後継として東京都の知事になった猪瀬直樹は、フジテレビグループなどとタッグを組んでカジノ構想を進めてきた。東京湾岸地域の特区構想のなかにカジノ計画区域を盛り込み、二〇二〇年の東京五輪に間に合わせる、とばかりにカジノ計画の先頭を走ってきたといえる。

だが、その五輪招致が決まった一三年九月からほどなくして、猪瀬に五千万円の裏金スキャンダルが発覚する。失脚した猪瀬に代わって翌一四年二月、東京都知事選で当選した舛添要一は知事就任三カ月後、都のカジノ構想を白紙撤回してしまった。

東京都のカジノ構想断念の裏には、石原・猪瀬の都政を踏襲したくないという舛添の妙なライバル意識が働いた、と見る向きもあったが、そんな単純な話ではないだろう。一説によれば、五輪開催地域のお台場にギャンブル場があっては困る、という国際オリンピック委員会（ＩＯＣ）からの示唆があったともいわれる。またカジノを誘致したい菅たち横浜勢の巻き返しがあったという説も根強い。いずれにせよ、ここから横浜が日本におけるカジノリゾート第一号の大本命に浮かび上がった。

実力議員のさや当て

そもそもカジノ構想については、多くの国会議員が鵜の目鷹の目で主導権を握ろうとしてきた。自民、民主、公明の一部を含めた超党派の「国際観光産業振興議員連盟」（略称、カジノ議連）が立ち上げられ、カジノ議連が一三年十二月の通常国会に議員立法として

「特定複合観光施設区域の整備の推進に関する法律案」（通称、カジノ基本法案）を提出した。

法案提出時の議連リストによれば、会長には安倍の所属する派閥、清和会会長の細田博之が就き、副会長として公明党の佐藤茂樹や民主党政調会長だった桜井充（現・自民党）、維新の会の中山恭子（引退）などの名前が並ぶ。最高顧問に首相の安倍みずから就き、シンガポールまで視察に行ってカジノを成長戦略の目玉の一つと位置付けた。安倍自身は法案提出後さすがに最高顧問の肩書から外れたが、閣僚からは財務大臣の麻生太郎も顧問に加わり、東京・お台場カジノの言いだしっぺである石原慎太郎や小沢一郎まで顧問として名を連ねてきた。

そのカジノ構想は、一二年十二月の議連による基本法案の立案、一三年の国会提出により、一挙に実現の機運が高まっていった。最初のカジノ候補地は、日本で二ないし三地域にするという方針が決まり、ジャパニーズカジノ第一号の狭い枠を狙い、全国各地の自治体が続々と手を挙げていったのである。

言うまでもなく、候補地選びはカジノ業者、自治体、地元選出の政治家にとって、大きな利権に直結する。いきおい自治体の首長たちは地元選出の国会議員を頼りにし、ことを有利に運ぼうとする。そうして誰が、どこにカジノを持ってくるか、実力議員たちのさや当てが展開されていった。

たとえば大阪一つとっても、おおさか維新の会の橋下たちは大阪市内の南港を候補地と定めたが、二階俊博は関西空港に隣接する泉佐野市を推してきた。

当初有力とされた候補地は、東京、沖縄、大阪の順だったが、まさしくそのタイミングで、東京都知事に就任したのが舛添要一だったのである。

「これは優先課題ではない。まず、オリンピック・パラリンピックの準備からして、やることがいっぱいありますから、国の法案が通ったら通ったで、また考えますけども、まだ検討の俎上《そじょう》にものっていません、というのがいまの状況です」

舛添は一四年五月十七日の定例会見で、大王製紙事件のたとえまで引っ張り出してカジノ構想を撤回し、記者たちを驚かせた。

「プラスマイナスあると思いますよ。四国の製紙会社の御曹司が、何億円スッたという話が出てくる。家族崩壊したとか、いろんな話もあるから、そういうマイナス面に全然触れないで、万々歳で経済がよくなるとだけでもないでしょう」

横浜にとっては、東京都がカジノレースから離れた絶好のタイミングで名乗りをあげたことになる。最右翼候補地として横浜が浮上したのはしごく当然だったともいえる。もっとも、横浜市議の渋谷はあまり喜んでばかりはいられない、と声のトーンを落とす。

「たしかにものすごい金額の計画になるでしょう。全体で一兆円規模になるかもしれない。候補地のなかで横浜は非常にいい環境にあるとは思います。官房長官がかなりの主導権をとっておられるでしょうから、正直言えば、われわれは期待を込めて菅さんに、何とか横浜へ持ってきてほしいと思っています。ただ逆に菅さん自身、動きが難しくなっていることも間違いないでしょう。派手に動けば、やっぱり、てめえのところに持っていきたいのか、となるから」

前述したように菅はカジノ推進チームを設置し、法案の取り扱いを含め、カジノの推進を自分の掌に置いているようにも見える。

大阪にしろ、沖縄にしろ、菅自身が深くコミットしてきたのは、これまで書いてきたとおりだ。カジノ構想において菅は他の国会議員にない有利な立ち位置にいる。菅は法案成立まで水面下で動いてきた。取材時の二〇一五年、渋谷は言った。

「横浜市議会としても勉強会みたいなことをやってはいますけど、やっぱり法律が通るまでは静かにしていようと話しています。市でもそれなりに勉強してはいるでしょうけど、場所もまだ正式には決まっていません。菅さんは極めて慎重になっています。痛くない腹を探られたくないですから、動いているとしても、水面下のさらにその下ぐらいのところじゃないですかね。だから私なんかにも、『渋谷、ＩＲ関係の人とは一切会うなよ。おまえが会えばおれが会ったことになるんだから、一切飯も食ったりするな』と命じられてきました。ただし、法律が通ったら一気にやるでしょうね」

そこまで慎重にことを運ぼうとしてきたのは、熱を入れていた裏返しなのだろう。一三年十二月に提出された悲願のカジノ法案は、安保法案の審議や国政選挙といった重大事が立て続き、審議は先延ばしにされてきた。そのため法案も廃案になってきたが、その都度、復活し、二〇一六年十二月に推進法、さらに一八年七月に整備法が成立する。菅にとっては是が非でも、実現させたい計画だった。渋谷は言った。

「菅さんは公明党のアレルギーを気にしています。そこでまずは、ギャンブル依存症に対してきちっとした方策をとることが先だと言っています。ギャンブルだけではなく、薬物だとか、アルコールだとか、買い物依存症にいたるまで、多岐にわたる依存症全体について、ＩＲの収入で対策する。それなら理屈は通りますよね。その方策をカジノ基本法の次に提出する（カジノ）実施法のなかに盛り込む。法律の立てつけはわからないけど、それをしきりに言っています」

日本経済や地域の産業にとって、本当にカジノが必要かどうか、そこの議論はあまりない。総額一兆円の開発となれば、民間企業が指をくわえて黙って見ている手はない。菅に限らず、多くの国会議員にとっては、そこがいちばん大切なのかもしれない。ここへ来てカジノについては菅の後ろ盾だった藤木幸夫が反対を表面し、物議を呼んだ。

第九章

知られざる人脈とカネ

世辞にも華のある政治家とはいいがたい菅義偉は、政権運営に欠かせないからこそ、これほど長期にわたって官房長官を務めた。その在任期間は二〇一六年七月をもってこれまで最長だった福田康夫を超え、それ以降最長記録を更新し続けた。この間、安倍政権内で無類の政治力を発揮してきた事実もまた、動かしがたい。影の総理とまで呼ばれてきたその力の源泉は人脈にある。独特な政官業のネットワークが、今日の菅を支えてきたといえる。

たとえば失敗したUSJの沖縄誘致計画でさえ、菅人脈がちらついた。USJの進出地として、県北部の国立海洋博公園に決まりかけていた。それは、人的ネットワークが大きくものを言ったからに違いない。沖縄進出を決めた社長だったグレン・ガンペルを菅に引き合わせたのが、サントリー社長の新浪《にいなみ》剛史である。

三菱商事からローソンに移り、同社を再建した新浪は、竹中平蔵と並んで第二次安倍政権で設置された産業競争力会議の中心メンバーとなる。あまり知られてはいないが、菅とは旧知の間柄だ。

菅は経済界にこうしたブレーンを張り巡らせ、日常的に会っている。菅へのインタビューで、そこを尋ねてみた。

——USJの誘致については、新浪のパイプを使ったのか。

「もともとの誘致話と新浪さんは別です。たまたまUSJを沖縄に誘致したいと新浪さんに話したら、新浪さんがCEO代表取締役社長グレン・ガンペルさんととても懇意にされているということで紹介していただいたのです。USJとしては、(沖縄北西部の海洋博公園にある)美ら海《ちゅうみ》水族館と連携し、観光客を呼び込みたいという発想のようでした。美ら海水族館には、年間三百万以上の来場者がいる。だから、あそこと連携して、相乗効果を高めたいと言っていました」

その後、USJでは資本構成の変化に伴ってグレン・ガンペルが社長の座から退き、後任のジャン・ルイ・ボニエが沖縄進出を帳消しにしてしまったのは、前に書いたとおりだ。やはり菅にとって、沖縄進出を決断したUSJトップがいなくなったことは、大きな痛手だったに違いない。

人脈づくりの原点

先に紹介した港の大立者、藤木企業の藤木幸夫を例に挙げるまでもなく、菅の人脈づくりの原点は、小此木の秘書時代にさかのぼる。続けて菅に聞いた。

——後援会のスポンサー企業や官庁の人脈づくりはどのようにしてきたのか。

「私自身は、取り立てて人脈づくりに励んできた感覚はありません。ある意味、秘書はそうした後援会づくりを一生懸命やるのが仕事ですからね。だから企業とも、秘書時代からの付き合いが多い。秘書時代からいまにいたるまで、ずうっと付き合っています。小此木事務所の秘書だった当時は、まだ課長になるかどうかだった企業の人たちがその後みな偉くなって、そのまま続いている感じ。霞が関の役人も同じです」

国対族、運輸族として知られた小此木は、旧国鉄をはじめ、京浜急行、相模鉄道や東急電鉄といった鉄道会社との関係が深かった。

——それを引き継いだということか。

「そうですね。JRでいえば、のちに東日本の社長になった松田（昌士相談役、故人）さんなんか、まだ部長にもなっていなかったんじゃないかな。（松田とともに国鉄民営化三羽ガラスと呼ばれた）葛西（敬之・ＪＲ東海名誉会長）さんや井手（正敬・ＪＲ西日本元会長）さんも小此木事務所によく出入りされていました。あとのＪＲ東日本の社長たちも課長ぐらいだったと思います。私鉄三社は路線が横浜にありますから、なおさらです」

横浜港の望める横浜ベイシェラトンホテルでは、企業の政界担当者が菅を囲んで朝食会を開いてきた。そこには三百人ほど集まるというから、すごい集客力だ。

「朝食会の参加メンバーは、ほとんどの業種が網羅されているといってもいいんじゃないかな。最近のＩＴ業者などは少ないですが、みなさん三十年も四十年も前からずっと菅さんを支持してくれています」

先の横浜市議、渋谷が菅の言葉を補う。

「なかでもとくに鉄道関係は強いですね。たとえば地元京浜急行の小谷（昌）さん、いまは会長も辞めているけど、実質的には京浜急行の天皇陛下です。菅さんが小此木の秘書で、二十代のぺえぺえだったとき、小谷さんはまだ京浜急行の総務課長だった。そのとき『菅ちゃん、おれたち一緒に偉くなろうな』と話し合っていたそうです。また相模鉄道の渋谷

（慎一郎）さん（故人）、その人も総務課長のころから、菅さんとよく食事をしたりしていたらしい。要するに企業の使い走りと国会議員の使い走り同士、それがトップに上がっていったということです」

鉄道会社は、敷設工事はもとより、駅ビルや繁華街の開発にも携わる。菅は小此木の秘書として、そうした事業に関係する建設会社や不動産業者との付き合いも増えていった。

「鉄道にかかわる建築や不動産もよく知っています。一般の人から見れば、そこに利権があるんじゃねえのか、と言われそうな業種ですが、たしかに菅さんはそういう分野に強い。鉄道以外でいえば、三井不動産の当時の横浜支店にいた岩崎（芳史）さんが社長になった。歴代の社長は横浜から出ているイメージがあって、菅さんは『おれと一緒にいると偉くなっちゃうんだよな、おれは運が強いんだ』と前に言っていました」

こうした企業との付き合いのなかから、提案された政策立案も少なくない。それは政官業のトライアングルのなかに組み込まれた利権話と紙一重でもある。

横浜の港湾開発でいえば、三菱地所が中心となって取り組んできたようだが、そことの関係について、渋谷はこう言った。

「人が人を紹介してくれるでしょう。どんどん人脈が広がり、付き合いのなかから生まれる政策もあります。三菱地所とも近い。みなとみらいの開発のときは最後の高秀市長時代ですから、いろいろ協力したでしょう。菅さんは衆議院に出てからも、高秀さんとぴったりだったですから」

次の横浜市長となった中田宏との親交については次のように説明してくれた。

「中田さんは高秀さんと激突したわけですから、最初はさすがにうまくいきませんでした。ただ、中田さんはなかなかのパフォーマーで、自分にとってどっちにつけばいいか、という利にさとい人ですから、当選後は一生懸命すり寄っていました。菅さんの最初の衆議院選挙で菅さんの当確が出た瞬間、事務所の電話が鳴った。『先生、おめでとうございます。私、市長になって西区の市長公舎に住所を移し菅先生に初めて一票入れさせていただきました。当選をお待ちしていました』と言っていたそうです。そんな感じで、向こうが一生懸命菅さんに近づこうとしたのでしょうね」

菅自身は中田とつかず離れず、と一定の距離を置いていたそうだが、みなとみらい開発では協力し合う必要もあったという。

中田はみなとみらいの開発に絡んで、パチスロやアミューズメント業界の大手「セガサミーグループ」とも深くかかわった時期がある。グループの総帥でセガサミーホールディングス会長の里見治《はじめ》は、早くから日本におけるカジノ第一号業者を目指してきた一人だ。二〇一二年以降、韓国の「パラダイスグループ」と提携し、仁川《インチョン》国際空港に近接するカジノ施設「パラダイスシティー」を運営しているが、それも日本でのカジノを睨んだ動きだとされてきた。

セガサミーの狙い

里見は東京・お台場のカジノ構想でもその名が取り沙汰され、安倍や菅とも昵懇《じっこん》とされる。

経産官僚だった鈴木隼人に長女を嫁がせた結婚披露宴には、安倍や菅をはじめ、麻生太郎、森喜朗といった錚々たる顔ぶれが来賓として招かれて評判になった。娘婿の鈴木は二〇一四年十二月の総選挙に東京比例区で自民党から出馬し、当選している。

「ちょうど僕が市議会議長のとき、セガサミーの里見さんが横浜に進出したいので相談に乗ってほしいと言われました。僕の高校の先輩であるタレントのミッキー安川からの紹介でした。ミッキーのラジオ番組『ずばり勝負』の冠スポンサーがセガサミーだった関係から、東京・赤坂の氷川神社のそばにある『ひかわ』という料亭で最初に会いました」

そう思い返すのは、元横浜市議会議長の藤代耕一だ。〇四年十月、サミーの里見がゲーム機メーカーのセガを買収し、セガサミーを発足させたころだという。

「里見さんは副社長を連れ、非常に意欲的でした。みなとみらいでアミューズメント施設を展開したい、という。そのために横浜市につないでくれ、という話です。私も、セガサミーの進出は活性化にもつながるので大歓迎でしたから、市長の部局に紹介して検討に入った。と同時に、藤木企業の藤木さんにも面通ししなければならないので、紹介しました」

セガサミーの進出予定地は、みなとみらいのなかでも最もいい場所だったという。そこの四区画が必要だという要請を受け、実際に横浜市が審査を始めた。会社の売上げや利益性などを考慮し、審査は合格した。

「そうしてセガサミーがみなとみらいの四区画を購入し、その金額が四百億円でした。セガサミーは、そこにホテルだとかショッピングセンター、劇場とか、大人の娯楽施設をつくる計画でした。そのため里見さんは、プライベートジェットでラスベガスへ行ったり、マカオに行ったり、シンガポールに行ったり、ドバイに行ったりしていましたね。計画は三年ぐらいかけ、変更に変更を重ねて練りあげられていきました。百二十四室のスーパースイートルームを備えた巨大ホテルを建設し、ゼネコンの鹿島にそれをやらせるという話でした」

まるで現在、菅たちが推進しているIR統合型リゾート施設のモデル計画のようだ。むろんまだカジノ解禁の法案もなかったので、ギャンブル場は併設できないが、考え方としてはいまのカジノ構想の下敷きといえる。

「そのころはまだIRという言葉すらありませんでしたけど、その後ラスベガスなどの視察をしているので、里見さんの心のなかにはイメージがあったのかもしれませんね。ちょうどセガサミー合併を果たしたばかりというタイミングでした。里見さんは赤坂のホテルニューオータニで盛大な合併披露パーティを開き、横浜からは僕や中田市長が呼ばれました」

セガサミーとしてアミューズメント事業に乗り出そうと華々しくぶちあげたパーティだ。招待された藤代が興奮気味に話した。

「そこには安倍さんや中曽根康弘さん、平沼赳夫さんなど四十人ぐらいの国会議員が来ていました。中田市長も『ぜひ横浜にアミューズメントを』とスピーチしていた。芸能人もたくさん来ていて、里見さんの青山学院大時代の同窓である渡哲也さん（故人）が代表して挨拶していました。渡さんの息子が鹿島建設にいるということから、ホテル計画を任せたように聞きました。パーティはニューヨークから本場ブロードウェイのショーチームを連れてきて、とにかくすごかった。来賓は二千人ぐらい、銀座の久兵衛の板前が十一人も並んで、鮨を握っていました。パーティ費用は五億円もかけたという話でしたよ」

ところがそこから急転直下、〇八年九月のリーマン・ショックが日本経済を襲った。セガサミーの業績も悪化し、みなとみらい進出はストップされた。藤代が言葉を足す。

「社内で何があったかわからないけど、いきなり日本経済新聞の記者から連絡があってね。セガサミーの取締役会で横浜進出中止を決定したというのです。中田市長に尋ねても、何が起きたのかわからないと言う。株価への影響を考え、株式市場の閉じたあとの午後四時にそれが発表されました。で、セガサミーは四百億円の土地代金のうち二〇％の違約金を請求され、八十億円支払って売買契約を解約した。以来、そこはずっと更地になったままです」

リーマン・ショックという外的な要因のせいにせよ、里見にしてはずい分、へまをやらかしたことになる。横浜市はもとよりみなとみらいの開発を担ってきた三菱地所としては、あてにしていた施設がとつぜん消えてなくなり、さぞかし腹が立ったに違いない。

そこから十年以上が経過し、横浜がいよいよＩＲカジノ構想の候補地として名乗りをあげ、動き始めた。この間、日本のカジノ業者第一号を目指して韓国のカジノに投資し、ラスベガスやシンガポールのやり方を研究してきたセガサミーの里見にとって、横浜のカジノ構想はまたとないチャンスに映るに違いない。藤代もこう分析する。

「私は専門的なことはわからないけど、韓国では、アメリカで勉強した小林温《ゆたか》という元参議院議員がセガサミーの顧問になり、向こうの有力な政治家や官僚に根回ししたそうです。里見さんはＩＲについて非常に高い関心を持っています。藤木企業の藤木さんなんかは、横浜のカジノは外国人にやらせては駄目だ、と言っているので、セガサミーにもそのチャンスがあるんです。藤木さんにとっては、おれたちの先輩が汗水流して稼いできた港を外国人に乗っ取られてたまるもんかという話です」

港のドンの言葉だけに重みがあるが、その藤木企業会長の藤木と里見を引き合わせたのも、藤代だ。

「里見さんと私が親しくしているのを知っているから、『一度、里見さんに会わせろ』と藤木さんから頼まれたと記憶しています。ヨコハマグランドインターコンチネンタルホテル三十一階にある中華料理店で食事をしました。藤木会長といっしょに社長の幸太さんもいらしたと思います。里見さん側は、二〜三人の側近の方がいて、いつもそばにいる切れ者の女性秘書も連れていた。藤木さんとの初対面の会話はごく世間話でした。そこから具体的にどのような話になったのかはわかりません」

一方、かつて横浜のみなとみらい計画で煮え湯を飲まされた三菱地所をはじめ地元の財界は、やはりセガサミーに対して抵抗感があるようだ。

目下、横浜のIR統合型リゾート構想は、地元の京浜急行が中心になって動いている。中核となるカジノの運営は、ラスベガスやマカオ、シンガポールにある世界的な業者に委託するか、日本のセガサミーやコナミなどの業者に任せる二者択一、あるいはその折衷案も想定されてきた。だが、横浜の財界連合にセガサミーが入り込むのは難しいかもしれないとも言う。藤代はさすがにそのあたりの横浜の微妙な事情に詳しい。

「地元では、セガサミーの韓国ぐらいの運営経験では難しいという意見も多い。IRカジノ計画は京浜急行が頭になって、そこに他の企業が参加することになるでしょうが、三菱地所はセガサミーとは組みたくないと言っているようです。だからオペレーションを任せる相手としては、シンガポールのサンズとか、そういうカジノ業者の名前があがっています。ただ一方で、藤木さんは外国人は駄目だと言うし、そのあたりは京浜急行も大変悩ましいところではないか、と思います」

横浜市長の林文子は二〇一九年八月、IR、カジノの誘致を決定。老朽化した山下埠頭の倉庫群を取り壊し、そこに広大なIRカジノ施設を建設するという。

まさしく政府、地元行政、カジノ業者という政官業のトライアングルをどう捌《さば》くか。そこで捌きを期待されているのが、官邸の菅という話になる。藤代もこう話した。

「山下埠頭を更地にし、あそこにIRを持ってくる。これなんか、おそらく市長も賛成、菅さんも賛成でしょう。そこらあたりはすでに打ち合わせをしているかもわからない。京浜急行だって、菅さんたちを無視して勝手にアドバルーンをあげているわけはない、と思います」

そこへ待ったをかけたのが藤木幸夫だ。それとももう一人、小此木歌蔵という実力者がいる。彦三郎の長男で、政治を弟の八郎に任せ、当人は家業の倉庫・荷役「株式会社小此木」を経営し、日本倉庫協会の副会長や神奈川倉庫協会会長を務めている。かつてその歌蔵にも取材した。

もともと小此木歌蔵たちは横浜市山下ふ頭開発基本計画検討委員会を立ち上げ、山下埠頭の再開発を担ってきた。委員のなかには建築家の内藤廣や政策研究大学院大学教授の森地茂、藤木企業の社長で藤木幸夫の長男、藤木幸太も名を連ねてきた。藤木たちはカジノ抜きの再開発を主張、「横浜港ハーバーリゾート協会」を立ち上げ、反対に回っている。

立ち退きを決めた山下埠頭

一方、菅は推進派を取りまとめてきた。京浜急行電鉄はいち早く一四年八月十五日、統合型リゾート（ＩＲカジノ）構想を発表し、社内に「ＩＲプロジェクトチーム」を設置し、本格的にカジノ構想をスタートさせてきた。利権がらみの都市開発には、ときとして反社会勢力などの暗い影がちらつく。

羽田空港に近い横浜は、東京と並んで海外のカジノ業者が進出を希望している地域である。明治以来、物流拠点として栄え、多くの倉庫が林立している山下埠頭は、近年主流となった大型コンテナ船のせいで使い勝手が悪くなり、本牧埠頭や南本牧に物流の中核拠点の地位を奪われた。横浜港自体、韓国の釜山港の台頭により地盤沈下が激しいなか、山下埠頭は別の近い道を探る以外にない。その再開発としてＩＲカジノを誘致できれば、勿怪《もっけ》の幸いとばかりに、再開発を熱望する地元財界の中心が京急であり、早くから外国人観光客目当てに、羽田空港や横浜駅から山下埠頭へ運ぶ直通バスの運行やホテルの建設などを計画してきた。そこへカジノを誘致し、企業連合を組んで五千億〜六千億円の投資をする予定だという。おまけに山下埠頭ではカジノとともに、新しい横浜ＤｅＮＡベイスターズの本拠地として、横浜ドームの建設計画まで浮上している。

目下、横浜市では港湾局が中心となり、山下埠頭のＩＲ構想を検討中だ。古い倉庫群の五十六万平米という広大な敷地を再開発すれば、新たな一万人の雇用を生む、と皮算用を弾いている。最右翼候補地に浮上した横浜のカジノ構想には、京急だけでなくそうした関係者のさまざまな思惑が蠢《うごめ》いている。

また、菅と連携してきたおおさか維新の会の橋下徹や松井一郎も、大阪都構想とセットで、カジノ構想を地域経済活性化政策の柱に位置づけてきた。初めてカジノ法案が国会に提出された一三年十二月、府と市の幹部で構成する合同会議「大阪府市ＩＲ立地準備会議」を設置し、府知事の松井が本部長に就き、大阪市長だった橋下が副本部長となって強力にカジノ計画を進めてきた。橋下らは安倍政権下で大阪湾岸地域の国家戦略特区指定を受け、さらに湾岸の人工島「夢洲《ゆめしま》地域」をＩＲカジノ候補地と決めた。横浜と異なり、大阪では海外のカジノ業者やゲームメーカーのコナミとの提携を模索し、総投資額を五千億円と見込むと公表した。

フロント企業の献金

ＩＲ統合型リゾートを駆使した山下埠頭の再開発において、カジノ構想の司令塔である菅が頼りになるのは言うまでもない。一方、鉄道会社に太い人脈を持つ菅にとっても、京急は大事な後援企業である。

〇八年、大阪にある山口組系のフロント企業に地上げを任せ、そこが弁護士法違反で摘発されて評判になった「スルガコーポレーション」という東証二部の横浜市内の建設業者があった。〇一年から〇七年までの七年間、菅が代表を務める自民党神奈川県第二選挙区支部が、そのスルガ社から百四万円の献金を受けていたと報じられたこともある。その件について、インタビューで菅に聞いた。

――なぜスルガ社などから献金を受けていたのか。

「あそこは会社が横浜にあり、選挙区にある上場企業なので、付き合いで献金をしてもらっただけ。たしか一年間で十万円ほどだったと思います。それが新聞では、(献金が)暴力団と関係あるように報じられた。私たちにはそれ(企業と暴力団の関係)はわからないでしょう」

また〇四年には、横浜で事務所として借りていたビルを地元の土木生コン業者「吉永商店」が購入し、改めてそこから買い取った一件で、「政治とカネ」問題として報じられたこともある。

――吉永商店との関係は？

「あそこは、もともと私が長年借りて事務所として使っていたんです。あるとき持ち主から、『買ってくれ、買われなければ、このままだと競売になってしまう』と言われたのです。私はそのときたまたま（経産大臣）政務官だったから、買えない。そこで、吉永商店に頼んで買ってもらい、政務官を降りたときに改めて買い戻したのです」

つまるところ後援者に助けてもらったという話のようだ。その吉永商店はいまもずっと後援企業として菅に政治献金し、支援している。

――現在も支援企業なのか？

「吉永商店の社長はかつて青年会議所の専務理事をしていて、私の最初の選挙から応援してくれた古い付き合いです。青年会議所の人たちには、私が市議会から衆議院に鞍替えするときから応援してもらってきましたから。真剣勝負で仕事をやれば、応援してくれたり、仲間の輪が広がる。そういう感覚で付き合っています」

菅はあくまで冷静にそう答える。何が問題なのか、と言わんばかりの自信に満ちた態度を示す。

だが、菅はこの事務所をさらに転売、売り先もまた菅を支援してきたナイトクラブ経営企業である。事務所を転売したこの〇七年、菅は西区のマンションから横浜駅前のタワーマンションに越している。

政治家と企業のあいだに、多かれ少なかれ何らかの利害関係が存在する事実は、否定できない。菅が地元横浜の会社を相手に朝食会を開き、支援企業は菅の政策や選挙を後押しする。そこには、恋人同士や芸能人とファンのような単なる好き嫌いの世界では割り切れない互いの損得勘定が働く。それはむしろ自然な成り行きでもある。

菅には、地元横浜で知る人ぞ知る熱烈な後援者がいる。不動産業の「シティ開発」や魚介類卸業の「三浦水産」を経営し、横浜市の開発を手掛けてきた角田千成である。

「菅さんの地元後援者としては、藤木企業や上野運輸の名前がよく出ますけど、三浦水産の角田さんがいなければ、今の菅さんはなかったのではないでしょうか」

角田といっしょに仕事をしてきたあるゼネコンの元横浜支店長がそう評す地元の実業家だ。当の角田本人に会うことができた。どのように菅をバックアップしてきたのか。

「僕なんて大したことはしていないよ。菅さんは小此木さんの秘書時代から世襲反対と叫んでいました。八ちゃん（次男の八郎）もいるし、普通そんなことを言ったら、小此木家からほっぽり出されちゃうけど、曲げない。でも、（小此木事務所から独立した八七年の）市議選のときには、横浜髙島屋やそごう、崎陽軒なんかの地元企業が菅さんについていて、根回しできていた。また菅さんが出た横浜二区には、斎藤達也という県会議長がいて、食品衛生協会会長も務めていて力があった。バブル時代、僕が彼の不動産を等価交換で十四億五千万円で買ってあげた縁もあって、『達ちゃん、菅ちゃんを応援してやってよ』と口添えしたことはありました。そのあと市会議員になった菅さんに、日本将棋連盟神奈川県支部連合会の会長になってもらった。菅さんは将棋をやらないんだけど、僕が事務局長になり、菅さんの顔で京浜急行にバックアップさせて『京急将棋まつり』をやり始めました」

京急デパートで毎年開催される「京急将棋まつり」は、将棋の世界ではかなり格の高いイベントとして認知されているという。菅は横浜市議に当選して以来、角田とは三十年近く、濃密に付き合ってきた。

「私はあくまで影の存在だから、決して表には出ないんだよ。政治家との付き合いはいろいろあって、ブラックボックスもよく知っているけど、それは話さないしね。だから信頼して付き合ってくれるんだと思いますよ」

角田はそう笑った。かつてみなとみらい21開発の黒幕などと経済誌で書かれたこともあるが、現在は会社をたたみ、「建設発生土広域事業協同組合」なる組織の代表理事として活動している。目下、安倍政権から引き続き力を入れているJR東海の品川〜大阪間のリニア新幹線事業にも乗り出している。ふとオフィスの壁に目をやると、そこには神奈川県内のルートが記された大きな模造紙が張られていた。角田はいち早く、リニア情報を得て動き出したのだという。

「リニアはやっていますよ。トンネルを掘ったあとの残土処理でJR東海から相談を受けています。トンネルを水の圧力で掘っていくものですから、汚泥が出てくる。これを脱水処理する技術が必要なのですが、ゼネコンだと一立米あたり二万円近い。それがうちだと九千円でできる。リニアの残土処理は千八百万立米にのぼるから、仮に一万円にしたって千八百億円の売上げになる。そんな大変な事業なんだけど、おれが手をあげているから、ゼネコンも戦々恐々なわけよ、またあいつかってね」

こんな国家的なプロジェクトにどうやって食い込んだのか。やはり菅の力を借りたのか。

「いやいやJR東海はおれのほうが人脈があるんじゃないかな。トンネル汚泥の脱水装置について、JR東海に圧（力）をかけようと思って、いっぺん菅さんに打診したことがあったのよね。すると、『東のほうには相当のコネを持っているけど、東海にはない』って言う。『それだったら、おれのほうがまだよく知っているし、いいよ』って無理させなかった。官房長官をやっているからって、何でもかんでもお願いできないし、そこはきちっと根回しして彼が恥をかかないようにしないといけない。まあ、リニアはこれからが本番だけど」

角田は菅への陳情で失敗したこともあるという。ミサワホーム創業者の三澤千代治《ちよじ》を菅に紹介したときのことだ。

「三澤千代治がおれのところにファックスを寄越し、『菅さんを通じて安倍さんの弟の岸信夫さんと会わせてくれないか』と相談があったんです。何も聞かず単純に、菅さんに段取りをとってもらったのよ。すると三澤さん、『新宿にある東京ガスのビルを千八百億円で買いたいから、口利きしてもらえないか』と菅さんに頼んだのです。単なる挨拶と言うから連れて行ったのに、いきなりあんな話をするなんて。それで菅さんから『角田さん、不動産の話をするんだったら前もって言ってくれないと困るよ』と言われたけど、おれも知らなかったんだから。岸さんは東ガスの株主だとかで、頼もうとしたらしいけどね」

三澤は千八百億円で東ガスビルを買い、二千億円で転売しようとしていたという。まるで不動産ブローカーだ。このときはさすがに菅もクレームをつけたというが、半面、支援者に対する菅の面倒見はすこぶるいい。角田は次のような話も披露した。

「菅さんは僕みたいなくだらない人間でも、見捨てず真剣に話を聞いてくれます。だから、逆にくだらないことは頼みもしない。これっていうときだけです。前に日産自動車が、リストラの一環として横須賀市の久里浜工場を横須賀市から撤退したことがある。その跡地は工業専用地域なので他に使えずに困っていました。小泉の純ちゃんが総理大臣で、しかも地元なのに、五年間、市の都市部長が陳情しても全然受け付けなかった。それで、菅さんに頼んだんだ。総務副大臣か、政務官のときか。木曜日に菅さんのところへ電話をした。そしたら月曜日に国交省から呼び出しがあって、火曜日には都市計画の変更が決まった。

すぐに準工業地域に変わり、商業施設やマンションを建てられるようになったんです。五年間動かなかったのが、たったの三日、土日を入れて五日ですよ」

菅の強固な人脈は、こうしてできあがっていったのである。

政治家は、みずからの権力が大きくなればなるほど、周囲でビジネスという名の利権が発生し、そこに吸い寄せられる企業が多くなる。むろんそのなかには、怪しげな連中も少なからず存在する。政治家と企業の距離が近づけば近づくほど、政治とカネにまつわる危険性が高まると言わざるをえない。

終章
偶人宰相を操る面々

「まるでお手盛りの文化功労者」

口さがない永田町雀のなかには、そう辛辣に揶揄する者もいる。インターネットの飲食店紹介サイト「ぐるなび」の創業者で、今も会長を務める滝久雄の文化功労者選出が、斯界の文化人や芸能関係者より、むしろ政界で評判になっている。

〈長年にわたりパブリックアートの普及、「1％フォー・アート」の提唱、食文化の振興、ペア碁の普及など文化・芸術活動に多大な貢献を果たしたとして、2020年度（令和2年度）の文化功労者に選ばれました〉

ぐるなびHPの二〇二〇年十月二十七日付〈ニュースリリース〉では、そう鼻を高くしている。パブリックアート、「1％フォー・アート」への貢献といわれ、なるほどと頷く人はよほどの物知りではなかろうか。滝が理事長を務める公益財団法人「日本交通文化協会」のHPによれば、次のような意味らしい。

〈「1％フォー・アート」とは公共建築の建設費の1％を、その建築物に関連・付随する芸術・アートのために支出しようという考えです。最初に法制化したのは1950年代のフランスで、60年代になると他のヨーロッパ諸国やアメリカでも採用されます。（中略）

「1%フォー・アート」は「パブリックアート」と密接に関連しており、「1%フォー・アート」はパブリックアートの振興・普及の大きな原動力となります〉

その法制化を働きかけた貢献が文化庁に認められたという話になるのだろう。「お手盛り」批判を意識してか、ぐるなびも「文化・芸術活動に多大な貢献を果たしたことが認められたうえでの選出であり、個人的な関係や推挙によるものではないと認識、理解しております」（広報グループ）とコメントを寄せている。

だが、政界ではそうは受け止められていない。

「お手盛り」の声があがる理由は、滝が菅義偉首相の古くからの後援者であり、首相就任からひと月半というタイミングのよさからだ。

滝は太平洋戦争前夜の一九四〇年二月、東京生まれ。都立小山台高校から東京工業大学理工学部機械工学科に進み、六三年四月にいったん三菱金属（現・三菱マテリアル）に入社するが、六七年六月には実父の冨士太郎が経営していた「交通文化事業株式会社」（現・エヌケービー）に入社する。二代目の経営者であり、日本交通文化協会も父親から引き継いだ財団法人である。古くから滝を知るある実業家はこう説明してくれた。

「交通文化事業といえば何となく聞こえがいいけど、事業は鉄道の駅にある看板広告の製作および設置でした。父親の冨士太郎が、旧国鉄時代からＪＲ東日本に食い込んできた。駅ナカにあるベンチの背に金属製の看板があるでしょ。牛乳とか、石鹸とか、そんな看板広告の設置を一手に引き受けてきた。その事業を引き継いで大きくしようとしたのが、息子の久雄だったわけです」

滝は七五年にエヌケービー専務となり、父親が亡くなったあとの八五年に社長に就任し、名実ともに会社を切り盛りしていく。ＪＲの広告事業とともに会社も大きくなっていった。文字どおり、その国鉄やＪＲの事業が縁で菅と知り合ったようだ。

ぐるなび滝会長との縁

菅はといえば、滝がエヌケービー専務となるより一足先の七五年四月、神奈川県横浜市を地盤とする自民党衆議院議員の小此木彦三郎事務所入りした。

菅は七五年から十年あまり小此木事務所で働いた。前述したように、その頃、大物運輸族議員だった小此木の秘書は七人おり、それぞれが旧国鉄、私鉄各社の担当となってきたという。折しも菅の小此木事務所時代の後半は、旧国鉄が分割民営化を控えていた頃であり、本人はのちのJR東日本の担当秘書となって、そこから頭角を現していく。

菅は八四年に小此木通産大臣秘書官に抜擢され、八七年四月には横浜市議に初当選する。かたやコンピュータによる情報技術を学んだ東工大卒の滝は、父親の事業を引き継いだあと、自ら「情報伝達メディアの創出」を社業として掲げた。折しも、中曽根の電電公社民営化とともに通信回線が自由化された時期だ。滝はその時流に乗り、レストランなどの情報を提供する端末「JOYタッチ」を開発し、東京駅でも一等地の「銀の鈴」広場にそれを設置する。

この頃の菅と滝との関係について、先の実業家はこう言った。

「もとは小此木代議士が滝親子と付き合いがあったが、小此木事務所で旧国鉄の担当秘書だった菅はそこで滝と知り合った。そうして、横浜市議になってからますます関係を深め、彼をスポンサーにしていくのです」

九六年一月、ヤフージャパンなどが創業され、日本にインターネットの幕が開くと、滝は六月、飲食店の検索サイト「ぐるなび」を開設する。そして菅はこの年の十月、衆院に初当選する。

二百八十万円の献金

ちなみに滝の率いるエヌケービーは菅が初当選した九六年から二〇一二年のあいだ、菅が代表を務める「自民党神奈川県第二選挙区支部」と資金管理団体「横浜政経懇話会」に二百八十万円を献金している。また、菅と昵懇だった元TBSのジャーナリストが一六年に会社を辞めると、エヌケービーの関連企業が月額四十二万円の顧問料を支払ってきたことなどは、広く知られている。その一六年四月、滝は観光情報サイト「LIVE JAPAN」を立ち上げた。これが、菅の肝煎りで、観光庁が推進してきたインバウンドをあて込んだ事業なのは言うまでもない。ある滝の知人はこう話した。

「滝氏はぐるなびと同時に『ぐるたび』という旅行情報サイトも立ち上げており、その流れに沿ったビジネスでしょう。今でいえば、コロナ対策のGo Toキャンペーンみたいなものです」

Go Toキャンペーンは「トラベル」「イート」「イベント」「商店街」という四事業が

ある。全国の飲食店の救済を目的としたＧｏ Ｔｏイートでは文字どおり、紹介サイトであるぐるなびが割引ポイント事業を一手に引き受け、うま味を得ている。

コロナ禍で飲食業がピンチになるなか、ぐるなびもまた、二〇二〇年九月の中間決算で前年四億円の黒字から五十四億円の最終赤字に転落した。が、十月からＧｏ Ｔｏイートが始まると、業績は急回復した。ある農水省の関係者はこう首を傾げる。

「はじめＧｏ Ｔｏキャンペーンは、経産省が電通を窓口にして四つの事業すべてを取り仕切る予定だった。しかし例のトンネル会社問題が発生して電通が六月一日になって事業から下りてしまい、菅官房長官の指示で所管官庁がそれぞれで対応することになった。イートは農水省が対応することになり、まずぐるなびにヒアリングをしろとなりました。農水省で六月十日頃、ぐるなびから話を聞き、いったんは七月の夏休み前からＧｏ Ｔｏイートを始めようとなったのです。トラベルと同じくイートも、当初は全国一律の一斉事業でした」

ところが、そこから事態が急変する。原因は菅と東京都知事の小池百合子とのバトルだ。農水省関係者が言葉を加える。

「菅さんが小池と対立の末、七月二十日になって、突然Ｇｏ Ｔｏキャンペーンから東京を外すと言い出した。それではぐるなびが対応できないのです」

どういうことか。

「Ｇｏ Ｔｏイートの割引は、紙の食事券発行とサイト予約のポイント付与の二種類があります。紙なら全国共通食事券を都道府県ごとの自治体発行のそれにすればいい。しかしサイト予約の場合、ポイントを獲得した東京の人が全国どこでも使える。それで仮に東京だけを除外すると、サイトのシステムを変更しなければならなくなり、ぐるなびをはじめ予約サイトに負担がかかる。だからイートは東京を加えるまで待とう、となったのです」

つまり菅が東京都と揉めたせいで、事業のスタートが遅れてしまったわけだが、苦しいのは旅館も飲食店も同じ。受け皿となるサイトの都合で救済策が遅れてしまうのでは、本末転倒も甚だしい。

楽天とＧｏ Ｔｏトラベル

そうして遅ればせながら十月一日から始まったＧｏ Ｔｏイートのおかげで、ぐるなびの売上げは急増。十四日までのネット予約の利用件数が前年同期比二・五倍となり、九月からすると三・六倍に伸びた。Ｇｏ Ｔｏさまさまというほかない。黎明期からインターネットビジネスを展開してきた滝は、デジタル庁の新設を旗印に掲げる首相にとって心強い相談相手なのだろう。ピーク時の一七年三月期には、連結純利益で四十七億円の黒字を弾きだしてきた。

もっとも、ここ数年のぐるなびの経営状態は決して順調とはいえない。原因は個人ＳＮＳのインスタグラムの普及により、サイト情報の価値が失われたことにある。すでに一九年五月時点で、二〇年三月期決算は三十五億円の赤字見通しだと発表された。そこを救ったのが、同業者の楽天社長、三木谷浩史である。

会員数千七百万人ほどのぐるなびに対し、楽天会員は一億人を超える。三木谷は一八年三月以降ぐるなびポイントを楽天ポイントに交換できるように業務提携し、この年の夏からは資本提携を進めてきた。創業者の滝の保有株を一部買い取り、いまや楽天がぐるなび株の一五％を持つ筆頭株主となっている。滝自身は今もぐるなびの会長として残っているが、一九年六月に楽天の共同創業者である杉原章郎が社長に就いた。

言うまでもなく、三木谷もまた菅の有力なブレーンの一人だ。楽天はＧｏ Ｔｏトラベルのメインプレイヤーとなっている。自民党総裁選以降、菅が提唱している携帯電話料金の引き下げ政策は三木谷直伝とされるが、それよりずっと以前から二人はタッグを組んできた。

たとえば菅が第一次安倍晋三政権で総務大臣として初入閣した〇六年の「通信と放送の融合政策」のときもそうだ。ネット業者として民放のＴＢＳに提携を呼びかけた三木谷に対し、菅は「日本の将来を考えれば、通信と放送の融合法制が必要だ」と電波法や放送法、電気通信事業法など九本に分かれている通信・放送関連法を「情報通信法」として一本化したい、と後押しした。

第一次安倍政権があえなく崩壊したため、楽天の放送事業への参入はなし崩しになった。が、第二次政権になると、三木谷は産業競争力会議のメンバーとして復活、医薬品のネット販売を掲げた。それが安全性の面などから頓挫し、次に打ち出したのが、四番目の携帯電話事業者としての新規参入である。

そうしていまや菅、滝、三木谷は持ちつ持たれつの関係を築いている。先の実業家が明かした。

「ぐるなびの滝と三木谷を引き合わせたのは、ある大手私鉄の会長です。菅首相の最大の後援者でもある」

菅はこうした業界のブレーンに囲まれ、政策を推し進めてきた。「縦割り行政」「既得権益」「悪しき前例主義」という三つの打破を打ち出し、国民が納得する規制改革を訴える。しかし、その正体は単に業界の要望を丸呑みしてきた古典的な利益誘導型政治に思えてならない。

デジタル庁を推進する竹中平蔵

庶民派の実務型政治家か、それとも格差社会を広げる新自由主義者か。首相の菅義偉について、好意的な者は前者のように持ちあげ、反感を抱く者は後者だと批判する。もっとも取材を続けていると、どちらでもない気がしてきた。

「菅さんはブレーンが提案する政策にパクッと食らいつき、それをそのまま実行しているだけです。だから細かい話が多く、大枠として何がやりたいのか、ビジョンが明らかでない。政策に対するこだわりや深い考えを感じたこともありません」

ある高級官僚はそう評した。たとえば庶民派に見えるのは携帯料金の引き下げなどが生活に直結し、利用者の損得感情を擽《くすぐ》る政策だからだろう。半面、それが携帯事業に参入した楽天の三木谷浩史の訴えに乗っかっているだけなのは、誰もが想像するところだ。

本人は自民党総裁選のときから、目指す社会像を「自助、共助、公助」と言ってはばからない。とりわけ自助は、競争原理を唱える新自由主義に映る。政界で競争に勝ち残ってきた自負からそう発想しているとも指摘されるが、その実、当人には市場競争経済にこだわりがあるわけではないだろう。経済政策の理念を授けているのが竹中平蔵である。

「竹中さんとは、いつもここでお会いしているのですよ。いまも変わらず、頻繁にお目にかかって相談しています」

二〇一五年六月、私が永田町のザ・キャピトルホテル東急のレストラン「ORIGAMI」の個室で取材したとき官房長官の菅はそう笑った。奇しくもホテルで私の前に会談していたのが竹中だった。菅の新自由主義者の顔は、鏡に映った竹中のそれだといえる。

菅は〇五年十一月、小泉純一郎政権で総務省の副大臣に抜擢された。このとき郵政民営化を担って総務大臣に就いたのが竹中である。ここで二人が上司と部下の関係になり、いわば師弟関係はいまも続いている。

竹中は菅との出会いについて、ノンフィクション作家の塩田潮のインタビューにこう答えていた。

「小泉内閣時代、たたかれていた私を応援してくださる5～6人の政治家の会があり、菅さんはそこにいた。副大臣の座は、総務相の私の指名ではなく、首相官邸から『菅さんでどうですか』と聞かれて、『大歓迎です』と申し上げた」（『サンデー毎日』二〇年十月四日号）

「竹中さんのおかげで大臣に」

だが、菅が総務副大臣に起用されたのは、そんな綺麗な話ではない。もっと泥臭い裏話がある。元総務省自治税務局長の平嶋彰英は次のように打ち明けてくれた。

「実は郵政民営化をめぐっては、総務省内に反発がありました。郵政行政局長と審議官が裏で民営化を止めようとしているのではないか、という噂まで取り沙汰され、二人が飛ばされる大事件があったんです」

郵政民営化をめぐっては自民党内でも意見が二分された。総務大臣だった麻生太郎は反対派の一人と目された。平嶋がこう続ける。

「小泉さんにしたら、麻生さんがそのまま総務大臣をやっていたのでは郵政官僚の巻き返しに負けちゃうかもしれないと心配したのでしょうね。（民営化に乗り気でない）麻生総務大臣を替えるよう、竹中さんが小泉さんに囁いたとされています。それで小泉さんは麻生さんを総務大臣から外務大臣にし、代わりに竹中さんを総務大臣につけた。僕らから見たら、麻生さんの人事も飛ばされたような感覚でした」

そうして総務大臣になった竹中が、副大臣に菅を選んだのだという。

「菅さんが副大臣になれたのは、郵政民営化に関する自民党部会がきっかけだと思います。菅さんが自分で言っていました。『部会は郵政シンパの議員が多いので、反対論ばかり出る。それで、反対ばかりではおかしいだろ、と発言した。そうしたら、次の郵政部会から菅さん来てくれと、（竹中に）頼まれるようになったんだ』と」

平嶋がこう言葉を足す。

「そして、竹中さんが小泉さんから誰を総務副大臣にすればいいか、と問われ、菅さんを推薦したはずです。それ以来、菅さんはずっと竹中さんに対する恩義を忘れてない感じがします」

竹中・菅ラインはここから固く結ばれた。小泉政権時代の看板政策だった郵政民営化は、竹中総務大臣、菅副大臣のコンビで推進した。一方、麻生と竹中は犬猿の仲となり、必然的に麻生と菅の間にも距離ができた。

総務大臣の竹中は菅に放送と通信の融合政策を授け、NHK改革などを任せた。いまにいたるNHK改革の原点もまた、竹中から託された政策だ。と同時に、それまで大して実績のなかった菅が政権内で徐々に認められるようになる。

そうして菅は第一次安倍晋三政権の発足した〇六年九月、郵政民営化兼地方分権改革担当の総務大臣に就任する。竹中の進める新自由主義による格差批判が起こり、竹中に代わって菅が大臣に昇格した格好だ。先の平嶋が言葉を加える。

「あの頃、山本有二さんたちを中心に安倍さんを総理にしようとする再チャレンジ支援議員連盟が立ちあがり、そこに菅さんも有力メンバーとして加わっていました。安倍内閣が実現し、金融担当大臣になった山本さんは安倍さんに『菅も何とかしてやってほしい』と頼んだそうです。それで蓋を開けると菅さんが総務大臣。山本さんは『なんで俺が金融担当で、菅が総務大臣なんだ。俺がなりたかったよ』と愚痴っていたけど、菅大臣が実現したのは、やはり竹中さんのおかげでしょう」

第一次安倍政権は小泉政権の〝継承〟を義務付けられた。郵政民営化を完成させるためには、竹中・菅ラインしかないという結論に至ったのだという。

市議から国政に転じた後、竹下派や加藤派を渡り歩いてきた菅は、それまで永田町でもさほど名の売れた議員ではなかった。だが、総務大臣として初入閣し、そこからメキメキと頭角を現していく。

デジタル庁とパソナの事業

菅を表舞台に引き上げた竹中平蔵は、もともと小泉純一郎政権時代、首相の諮問機関「経済財政諮問会議」に出席していたオリックスの宮内義彦とともに、郵政民営化やＩＴ改革に取り組み、数々の規制緩和政策を推し進めてきた。これが格差社会を生む新自由主義だと非難され、旧民主党の鳩山由紀夫政権で見直された。鳩山内閣は新たに国家戦略室を設置し、経済財政諮問会議は、事実上活動を停止する。

そこから一二年十二月の第二次安倍政権誕生により、経済財政諮問会議が復活する。官房長官に就いた菅は、メンバーに竹中の起用を安倍に提案した。だが、それに財務大臣兼副総理の麻生が異を唱えた。

結果、安倍は新たに産業競争力会議という有識者会議を設置し、そこに竹中を委員として起用した。安倍が菅に配慮した形だ。

産業競争力会議は経済財政諮問会議より格下だが、安倍前政権の経済政策では、むしろこっちの主張が目立つようになる。それは菅・竹中の連携によるところが大きい。「働き方改革」と名付けた労働の自由化をはじめ、空港や水道の民営化などをぶち上げていった。それらは菅と竹中がタッグを組んで進めようとした政策にほかならない。

現在、東洋大学国際地域学部教授、グローバル・イノベーション学研究センター長の肩書を持つ竹中は、人材派遣大手「パソナグループ」の取締役会長であり、金融コングロマリット「オリックス」や「SBIホールディングス」の社外取締役でもある。人材派遣会社の会長が、残業代タダ法案と酷評されたホワイトカラーエグゼンプションや派遣労働の枠を広げ、いまなおデジタル庁構想を後押しする。デジタル庁構想の基幹政策であるマイナンバーカードの普及は、パソナのビジネスにもなっている。我田引水批判が絶えないのも無理からぬところだ。

また竹中が社外取締役となったオリックスは一五年、空港民営化事業に進出した。国や地方自治体が施設を所有したまま、利用料金を徴収する「コンセッション方式」なる新たな民営化事業で、その第一号空港が関空（関西国際空港）と伊丹（大阪国際空港）だ。

空港のコンセッション事業を授けた経営コンサルタントの福田隆之は、竹中の知恵袋であり、一八年まで菅のそばで官房長官補佐官を務めた。空港を手掛けたあと、コンセッション方式による水道の民営化を進めようとしたが、仏業者との蜜月関係を指摘する怪文書騒動に発展し、官房長官補佐官を追われるように辞任する。

福田はその後、竹中がセンター長を務める東洋大のグローバル・イノベーション研究センターに客員研究員として招かれ、いまも竹中のブレーンとして奔走していると聞く。

産業競争力会議は安倍前政権の途中、未来投資会議と名称を改めるが、実態は変わらない。そして菅自身は自らの政権をスタートさせると、その未来投資会議を「成長戦略会議」と改め、ここに竹中をはじめとした経済ブレーンを集めた。

そこでブレーンたちが、規制緩和という名の利益誘導政策を授けている。

観光立国政策の指南役アトキンソン

菅義偉政権で未来投資会議から「成長戦略会議」に名称が改められた有識者の諮問会議。経済ブレーンが集うそこには、デービッド・アトキンソンもいる。

「2013年から始めた観光立国の仕組みづくりに際してアトキンソンさんの本を読み、感銘を受け、すぐに面会を申し込んだ。その後何度も会っている」

二〇一九年、〈スペシャル対談　官房長官　菅義偉×小西美術工藝社社長　デービッド・アトキンソン―カギはIRとスキー場だ〉と題した『週刊東洋経済』九月七日号で菅自身がそう語った。インバウンドによる観光振興の仕掛け人が、アトキンソンだと官房長官時代の菅本人が言っている。

「ビザの規制緩和により海外旅行者を急増させた」

そう鼻息を荒くしてきただけに、インバウンド政策は譲れないのだろうか。このコロナ禍で首相になってなお、ウイルスの脅威を度外視して東京五輪開催を公言し、「二〇三〇年インバウンド六千万人」の大風呂敷を広げたままだ。ここへ来てさすがにＧｏ Ｔｏキャンペーンなる無茶な政策は停止を余儀なくされたが、いまだインバウンドの目標は死守しようと必死なのである。

もっとも、首相ご自慢のインバウンド政策を提案したのはアトキンソンでも、菅本人でもない。

「菅総理の政策はすべてがどこかで誰かが言っていたものをあたかもご自身で考えついたかのように言っているだけ。インバウンドも、もとはといえば、旧民主党の前原誠司さん（現・国民民主党）が提案したものです」

ある官邸関係者はそう話す。実は私自身、前原にインバウンドの件を尋ねたことがある。こう話していた。

「私は（民主党政権時代の）国交大臣のとき、公共事業を減らそうと、コンクリートから人へ、という政策を打ち出し、国土交通省に成長戦略会議を立ち上げました。その五つの成長戦略テーマの中核がインバウンドでした。当時はまだ外国人観光客が年間六百万人台でしたので、それを三千万、四千万と増やそうという構想を立てたのです。戦略会議には福田さんにもメンバーに加わってもらった」

前原の話に出てくる福田とは、前出・経営コンサルタントの福田隆之だ。

安倍晋三前政権は「悪夢のような民主党政権」と散々批判してきたが、それでいて空港や水道の民営化といった経済政策は民主党政権時代に考案されたものである。また、ある厚労省の官僚はこう指摘する。

「民主党時代の〇九年から内閣官房地域活性化統合事務局長として官邸入りしていた和泉（洋人・現首相補佐官）さんが安倍政権でインバウンドを引き続き、やろうとしたわけです。とつぜん民泊を法制化しろ、と言い出した。一週間で何とかしろ、と指示され、外国人向けの宿泊施設を増やすための法整備に取り組んだのです」

和泉は菅にとって横浜市議時代から政策を頼ってきた懐刀だ。いまや官房副長官の杉田和博と並び称される菅政権の〝忠臣官邸官僚〟である。

「通常の旅行であろうが、インバウンドであろうが、宿泊施設についてはもともと旅館業法によって厚労省が所管してきたので、厚労省に仕組みづくりが降りてきたわけです。海外ではたとえば英国の民泊営業上限が九十日となっているが、それでは民泊業者のうま味がないので、日本の民泊は百八十日に上限を設定。ホテルや旅館から反対が出ないギリギリのラインでした」（同・厚労省の官僚）

住宅を所管する国交省と厚労省の合作法案として住宅宿泊事業法、通称民泊新法が一七年に閣議決定され、一八年から施行された。ビザの緩和と併せ、この法律がインバウンドを後押ししたといえる。つまり民主党の前原案をそのまま安倍前政権に移植したのがインバウンド政策であり、それを和泉が推進した。そこには、むろんアトキンソンの貢献はない。

アトキンソンは英オックスフォード大で日本学を専攻し、九〇年に来日した。〇七年までゴールドマン・サックスの日本経済担当アナリストとして勤務し、そのあと〇九年十一月に小西美術工藝社に取締役として入社した。

小西美術工藝社は五七年に創業され、日本の神社仏閣の漆塗彩色金箔補修を担う。入社翌年の十年六月に会長に就任。社長を兼務したあと、一四年四月以降は社長に専念してきた。アトキンソンは名うての「外資系アナリスト」と「日本の文化財を守る老舗企業社長」という二つの顔を併せ持つ。

菅が読んだ本は、一五年にアトキンソンが東洋経済新報社から出版した『新・観光立国論』だ。いわば菅はアトキンソンのネームバリューを使い、インバウンドの指南役に仕立てただけではないだろうか。

かたやアトキンソンにもメリットはある。小西美術工藝社は、インバウンドの観光政策が大きな利益を生んでいる。

「文化財を活用した観光で注目を集めれば、その文化財を保護するための補助金も得られやすくなる。国の財政が厳しい現在、観光資源にならなければ保護も厳しくなる」

一七年四月二十六日付朝日新聞東京朝刊には、アトキンソン本人がそう談話を寄せている。実際、一七年に補修を終えた国宝の「日光東照宮陽明門」は、その総工費約十二億円のうち五五％を文化庁の補助金で賄い、その大部分の工事を小西美術工藝社が担った。一八年の年間売上げ約八億二千万円が一九年には約九億八千万円と二割アップ、コロナ禍の二〇年も増収を見込む。

謎の国際金融ブローカー

このアトキンソンの提言は観光にとどまらない。もう一つの提案が、最低賃金の引き上げなどによる中小企業の再編だ。日本の企業の九九・七%を占める中小企業の数を減らし、生産性を高めよ、という主張で、菅も政策の検討を指示している。が、霞が関の官僚からは不満も大きい。

「中小企業の賃金問題や数が多いのは誰もがわかっているけど、そう簡単に整理統合はできません。企業を減らせば大量の失業者が発生するのは目に見えており、徐々に変えていくしかない。経営者にしてみたら、ただでさえコロナ禍で経営が苦しいのに実情がわかっていない外国人に言われたくないよ、という思いではないでしょうか」（ある経産官僚）

つまるところ、菅はスマートな外資系アナリストを表看板に据え、以前からあるもっともらしい政策をあたかも独自のアイデアであるかのように進めているに過ぎない。

もっともなぜ菅がアトキンソンにたどりついたのか、どうやって老舗の文化財補修企業の経営を手掛けるようになったのか。そこについては、謎が残る。日本の伝統文化に携わる産業とはいえ、小西美術工藝社は売上げ規模が十億円と、名うての外資系アナリストにとってはさほどうま味のある会社とも思えない。

菅政権の誕生後、永田町や霞が関では、政権中枢と外資系アナリストをつなぐキーマンの存在が囁かれている。それが国際金融ブローカーの和田誠一である。この和田が小西美術工藝社の会長に就いている。アトキンソンが自ら会長と社長の兼務を解いたことは前述したが、その際に会長になったのが和田だった。

和田は九〇年代、消費者金融「武富士」の資金調達係として名を馳せた。その筋では知られた金融ブローカーである。元武富士の役員が説明する。

「サラ金が社会問題化して武富士が日本の銀行から融資を受けられなくなったときに頼ったのが、和田氏でした。香港に会社を持ち、東京のアークヒルズにあった会計事務所を行き来しながら武富士のために動いていた。香港に拠点を置いたのは税務対策のためだとも囁かれ、米バンカーストラストなどから三千億円を調達した。それが京都駅前の地上げ資金だったとも取り沙汰されました」

この謎めいた怪人物は政界の知己も多い。かつて学習塾経営に乗り出したこともある和田は、文教族の下村博文（元文科大臣）とも三十年来の交友がある。下村は新政権で菅が自民党政調会長に抜擢した、ともに九六年初当選の同期の桜だ。

菅に加えて、和田と下村という複雑な人脈について、当のアトキンソンは、『週刊文春』二〇年十月十五日号でこう答えている。

「私が社長になった後、和田さんを会長にした。政治家との繋がりのためです。（筆者注・文化財の）修繕に日本産漆を使うべきと提言するために（和田氏から）下村さんを紹介して頂きました」

アトキンソンは政界のパイプ作りのために和田を会長に据えたという。だが、実は話は逆で、政界に通じる和田がアトキンソンを小西美術工藝社に入れたのではないか、という説も根強い。ある官邸関係者はこうも言った。

「和田さんはカジノ・ＩＲ業界にも通じており、菅さんの地元・横浜のドンと呼ばれる藤木企業の藤木幸夫会長（横浜港運協会前会長）とも交流があるとされる。菅さんの支援者でありながらこの数年、カジノ反対に回っている藤木会長とのあいだを取り持つべく、菅総理が和田さんに頼んでいるのではないでしょうか」

菅はアトキンソンとの対談でも、日本の観光にはＩＲが欠かせないと言い続けている。しかしその狙いもまた、コロナで目算が狂っている。ここへ来て、菅の政策に欠陥が目立ち始めている。

ふるさと納税を生んだ高橋洋一

菅のふるさと納税自慢はもはや聞き飽きたという人も少なくないだろう。高額返礼品や金持ち優遇への批判も巻き起こった。が、当人はどこ吹く風。いまなお怪気炎を上げる。

「近い将来、(年間寄付総額) 一兆円を目指す」

ふるさと納税は第一次安倍晋三政権の〇七年六月、総務大臣だった菅義偉が、「地方創生」の旗印を掲げて打ち出した。都市部の住民が地方自治体へ寄付してふるさとを応援する、と謳っている。もっとも、二千円の自己負担を除き、寄付金のほぼ全額が従来納税している自治体や国から戻ってくる。単なる税の移動制度であり、おまけにそこへ豪華な返礼品がついてくる。まるで高級なカニや牛肉を二千円で手にするネット通販のような感覚で、ブームになった。

地方活性化を謳いながら、政策をよくよく見ると、制度そのものが富裕層に有利な税体系になってきた。金持ち優遇批判が絶えない所以だ。

当人が自慢するそのふるさと納税もまた、独自に編み出した政策ではない。元をたどれば、福井県知事の西川一誠による発案で、そこに総務大臣として初入閣した菅が飛びついたわけだ。が、実は西川の直伝でもない。

「菅さんにふるさと納税を授けたのは、元財務官僚の高橋洋一さんでしょう。全国自治会で西川さんがふるさと納税について発言し、〇六年に日経新聞『経済教室』に西川さんが書いた。それを見つけた高橋さんが菅さんに提案したはずです」

菅のふるさと納税導入の舞台裏をそう打ち明けるのは、元総務官僚の平嶋彰英（前出）だ。

「菅さんは、小泉政権時代の竹中平蔵総務大臣に副大臣として仕えたことが、政治家としての転機になっています。菅さんはその後、竹中さんから総務大臣を引き継いだ。そのとき『高橋君の言うことを聞いたらいいよ』とアドバイスされたと聞きました。高橋さん自身も『私がふるさと納税を菅大臣に進言した』と言っていました」

平嶋は総務次官候補と目されていた。だが、第二次安倍政権の二〇一五年当時、自治税務局長の職にあり、高額返礼品の過当競争などふるさと納税の欠陥について菅に意見したばかりに、出世街道から外されてしまう。この年七月の定期人事で自治大学校の校長に左遷され、次官になれないまま一六年に退官する。

竹中は菅が政策の師と仰ぐ文字どおりのブレーンだが、実はその竹中が頼りにしているのが、元財務官僚の高橋なのだという。ある財務官僚が解説する。

「世間では竹中さんを政策通だと見ているようですが、実際には説明がうまいだけで、さほど政策に詳しいわけではありません。竹中さんは高橋さんを理論的な支柱にし、具体的な政策はコンサルタントの福田隆之さん（前出）に立案させてきた。どれも竹中、高橋ラインの新自由主義的な政策ですから、ふるさと納税が金持ち優遇になるのは、ある意味、当たり前なのです」

嘉悦大学教授の高橋は菅内閣発足に伴い、内閣官房参与として政権に加わった菅ブレーンの一人でもある。東京都立小石川高校から東大理学部に進んで七八年に卒業したのち、経済学部に再入学し、八〇年に二度目の卒業をして旧大蔵省入りする。この間、旧文部省の統計数理研究所の非常勤研究員として働いた経験もある。

大蔵省の八〇年同期入省組には、国民民主党の岸本周平や自民党の後藤茂之、元財務事務次官の佐藤慎一や元金融庁長官の森信親などがいるが、そんな中でも高橋の頭脳明晰ぶりは知られていた。

もっとも官僚時代の高橋は次官レースに乗るほどの出世は見込めず、むしろ不遇といえた。大蔵省では、理財局資金企画室長を経てプリンストン大学客員研究員となる。

分岐点となったのは、〇一年の小泉純一郎内閣誕生だろう。経済財政政策担当大臣に抜擢された竹中の補佐官となり、これ以来、高橋は竹中との関係を深めていく。〇六年の第一次安倍政権発足時に内閣参事官となり、官邸入りする。前述したように、このときふるさと納税を菅に提言している。

この頃の高橋は、千葉商科大大学院政策研究課程に通い、〇八年三月に内閣参事官を退任するとともに霞が関を去る。ふるさと納税は高橋のアドバイスに従い、菅総務大臣が「ふるさと納税研究会」なる有識者会議を立ち上げたところから始まった。研究会は高橋の通った千葉商科大学学長（当時）の島田晴雄が座長に就き、十人の有識者で構成される。

そこには福井県知事の西川も加わっていた。

もっとも初めは菅自身、ふるさと納税がこれほど大きな政策になるとは考えてもみなかったに違いない。ちなみに菅が総務省で研究会を立ち上げる一年前、〇六年九月の自民党総裁選には、谷垣禎一が「ふるさと共同税」と命名して似たような政策を提唱し、ほとんど注目されないまま立ち消えになっていた。ふるさと納税はその二番煎じの政策でもあったわけである。

ふるさと納税の女王

事実、当初ふるさと納税はパッとしなかった。スタートした〇八年度の寄付はわずか五万四千件、金額にして八十一億四千万円でしかない。そこから四年後の一二年度でも寄付は十二万二千件、百四億一千万円とまったく振るわなかった。

それがなぜここまで増えたのか。その立て役者が「トラストバンク」社長として、ポータルサイト「ふるさとチョイス」を運営してきた須永珠代にほかならない。菅が頼りにしてきた女性ベンチャー経営者であり、〝ふるさと納税の女王〟との異名をとる。

須永は大学卒業後、アルバイトや派遣社員として会社を転々とし、ITベンチャー企業でサイト立ち上げ事業に携わって三十八歳で独立する。一二年四月、トラストバンクを設立し9月にふるさとチョイスを開設した。自治体に売り込んで寄付額を飛躍的に伸ばし、日本中にブームを巻き起こした。

ふるさと納税はこの間、制度も変わった。寄付に対する控除の下限である自己負担分が一一年以降五千円から二千円に引き下げられたことが大きかった。

そしてふるさとチョイス開設から三カ月後の一二年十二月、第二次安倍晋三政権が発足すると、官房長官に就任した菅は再びふるさと納税に力を入れた。そこに協力したのが、須永である。

「ふるさと納税は須永さんがいればこそ、あそこまで大きくなったといえます。それまで自治体の口コミでしか広がりはなかったが、ふるさとチョイスの登場により、サイトに載せれば寄付が集まるようになったのです」

ある自治体の担当者はこう話す。

「菅さんも彼女にぞっこんで、総務省の有識者会議にも彼女を入れた。会議は彼女がいなければ成り立ちませんでした。ふるさとチョイスの扱い量はピーク時のシェアで寄付額全体の七〜八割に達し、どこの自治体も彼女に取り入ってサイトのいい場所に自分のところの返礼品を載せてもらおうと、須永詣でを繰り返してきました」（同前）

ふるさと納税がネット通販のような扱いになったのもここからだ。ふるさとチョイスの開設翌一三年度の寄付件数は前年比三・五倍の四十二万七千件に急増。金額にして百四十五億六千万円に跳ね上がった。

「ふるさとチョイスでは毎年秋、東京ビッグサイトやパシフィコ横浜で大感謝祭というイベントを主催してきました。そこには百を超える自治体がブースを設置し、地元の名産をPRするのですが、それは須永さんに対する機嫌取りみたいなもの。菅さんも官房長官として毎年、駆け付けて挨拶をしてきました。今年（二〇年）はコロナで中止になったけど、オンラインでやっていました」（同前・自治体の担当者）

ふるさと納税は当初、寄付金の上限が個人住民税の一割までとされていたが、一六年度から倍の二割に引き上げられた。また面倒な確定申告を省略できる「ワンストップ特例制度」も創設された。

そうしてふるさと納税は急カーブを描いて膨らんでいった。一八年度の寄付は二千三百二十二万四千件、五千百二十七億一千万円。初年度に比べて実に六十三倍の寄付総額という成長ぶりである。

だが、ふるさと納税はしょせん金持ち優遇批判が絶えない欠陥税制である。寄付金の上限が所得税や住民税の多寡によって決まるため、収入の多い人ほど寄付控除額が多くなる。

近年高額返礼品競争が過熱し、総務省が寄付金額の三割までに規制したのは周知のとおりだが、それでも富裕層にとってはかなりありがたい。たとえば年収一億円の大金持ちが百万円を寄付し、返礼品として三十万円相当の高級和牛を大量に手に入れる。自己負担分の二千円で三十万円の牛肉をネットで買うようなものだ。

そしてふるさとチョイスをはじめとしたサイト業者には、年間四百億円以上の手数料が入る。須永は二〇年に入ってトラストバンク株を手放し、社長から会長に退いて悠々自適に暮らしているという。まさしく富裕層とネット業者のための新自由主義政策が、ふるさと納税にほかならない。

コロナ対策を牛耳る和泉洋人

第二次安倍政権の官房長官として内閣人事局という強力な武器を手にした菅義偉は、霞が関の役人のなかで服従する者だけを選んで重宝してきた。それは、霞が関の官僚に操られることを警戒している裏返しだといえる。

周知のように首相就任前の閣僚経験は、総務大臣と官房長官だけである。それゆえ信頼する菅印の官僚がさほど多いわけではない。総務省でいえば、元事務次官の櫻井俊や現事務次官の黒田武一郎、現内閣広報官の山田真貴子あたり。警察庁だと官房長官秘書官を務め、ジャーナリストのレイプ事件で取り沙汰された次長の中村格、そして〝官邸の守護神〟と異名をとった法務省元東京高検検事長、黒川弘務といったところだろうか。

だが、彼らとて、菅を内閣総理大臣に祭り上げたい、とまで考えていたわけではないだろう。

では首相として菅を支える官僚は誰か。その一人は官房副長官として霞が関に睨みを利かせ続ける杉田和博に違いない。菅自ら日本学術会議の人選に関与したと杉田を名指しした。内閣総理大臣に任命権があると言いながら、事務方のせいにするという卑怯な言い訳であるが、現に杉田の介入がなければ学術会議メンバーの拒否はなかっただろう。杉田は安倍政権時代から官僚人事を統べてきた官邸官僚といえる。

そしてもう一人、菅の最も頼っている官邸官僚、それが首相補佐官の和泉洋人である。補佐官としての任務は、「国土強靱化および復興等の社会資本整備、地方創生、健康・医療に関する成長戦略ならびに科学技術イノベーション政策、その他特命事項」。まさに菅政権における政策のほとんどと言っても過言ではない。そんな和泉の権勢は、安倍から菅へと政権が移る過程で、ますます増幅されていった。

和泉は一九五三年五月、横浜市内のタバコ屋の長男として生まれた。東京大学工学部都市工学科を卒業後、七六年四月に旧建設省（現・国交省）に入る。建設省の本流である土木や河川畑ではなく、住宅の建設技官だったため、事務次官レースに乗ることはなかった。

和泉と菅との出会いは、菅が横浜市会議員だった九〇年代だとされる。同じ横浜市出身の建設官僚として、みなとみらい21をはじめとする道路や港湾整備について菅の相談に乗ったといわれる。が、そこではさほど目立った動きをしていない。

政官界で和泉の存在が知られるようになったのは、小泉純一郎政権時代だ。和泉は建設省OBの政務担当官房副長官だった上野公成の引きで〇二年七月、内閣官房都市再生本部の事務局次長に抜擢される。ここから経済特区のスペシャリストとして政権中枢の妙味を覚え、民主党政権でも内閣官房地域活性化統合事務局長などを歴任してきた。

そして第二次安倍政権の誕生した翌一三年一月に首相補佐官となり、官房長官だった菅との関係を強めていく。和泉は先端医療政策の司令塔と位置付けられた内閣官房「健康・医療戦略室」室長に就任。菅が戦略室の総責任者となり、感染症対策に取り組んだ。

「そこで特区担当の和泉さんが手掛けたのが加計学園の獣医学部新設であり、新型インフルエンザの新薬であるアビガンの承認でした。アビガンは安倍前総理や菅総理と親しい富士フイルムの古森会長肝煎りの薬でしたから、和泉さんの力も入ったのでしょう。厚労省は一貫して新薬の承認に反対してきたが、それを強引に押し切った。通常の薬ではなく、新型インフルエンザの流行時の備蓄薬として特例承認するよう働きかけたのです」（ある厚労省の中堅幹部）

アビガンが妊婦などに使えない薬なのは知られたところだが、二〇年に入り新型コロナ肺炎が発生すると、和泉はコロナ薬として承認を目指してきた。さらに大阪大学チームのアンジェスが開発している国産ワクチンも後押し。阪大チームもまた安倍前首相と旧知の間柄であり、和泉はそこにも食い込んできた。

コロナ対策では、安倍の側近グループの今井尚哉たちが悉《ことごと》く失敗し、安倍自身が政権運営にやる気をなくしていった。

そこで六月から七月にかけ、菅が自民党幹事長の二階俊博とタッグを組んで政権奪取の画策をしていくのだが、そこに和泉が重要な役割を果たしている。ある官邸官僚が打ち明けてくれた。

「菅さんは六月にGo Toキャンペーンを取り仕切るようになって完全に復権しましたが、和泉さんはその少し前からでしょうか。ダイヤモンド・プリンセス号の失態で政策からやや遠ざけられていた和泉さんは、不倫疑惑が報じられた厚労省の大坪寛子さんとともにコロナ対策に復帰しました。アビガン、PCR検査、国内ワクチンの開発という三点セットだけでなく、あらゆる政策に口を出すようになった」

「御前報告」という和泉詣で

八月に入ると、厚労官僚たちは安倍ではなく、和泉の顔色をうかがい、和泉詣でを繰り返していく。手元に厚労省幹部の官邸へのブリーフィングスケジュールメモがある。それは折しも、潰瘍性大腸炎の再発による安倍首相退陣情報が流れ始めた盆休みの八月十五日から首相退陣表明までの期間だ。

そこにはやたらと和泉洋人の名前が登場する。表向き首相は夏休みに入り〈18日（火）まで総理連絡会議は開かない予定〉となっているが、その間も和泉詣ではひっきりなしだ。補佐官室でのコロナブリーフィングを抜粋すると、十七日の〈9時30分〜50分　沖縄の医療機関支援〉についてとあり、十八日にいたっては一日三度も補佐官室で次のような報告をしている。

〈9時〜ワクチン等の研究開発状況、日本版ＣＤＣ（疾病予防管理センター）への対応、感染研への対応〉〈10時45分〜水際タスクフォース〉〈16時30分〜50分　総合検討タスクフォース〉

十九日の説明内容が〈14時～14時30分　検査TF（検査体制の確保）〉だ。

この十九日になって三日間の夏休みを終え首相の安倍が公務に復帰。〈16時40分〉からようやく〈総理連絡会議〉と記された首相ブリーフィングがおこなわれているが、すでにこの頃は安倍自身がやる気をなくしていた。

「総理連絡会議は総理のほか、補佐官や秘書官などいわゆる官邸官僚が勢ぞろいし、そこで厚労省の医政局長や審議官が報告し、議論する場です。しかしこの頃は、それとはまったく別に和泉さんだけにコロナ状況のレク（報告）をしなければならなかった。われわれにとってはそちらのほうがメインでした」

先の厚労省の関係者がさらにこう憤る。

「ちょうど沖縄で感染者が増えている時期だったので、『沖縄の状況について聞かせろ』と和泉さんから指令が来て医系技官を連れ、医政局長と審議官が説明に入る。レクの回数は総理より和泉さんのほうが圧倒的に多くなっていきました。和泉さんから補佐官室に毎日呼び出され、全国の状況をまとめて提出しなければならない。資料作りのために若手や中堅官僚は寝る暇がなく、徹夜続き。もはや限界に近い状況です」

和泉詣でのことを省内では「御前報告」と皮肉を込めて呼んでいる。

そしてこの間、安倍は首相退陣の意志を固めた。二十日になって菅への政権禅譲を周囲に伝えている。菅や和泉は新政権誕生も織り込み済みだったのかもしれない。

「和泉詣では厚労省だけではありません。古巣の国交省はもとより、外務省や防衛省、財務、文科などあらゆる官庁が和泉補佐官室に呼ばれ、仕事をしています」

と前出の官邸の関係者。その和泉が目下、熱を入れているのが、鹿児島県西之表市の馬毛島の自衛隊基地建設だ。米軍の戦闘機発着訓練基地として使うため、日本政府が島の空港建設を計画。敷地を所有する不動産開発会社「タストン・エアポート」と四十五億円の売買交渉をしてきたが、一九年十一月にその三倍を超える百六十億円で購入を決定した。

官邸関係者が続ける。

「当初、地権者と馬毛島の交渉をしてきたのが杉田官房副長官でした。杉田さんが買い値をせいぜい六十億円までとしていたところ、二年前に交渉役が和泉補佐官に移り、百億円も上乗せして購入するのです。所有者は空港の整備費用込みだと主張しているけど、造りなおさなければならない。しかも自衛隊基地建設の発注は本来、防衛省が担うはずですが、それが和泉さんの古巣の国交省航空局になったという情報もある」

国交省、防衛省ともにその事実を否定するが、いずれにせよバカ高い買い物に違いない。関係者のあいだでは「森友事件の再燃」と騒がれ始めている。

菅は第二次安倍政権で七年八カ月もの長きにわたり、政権ナンバーツーの官房長官として国内政策に目を光らせ、官僚人事で力を誇示してきた。だが、個々の政策や人事に深く精通しているわけではない。それがゆえ、民間の事業者から知恵を借りてきた。菅の後ろで糸を引いているＩＴ業界の経営者や経済学者たちの〝陳情〟を丸呑みし、懐刀の和泉が政策を強引に推し進めてきた。そのスタイルは政権の頂点に立ったいまも変わらない。しかし、国家観の欠落した偶人宰相の限界が、そこにある。

菅義偉について描かれた本は意外に少ない。あらかた読んだが、たいてい田舎臭く、真っ直ぐな政治家像が描かれている。実際、当人は口下手で商魂たくましいタイプには見えない。そこが曲者《くせもの》なのだろう。菅が国政に飛び込んで以来、折に触れ政治家としての転機に立ち会ってきたのが、元運輸大臣で運輸族のボスとして君臨してきた古賀誠だ。古賀は野田聖子などをバックアップし、安倍政権と対峙してきた自民党の重鎮である。その古賀にして、安倍の懐刀である菅をこう評価していた。

「私が最初に菅さんを意識をしたのは、梶山先生が出馬された総裁選挙のときでした。平成研、経世会が分裂しましたね。私は梶山先生が国対委員長をしていたときに副委員長をやらせていただき、引き立ててもらいました。梶山先生が幹事長のときも私は総務局長で、選挙を一緒にやらせていただき、ご指導いただいた。私にとって恩師の一人が梶山先生で、その梶山先生に菅さんという若い人が経世会から飛び出してついていった。その総裁選のあと、国対委員長をしていた私に梶山先生から、『菅の面倒を見てくれ』と頼まれてからの付き合いです。私も高校を卒業して田舎から大阪で丁稚奉公をして東京に出てきましたけど、彼もよく似ているんですね。二世、三世のひ弱いのが多い政治の世界で、根っこの張った人がいるものだと興味を持ちましてね。（衆院）運輸委員会にお世話しました」

国対委員長として大きな権限のある古賀は、衆院や党の委員会や部会への影響力もあり、おかげで菅が思い通りに振る舞えたようだ。

「梶山先生から言われたときは、運輸委員会でしたけど、彼の場合はそこからかなり幅広く政策をやっています。経産政務官をやり、とくに総務大臣でしたから、地方自治、郵政にも通じている。ＪＲにしろ、私鉄にしろ、僕は運輸大臣になってからの付き合いだけど、彼は小此木（彦三郎）先生との関係から同じ人脈を持っていましたから、私が改めて紹介する必要などありませんでした」

安倍政権における立ち位置については、こう話した。

「保守について、よく右傾化したナショナリズム的な凝り固まった人たちを指すことがありますが、僕はそうじゃなく、右や左に振れすぎず、真ん中のグレーゾーンにある良質な保守として大事にする人たち、それがほんとの保守政治なんだと思っています。右傾化したナショナリズムは、共産党やかつての社会党みたいな左や極左と比較して出てきたが、そんなごく一部の人ではなく、もっと国民の皆さんたちの広い層です。安倍さんの周りには、右に寄りすぎる人たちがいて、そこを菅さんがうまく調整していた。彼がいるから安倍政権が立っていられたのではないか、と僕は見ていました。ブレーキ役を果たしているんじゃないでしょうか」

菅義偉の政治家像について、永田町では古賀のような見方が一般化しているようだ。しかし、実像はかなりかけ離れている。

満州の戦火を潜り抜け、戦後に秋田のいちご農家として名をなした偉大な父親の背中を見て育った菅は終戦時、命からがら満州から引き揚げてきた父や母、集団自決した生まれ故郷の開拓団の歴史から、何を感じ取ってきたのだろうか。両親や故郷の人々の壮絶な戦争体験に対し、現在の安保政策や菅自身の発言には、あまりに大きなギャップを覚える。

ひと頃の田中角栄ブームもあり、菅は永田町で角栄二世のようにいわれることもある。その角栄ブームの本質は、高度経済成長を牽引し、日本全体を豊かにしようとした時代に対するノスタルジア現象にすぎない。郷里の新潟に新幹線や高速道路を走らせ、全国に空港や原発を張り巡らせようとしたのは、単純に成長過程にあった時代の要請であり、何も角栄が突出して優れた政治家だったわけではないだろう。

世間はつい最近まで、無駄な高速道路や鉄道、ダムの建設を問題視し、全国に九十七もある空港の多くは閑散として赤字を垂れ流してきたと非難してきた。現実は夢のクリーンエネルギーと謳った原発が放射能の脅威にさらされ、いまなお地震や津波対策に大わらわだ。

なのにそれをすっかり忘れ、角栄が再びここまで受け入れられてきたのは、大風呂敷を広げる頼りがいのあるリーダーに希望を託したからこそ生活が豊かになった、という錯覚である。換言すればそれは、日本に満ち溢れている将来不安が角栄待望論を巻き起こしてきただけではないだろうか。

そしてそんな田中角栄と菅義偉のあいだにも、大きな違いがある。むろん角栄の見た目の明るさや漫談のような演説のうまさではない。それは二人の置かれた時代背景、さらに貧しさへの思い入れではないだろうか。

角栄には常に貧困や弱者の救済という視点があるが、菅にはそれを感じない。日本がすでに豊かになり、資本主義そのものの限界から成長できない時代にあって、競争社会を望み、新自由主義者たちから授けられた利権がらみの政策を押し通そうとする。しかし、そこに多くの誤算や矛盾が生じてしまっている。

すでに世の中は、菅の唱える「自助、共助、公助」という政治信条の裏に潜む危険性に気付き始めているのではないだろうか。叩き上げの苦労人という虚飾の仮面が剥がれつつある。

本書は『総理の影　菅義偉の正体』（二〇一六年刊）に大幅加筆修正の上、新章（序章、終章）を追加しました。

初出：序章『週刊ポスト』二〇二〇年九月七日号
第一～九章『ＳＡＰＩＯ』二〇一五年六月号～十一月号
終章『週刊ポスト』二〇二〇年十一月六日号～十二月十四日号

森功［もり・いさお］

一九六一年、福岡県生まれ。岡山大学文学部卒。新聞、出版社勤務を経て、ノンフィクション作家へ。二〇〇八年、二〇〇九年と二年連続で「編集者が選ぶ雑誌ジャーナリズム賞作品賞」受賞。二〇一八年『悪だくみ「加計学園」の悲願を叶えた総理の欺瞞』で大宅壮一ノンフィクション賞を受賞。最新刊『鬼才　伝説の編集人齋藤十一』。

編集：酒井裕玄
編集協力：永田麗幸

菅義偉の正体

二〇二一年　二月六日　初版第一刷発行

著者　森功
発行人　鈴木崇司
発行所　株式会社小学館
〒一〇一-八〇〇一　東京都千代田区一ツ橋二ノ三ノ一
電話　編集：〇三-三二三〇-五九五五
販売：〇三-五二八一-三五五五
印刷・製本　中央精版印刷株式会社
DTP　ためのり企画